AF545898

Neue Orientalische Bibliothek

Scheich Mulay 'Ali ad-Derqawi.

Fes
Stadt des Islam

Titus Burckhardt

Mit einem Nachwort von Navid Kermani

C.H.Beck

Dieses Buch erschien zuerst 1960 im
Urs Graf-Verlag, Olten, Lausanne und Freiburg i. Br.

Mit 47 Photographien und 25 Zeichnungen des Verfassers
Für die vorliegende Ausgabe wurden einige Photographien der Originalausgabe nicht ausgewählt und die Unterüberschriften geringfügig bearbeitet.

Die Kalligraphie auf der Titelseite bedeutet «Fes».

Dem Nachwort von Navid Kermani liegt ein Artikel von ihm zu Fes in «Merian», Januar 2014, zugrunde.

Satz: Fotosatz Amann, Memmingen
Druck und Bindung: CPI – Ebner & Spiegel, Ulm
Umschlagentwurf: Uwe Göbel, München
Umschlagabbildung: Ein Minarett in Fes, umkreist von Schwalben,
© Thom Lang / Corbis
Signet: Karl Schlamminger
Printed in Germany
ISBN 978 3 406 68288 9

www.beck.de

Gottes ist der Osten und der Westen;
wo immer ihr euch hinwendet, dort ist das Anlitz Gottes.
Wahrlich, Gott ist allumfassend und wissend.
Koran, Sure 2,115

INHALT

VORWORT *9*
Von Navid Kermani

FES 13

STADT UND WÜSTE *20*

Seßhafte und Nomaden 20 – Kultur und Zivilisation 29 – Die Islamisierung Nordafrikas 38 – Die Almoraviden 38 – Die Almohaden 43 Die Meriniden 53 – Die Saadier 55 – Die Alawiten 57 – Einflüsse aus dem modernen Europa 57 – Der Einmarsch der Franzosen 60 – Itos Höhle 62

DAS KALIFAT *67*

Der Gottesstaat 67 – Das Kalifat des Mulay Idris 70 – Das maghrebinische Kalifat 75 – Der letzte Vertreter einer sterbenden Kultur 76

DIE STADT DES HEILIGEN IDRIS *81*

Die Gründung von Fes 81 – Das Stadtbild 85 – Bäder, Kaißariya und Herbergen 88 – Die Judenstadt 93 – Medresen, Stiftungen toter Hand und Koranschulen 93 – Die Verwaltung 97 – Das Handwerk 99 Die Moscheen 103 – Die Rassen 106 – Städter und Beduinen 107 Die Stände 109 – Die Gräber 110 – Die Irren 111 – Die Gottesnarren 111 – Die Grabmoschee von Idris II. 113

DAS HAUS 116

Der Hausbau 119 – Die Zierkunst 121 – Der maurische Bogen 128 Die Ehe 131 – Frauen im Islam 132 – Sklaven und Sklavinnen 136 Ein Kristall gewordenes Weltall 137

DAS ÜBERLIEFERTE WISSEN 138

Mulay 'Ali 140 – Die Hochschule al-Qarawin 142 – Die arabische Sprache 146 – Die Gotteslehre 148 – Die Rechtskunde 148 – Der Koran 149 – Die sufische Weisheit 152 – Der Bau der Hochschule 155 – Der Zeitwächter 157 – Der Fastenmonat 158

DIE GOLDENE KETTE 162

Die Mystik 162 – Die Überlieferung 165 – Abu Madyan 166 – Ibn 'Arabi 169 – Asch-Schadhili, Ibn Maschisch und 'Ali as-Sanhadji 170 Die «Pfade» 175 – Al-Djazuli 176 – Al-Wazzani 177 – As-Seqalli und at-Tidjani 178 – Ad-Derqawi 179 – Al-'Alawi 184 – Die Pilgerreise zum Grab des Mulay al-'Arabi 187

DER EINBRUCH DER MODERNEN WELT 192

DIE HEILIGE VERIRRUNG. FES HEUTE 207
Von Navid Kermani

ANHANG

Quellenverzeichnis 215 – Bildnachweis 216 – Personenregister 217

VORWORT

Von Navid Kermani

Der Kunstsinn war Titus Burckhardt gleichsam in die Wiege gelegt, als er 1908 als Sohn einer ebenso vornehmen wie gelehrten Basler Familie in Florenz geboren wurde. Sein Vater Carl war Bildhauer, sein Großonkel Jacob der wohl bedeutendste Kunsthistoriker des 19. Jahrhunderts. Er selbst führte diese Tradition fort und erweiterte sie zugleich um eine Dimension, die seinerzeit exotisch anmutete und heute, in Zeiten dschihadistischer Gewalt, erst recht aus dem öffentlichen Bewußtsein verschwunden ist: um die Auseinandersetzung mit der Ästhetik und Spiritualität des Islams.

Schon die Wahl seiner Studienfächer brachte diese Verbindung zum Ausdruck: Kunstgeschichte und Orientalistik. Daß er sein Studium vorzeitig abbrach, erwies sich dabei mit Blick auf sein späteres Werk als Segen. Denn Titus Burckhardt war kein Wissenschaftler im geläufigen Sinne speziell der deutschsprachigen Universitäten. Er war ein Gelehrter, ein Reisender und, ja, auch ein Weiser und Wissender. Seine Bücher zur klassischen Kultur Italiens oder zur Entstehung der Kathedrale, zur islamischen Kunst oder zum Sufismus, die er auf Deutsch oder Französisch schrieb, vermitteln nicht bloße Kenntnisse; sie erspüren immer auch den Geist eines künstlerischen Werkes oder eines religiösen Traktats, einer Stadt oder einer Lebensform. Und mit «Erspüren» meine ich tatsächlich auch den sinnlichen Vorgang, das ästhetische und zugleich religiöse Erleben, das zum Studium am Schreibtisch hinzukommt und es antreibt. Denn Burckhardt hat nicht nur über Kunstwerke und Dichtungen, Städte und religiöse Praktiken geforscht, katholische wie islamische, er hat mit ihnen gelebt und sich ihnen anverwandelt, ist nicht nur *zu* ihnen, sondern auch *mit* ihnen gereist. Sein Buch über die marokkanische Stadt Fes ist ein leuchtendes Zeugnis einer solchen Reise, die Burckhardt zugleich im Inneren unternahm.

Erstmals nach Fes kam Titus Burckhardt 1933, als Fünfundzwanzigjähriger also, nach dem Abbruch seines Studiums in Basel. Er wollte sein Arabisch verbessern, er wollte vor allem aber den Sufismus – statt nur in Büchern – bei einem lebenden Meister erlernen. Ein halbes Jahr dauerte es, bis er einen der heiligen Männer von Fes überhaupt erst kennenlernte, den Hadsch Muhammad Bu Scha'ara. Nachdem der junge Schweizer einige Zeit mit dem Mystiker gelebt hatte, vermittelte der ihn an Mulay 'Ali ad-Derqawi, einen der höchststehenden Gelehrten an der theologischen Karaouine-Universität von Fes und Erbfolger des sufischen Ordens der Derqawa (sein Photo findet sich auf Seite 2). Es war Mulay 'Ali, bei dem Burckhardt sein Arabisch vervollkommnete, die klassischen Werke der islamischen Theologie und des Sufismus las und dabei auch viele Suren des Korans auswendig lernte. «Er kultivierte die Tugend der Geduld», schrieb der Schweizer Forscher Jahrzehnte später in einer privaten Erinnerung an seinen Lehrmeister und zitierte ein sufisches Sprichwort: «Die Heiligen sind wie die Erde: Sie gibt nicht die Steine zurück, die man auf sie wirft, sondern bietet uns statt dessen ihre Blumen an.»

Als sich die Handwerker und Verkäufer der Altstadt längst an den großgewachsenen blonden jungen Mann gewöhnt hatten, der als Sidi Ibrahim in der marokkanischen Dschellaba jeden Tag durch die Basare und Gassen lief, fiel das Auge der Protektoratsverwaltung auf Titus Burckhardt. Ein Schweizer Intellektueller und Künstler, der mitten unter den Einheimischen lebte, zum Gemeinschaftsgebet mit in die Moschee ging und an der religiösen Hochschule studierte – einen solchen konnten sich die französischen Beamten, ohnehin nervös wegen des Widerstands gegen die Besatzung, der 1926 schon einmal mit äußerster Brutalität niedergeschlagen worden war, nur als Aufrührer oder als Spion vorstellen. Per Gerichtsbeschluß wurde Burckhardt des Landes verwiesen.

Erst ein Vierteljahrhundert später, nachdem Marokko 1956 seine Unabhängigkeit erlangt hatte, konnte Burckhardt, der inzwischen ein anerkannter Autor und Verleger war, nach Fes zurückkehren. Aus der Zeit dieses zweiten Aufenthaltes stammt das vorliegende Buch, das viel mehr als das Porträt einer Stadt ist. Indem Burckhardt die Geschichte, die Architektur, die Menschen, vor allem aber auch die innere Ordnung von Fes mit einem Höchstmaß an Einfühlung beschreibt, indem er zudem lange, selbstübersetzte Passagen aus der klassischen arabischen Literatur einstreut und den Text um eigene Photographien und Zeichnungen ergänzt, macht er die Weltanschauung einer traditionell-islamischen Gesellschaft im Konkreten sichtbar. Das erscheint mir gerade in der

Beschränkung auf einen Ort und eine einzelne Ausformung der muslimischen Kultur erhellender, schlüssiger, dabei auch stilistisch glanzvoller als die meisten Darstellungen, die von vornherein das große Ganze des Islams zu erklären versuchen.

Der arabisch-islamische Lebensentwurf, den das vorliegende Buch veranschaulicht, könnte kaum verschiedener sein vom westlich-säkularen, zumal Titus Burckhardt an Fes gerade die Andersartigkeit interessiert, er das Autochthone hier und dort womöglich sogar überspitzt. Viele Aspekte dieser strengen, patriarchalischen, strikt nach der Religion ausgerichteten Gesellschaft werden ein weltliches Bewußtsein befremden – auch das Bewußtsein vieler heutiger, säkular eingestellter Marokkaner. Gleichwohl kommt der traditionelle Islam – korrekt müßte ich schreiben: eine spezifisch nordafrikanische, städtische Traditionslinie innerhalb des Islams, aber wer auf solche Spitzfindigkeiten aus ist, wird ohnehin keine Freude an den kühnen Linien haben, die Burckhardt zeichnet –, der traditionelle Islam kommt hier wie in kaum einem anderen Buch, das ich kenne, zu seinem eigenen Recht. Ohne Fes zu romantisieren (die abgeschlagenen Köpfe, die periodisch auf die Stadtmauern gespießt wurden, kommen ebenso zur Sprache wie der unsichere Status der jüdischen Bewohner), ohne auch die Augen vor dem Niedergang der arabisch-islamischen Kultur zu verschließen (im Gegenteil findet Burckhardt Gründe für diesen Niedergang, die ein halbes Jahrhundert später erst recht einleuchten), wird diese Kultur in ihrer Eigenheit, auch in ihrem eigenen Geltungsanspruch überhaupt erst kenntlich. Denn dies war das Exemplarische an Fes, das Burckhardt auch bei seinem zweiten Aufenthalt vorfand: Es war kein entlegenes Dorf, sondern eine hochzivilisierte Stadtgesellschaft, deren vormoderne, von der Religion durchwirkte Struktur noch erstaunlich intakt war.

Gewiß typologisiert Burckhardt und fügt die Detailbeschreibungen zu einem großen Bild; er erkennt in der traditionellen islamischen Gesellschaft sehr weitgehend ein geschlossenes Gefüge, in dem selbst Abweichungen, Widersprüche und offene Verstöße ihren zugewiesenen Platz haben. Daß er etwa den Islam per se für theokratisch hält, dem würde die heutige Islamwissenschaft mit vielen Verweisen auf die islamische Geschichte widersprechen. Daß sein Blick auf den Islam selbst unverkennbar religiös ist, könnte areligiösen Lesern genauso aufstoßen wie Burckhardts unverhohlene Skepsis gegenüber allem angenommenen Fortschritt. Und daß er die Bevölkerung von Fes nach ihren rassischen Merkmalen klassifiziert, ließe man einem heutigen Autor schon gar nicht durchgehen. Auch Burckhardt ist ein Kind seiner Zeit oder geistig sogar des 19. Jahrhunderts, näher an seinem Großonkel Jacob als an der gegenwärtigen, größtenteils sozialwissenschaftlich ausgerichteten Nahostforschung. Mit reichlich bösem Willen könnte man ihn in eine Reihe mit D. H. Lawrence oder gar Karl May stellen, müßte aber selbst dann zugeben, daß er im Unterschied zu jenen wirklich weiß – studiert und erfahren hat –, wovon er spricht. Sieht man den Orientalismus-Vorbehalt entspannter, wird man dankbar sein für eine der tiefsinnigsten Darstellungen des gelebten Islams, die im 20. Jahrhundert geschrieben worden sind.

In den siebziger Jahren kehrte Titus Burckhardt noch einmal für längere Zeit nach Fes zurück. Die UNESCO hatte ihn beauftragt, ein detailliertes Konzept für den Erhalt der historischen Altstadt und des traditionellen Handwerks zu entwerfen. Gemeinsam mit seiner Frau und einem kleinen Team von Experten stürzte Burckhardt sich in die Arbeit, die seine lebenslangen Forschungen ins Praktische überführte und sie 1980 mit dem voluminösen «Masterplan für Fes» vollendete. Daß wir zumindest dem Erscheinungsbild nach heute noch das Fes antreffen, das im vorliegenden Buch beschrieben ist, verdanken wir nicht zuletzt dessen Autor. Vier Jahre nach Veröffentlichung des Masterplans und seinem letzten Besuch in Fes – nun als Ehrengast der weltweiten Kampagne zum Erhalt von Fes – starb Titus Burckhardt in Lausanne. *Qaddas Allahu sirrahu*, wie man im Arabischen über Weise und Wissende sagt: Möge Gott sein Geheimnis heiligen.

FES

Eine Druse von Amethyst, gefüllt mit Tausenden von dicht gedrängten Kristallen und von einem silbergrünen Bande eingefaßt. Das war Fes, die alte Stadt Fes im Abendlicht. Als wir bergab auf sie zugingen, dehnte sich ihre Mulde zusehends aus; die vielen einförmigen, aber unregelmäßig aneinandergewachsenen Kristalle zeichneten sich deutlicher ab, hell auf der einen und dunkel angehaucht auf der anderen, dem Wetter ausgesetzten Seite, und zwischen ihnen und dem silbergrünen Gürtel der Olivenhaine wurde die alte Stadtmauer mit ihren Türmen sichtbar. Nach dem Stadttor, das uns zunächst lag – Bab al-Gissa heißt es –, zogen wie seit jeher die kleinen Eselkarawanen, und heraus kamen Gruppen von maghrebinisch gekleideten Männern und Kindern in den Abendwind und vor die grüne Weite; denn es war Frühling, und die Hügel ringsum waren voll gelber und blauer Blumen.

Im Herzen der Stadt, gegen die Tiefe des Tales zu, erkannte man das zeltförmige Dach aus grünglasierten Ziegeln, das die Kuppel über dem Grab des heiligen Idris, des Gründers von Fes, deckt; daneben ragte ein Minarett. Nicht weit davon entfernt lagen die ebenso smaragdgrünen Dächer der alten koranischen Hochschule al-Qarawin. Je näher wir der Stadt kamen, um so mehr Minarette wuchsen in den Himmel, lauter viereckige, oben stumpfe Türme, ähnlich den romanischen Stadttürmen Italiens. Es mögen ihrer an die hundert sein. Sie zeigen die Lage der größeren Moscheen an; noch mehr kleinere Moscheen sind unsichtbar im Gewirr der hohen, grauweißen, jetzt rötlich leuchtenden Häuserwürfel verborgen. Eine Stadt voll Heiligtümer: Die europäischen Reisenden, die sie am Anfang des Jahrhunderts als erste besuchten, sprachen entweder von einer «Hochburg des Fanatismus» oder erzählten verwundert von einer Stätte immerwährenden Gebetes.

Ob sich die alte Stadt seit den fünfundzwanzig Jahren, die ich ihr ferngeblieben war, innerlich verändert hatte? Sie sah noch gleich aus wie früher, uralt, verwittert, in ihren Mauern geborgen. Nur ein paar Gruppen von weißen Häu-

Blick von den Hügeln im Norden von Fes auf die Mitte der Altstadt mit dem grünen Zeltdach und dem Minarett der Grabmoschee von Idris II. Im Vordergrund die Stadtmauer, von der untergehenden Sonne beschienen.

sern im freien Gelände draußen, da wo sich früher niemand anzusiedeln gewagt hätte, und ein paar armselige Hütten, die sich in verlassenen Kalkgruben einnisteten, zeigten an, daß das Volk der Armen dem Schutz der alten Mauer entwuchs.

Zu unserer Linken, nach Osten hin, öffnete sich die Mulde, in der Fes liegt, auf die Niederung des Sebuflusses: ein weites, flaches Tal, an dessen Horizont ein Bergzug des mittleren Atlas, der Bu Iblan, noch schneebedeckt ragte. Im Westen, auf einer etwas höheren Stufe, begann die Ebene, auf welcher die mittelalterliche Sultansstadt, Fes Djedid, das «Neue Fes», und noch ferner die von den Franzosen erbaute Neustadt liegt.

Die Stadt kam auf mich zu, und zugleich tauchte sie aus meiner eigenen Seele herauf, aus dem Dunkel der Erinnerung, mit all ihren tausend Gesichtern, die mich fragend bedrängten; denn Fes war mir vertraut gewesen, bekannt und doch voll unerschöpfter Geheimnisse. In ihm hatte ich eine andere Welt und eine andere Zeit erlebt, die herbe und würzige, äußerlich arme, aber innerlich reiche Welt des Mittelalters, die es vielleicht schon nicht mehr gab. Es ist eine Stadt gewesen, die sich der Fremdherrschaft beugte und das Heraufkommen einer neuen, von mechanischen Mächten beherrschten Ordnung stumm entgegennahm, innerlich aber noch sich selber treu geblieben war; denn damals waren jene Männer, die ihre Jugend in einer ungebrochenen, von geistiger Überlieferung geprägten Welt verlebt hatten, noch die Häupter der Familien. Für viele von ihnen war der Geist, der einst die Moschee von Cordoba und die Alhambra von Granada geschaffen hatte, noch näher und wirklicher als all das Neue, das die europäische Herrschaft mit sich brachte. Aber seither ist ein neues Geschlecht aufgewachsen, das von seiner Kindheit an vom Glanze der europäischen Macht geblendet sein mußte, das zu einem guten Teil französische Schulen besucht hatte und nun den Stachel eines fast unüberwindlichen Widerspruches in sich trug; denn wo gäbe es einen Ausgleich zwischen der ererbten Lebensform, die bei all ihren Mängeln den Schatz eines ewigen Sinnes in sich birgt, und der modernen europäischen Welt, die so, wie sie sich handgreiflich kundgibt, ganz eine diesseitige, auf Besitz und Genuß gerichtete, alles Heilige verachtende Macht darstellt? Jene hervorragenden Männer der nun aussterbenden Generation, die ich noch gekannt hatte, waren wohl äußerlich besiegt worden, innerlich aber frei geblieben; die jüngere Generation hingegen hat einen äußeren Sieg erlebt, als Marokko vor ein paar Jahren politisch selbständig wurde, läuft aber Gefahr, innerlich zu unterliegen. Ich kehrte deshalb nicht ohne Beklemmung zu der mir vertrauten Stadt zurück, denn nichts ist betrübender als der Anblick eines Volkes, das seines besten Erbes beraubt wird, um dafür nichts als Geld, Hast und Zerstreuung einzutauschen.

Doch vor dem Tore gab es noch immer den verwilderten Gottesacker, die regellose Saat der Gräber zwischen Saumpfaden und blühenden Disteln, wo die Kinder auf den weißen Platten spielten und hie und da Männer schweigend saßen, den Sonnenuntergang und den Aufruf zum Gebet erwartend.

Soeben erlosch die letzte, rosarote Glut an den Türmen. Die Sonne war ganz untergegangen, und nur das grüne Gold des Himmels goß ein mildes, von keinem Schatten zerteiltes Licht herab, in dem alle Dinge schwerelos und wie von selber leuchtend schwebten. In diesem Augenblick mußte von den Minaretten der langgezogene Ruf zum Abendgebet erklingen. Lichter glommen an den Türmen auf. Doch die Stadt schwieg; nur ein paar Klangfetzen, wie jäh abgebrochene Klagen, erreichten unser Ohr: Der Wind, der sich plötzlich erhoben hatte und von Berg zu Tal, von uns weg über die Stadt hin wehte, zerschlug den Ton. Aber die Menschen, die auf den umliegenden Hügeln harrten, hatten ihn vernommen: Man sah einzelne Männer oder Gruppen ihre Gebetsmatten ausbreiten und sich nach Südosten, der Gegend von Mekka, wenden. Andere beeilten sich, durch das Tor eine Moschee zu erreichen, und mit ihnen betraten auch wir die Stadt.

Sogleich umfing uns die Dämmerung der engen Gassen, die von allen Toren aus stark abwärts führen, in das Tal, wo die großen Heiligtümer und um sie herum die Bazare oder Kaufgassen liegen. Von den Häusern sieht man in den Straßen nichts als hohe, vom Alter geschwärzte Mauern, die kaum Fenster haben. Offen stehen nur die Pforten der Fenadaq oder Karawansereien, wo die zur Stadt kommenden Bauern und Beduinen ihre Reit- und Saumtiere in offenen Hallen um einen Hof einstellen und darüber, im oberen Stock, eine Zelle zum Übernachten oder zur Ablage ihrer Waren mieten können. Sonst ist die Straße wie eine tiefe, halbdunkle Schlucht, die sich unversehens bald hierhin, bald dorthin wendet, oft überdeckt von Gebäudebrücken und gerade breit genug, daß zwei Saumtiere aneinander vorbeidrängen können. Überall erschallt der Ruf «balek! balek!» (Achtung! Achtung!), mit dem die Säumer Durchgang heischen und Träger ihre großen Lasten auf dem Kopfe durch die Menge steuern. Erst weiter unten beginnen die Läden, wo der ankommende Reisende das Nötigste findet; da sind auch die Sattler, die Korbmacher und die Garköche, die auf kleinen Holzkohlenfeuern ein paar derbe Gerichte zubereiten. An ihnen vorbei bogen wir in die Kaufgasse der Gewürzhändler, den Suq al-'Attarin, ein, der durch die ganze Stadtmitte hindurchläuft und in dem sich ein Laden an den andern reiht, lauter hölzerne Kasten mit nach vorne geklappten Türen, wie es das alte deutsche Wort «Laden» meint, und mit nicht mehr Raum, als ihn der Händler braucht, um zwischen seinen aufgehäuften Waren sitzen zu können.

Nichts weckt die Erinnerung stärker als Gerüche; nichts macht die Vergangenheit so gegenwärtig. Ja, das war Fes, dieser Duft von Zedernholz und frischem Olivenöl, der trockene, etwas staubige Geruch von aufgeschüttetem Korn, der beizende von frisch gegerbtem Leder und endlich, im Suq al-'Attarin, der Rausch aller Düfte des Morgenlandes – denn hier werden noch all die Gewürze feilgeboten, die einst als kostbarstes Gut von Indien bis nach Europa hinein gehandelt wurden. Und manchmal umfing einen plötzlich der Weihrauch von Sandelholz, der einer Moschee entströmte.

Unverkennbar sind auch die Klänge; blindlings fände ich den Weg am Klappern der Hufe auf dem steilen Pflaster, am eintönigen Gesang der Bettler, die in den toten Winkeln der Gassen kauern, und am silbernen Laut der Glöckchen, mit dem die Wasserträger ihr Kommen ankündigen, wenn sie die Bazare abschreitend jedem Durstigen zu trinken geben.

Doch jetzt achtete ich auf nichts anderes als auf die Gesichter, die hie und da im Schein der kleinen, soeben angezündeten Lampen auftauchten, in der Hoffnung, einen alten Freund oder Bekannten wiederzusehen. Aber ich fand nur die Züge vertrauter Stämme und Sippen, den Typus des ernsten, würdigen oder des schlauen, leicht spöttischen Städters, aber keinen mir bekannten Menschen. Da waren auch die jungen, mehr oder weniger europäisch Gekleideten, mit den Zeichen einer neuen Zeit auf der Stirne und manchmal mit herausfordernden, den Fremden messenden Blicken.

Rechts vom Markte der Gewürzhändler liegt ein Gewinkel enger Kaufgassen, das dicht um die Grabmoschee des heiligen Idris, des Gründers von Fes, geschart ist. Hier werden allerlei Kleidungsstücke wie farbige Lederpantoffeln, mit Gold und Silber überzogene Frauengürtel und Röcke aus Seidenbrokat verkauft. In der Nähe der Moschee findet man auch verzierte Weihkerzen und gleich daneben Räucherwerk und wohlriechende Öle, denn die Wohlgerüche gehören zur Sunna, zum geheiligten Brauch, nach dem Ausspruche des Propheten: «Drei Dinge von eurer Welt sind mir liebenswert gemacht worden: die Frauen, die Wohlgerüche und der Trost meiner Augen im Gebet.»

Rings um die Grabmoschee des heiligen Idris herum ist ein schmaler Gang, durch Balken in Kopfhöhe für Reit- und Saumtiere gesperrt. Das sind die Grenzen des «Horm», des *sacratum*, innerhalb dessen früher niemand verfolgt werden durfte – erst in jüngster Zeit, beim Aufstand wider den von den Franzosen eingesetzten Sultan Ben 'Arafa, wurde diese Regel durchbrochen. Wir schritten den mit Arabesken verzierten Außenmauern des Heiligtums entlang, vorbei an dem vergitterten Fensterchen, das sich auf das Grab öffnet, bis zu einer anderen, hell beleuchteten Gasse, durch welche wir in die Nähe der großen Moschee und Hochschule al-Qarawin gelangten. In den Gassen, die ihr entlang führen, haben die Fürsprecher und Notare ihre kleinen Schreibstuben und anschließend die Buchhändler und Buchbinder ihre Läden, wie einst ihre christlichen Berufsgenossen im Schatten der großen Kathedralen. Im Vorübergehen erhaschten wir durch die eine und andere der vielen Pforten der Moschee einen Blick in den erleuchteten Wald von Pfeilern, aus dem die pochende Brandung koranischer Suren ertönte.

Durch das Viertel der Kupferschmiede, wo die Hämmer schon ruhten und nur hie und da ein emsiger Handwerker noch ein Gefäß beim Licht seiner Ampel polierte und überprüfte, erreichten wir die Brücke im Tale der Stadt und stiegen von dort zum Tor auf ihrer anderen Seite, dem Bab al-Futuh, hinauf. Als wir zurückschauten, sahen wir unter uns die Altstadt wie eine schimmernde Kiesbank liegen. Ich wußte jetzt: Das Antlitz von Fes, das alte, vertraute und doch fremde, war unzerstört. Ob seine Seele noch wie früher lebte?

An einem der nächsten Abende waren wir bei einem marokkanischen Freunde eingeladen, in einem Hause, das sich wie alle maurischen Häuser nur auf seinen Innenhof öffnet, einen weißen Hof, wo die Rosen wucherten und ein Apfelsinenbäumchen mit Blüten und Früchten zugleich festlich prangte. Der Saal zur ebenen Erde, in dem die Gäste zu dritt und zu viert auf niederen Diwanen beisammensaßen, sah auf diesen Hof. Unter all den Männern befand sich auch ein kleiner, dunkelhäutiger Araber, dessen hageres Antlitz wie von einem inneren Feuer verzehrt und dabei von kindlichem Lächeln verklärt war. Der Hausherr nannte ihn den besten Sänger geistlicher Lieder, den es im Lande gebe. Nach dem Essen bat er ihn, uns vorzusingen. Da schloß er die Augen und begann, zuerst leise und dann allmählich lauter, eine «Qasida», ein sinnbildliches Liebeslied, vorzutragen. Und einige der Gäste, die sich näher um ihn geschart und die Kapuzen ihrer Djellaba zurückgeschlagen hatten, sangen nach einer herben, altandalusischen Weise den Kehrreim, der die «Schahada», die Bezeugung der göttlichen Einheit, enthielt. Die arabischen Verse des Gedichtes eilten in raschem, drängendem Schritt dahin, während die Antwort in weit ausholenden Wogen wiederkehrte. Auf einmal floß der Strom des bisher nur antwortenden Chores ununterbrochen weiter, indem er sich in mehrere, nebeneinander herlaufende Rhythmen verzweigte, über welchen die Stimme des leitenden Sängers in hellerem Tone wie ein himmlisches Frohlocken über einem Kriegsgesang dahintanzte.

Eigenartig war, daß all die vielfältigen Linien der Melodie nirgends zu jenen Akkorden zusammenflossen, die den Strom des Gefühls wie in einem breiten

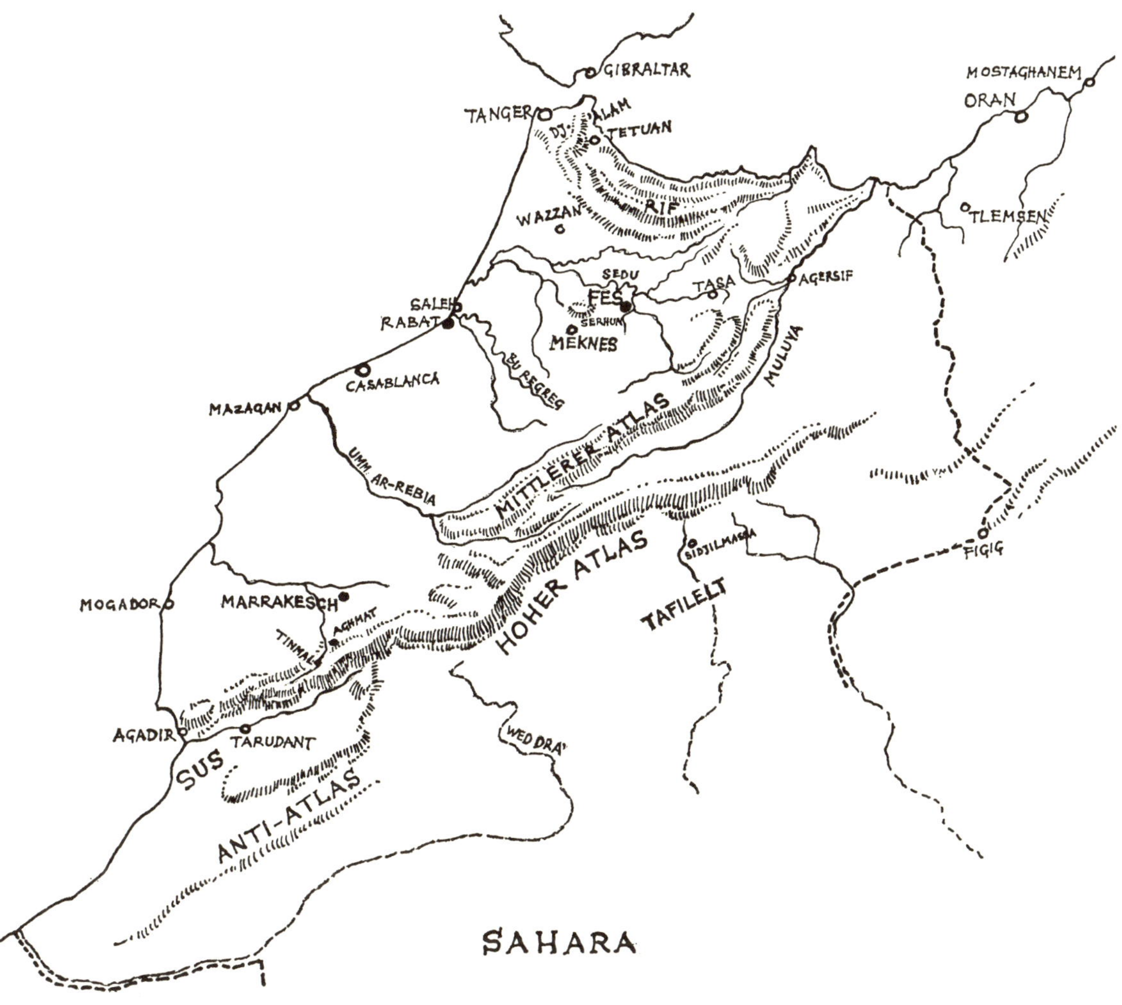

Kartenskizze von Marokko.

Bett ausruhen lassen und der Sehnsucht einen allzunahen, menschlichen Trost versprechen; nie wurde die Melodie zu einem diesseitigen Raume, und nie klangen ihre Linien versöhnt zusammen, sondern sie flossen endlos dahin, unablässig kreisend um eine lautlose Mitte, die immer deutlicher vernehmbar wurde, als eine zeitlose Gegenwart, ein geistiger Raum ohne Gestern und Morgen, ein kristallenes Jetzt, in dem alle Ungeduld ertrank.

Das war Fes, das unzerstörte Fes.

STADT UND WÜSTE

Seßhafte und Nomaden

Nach Ibn Chaldun, dem großen arabischen Geschichtsforscher, der von 1354 bis 1363 christlicher Zeitrechnung in Fes gelebt und gelehrt hat, ist das politische Schicksal all der Völker, die zwischen dem Mittelmeer und den großen Wüsten Vorderasiens, Arabiens und Afrikas leben, durch den Gegensatz von Nomaden und Seßhaften beherrscht. Die Wüste ist das unveränderliche Reich der Wanderhirten, die in ihrem harten Lebenskampfe immer am Anfang stehen, so daß ihre ursprünglichen Fähigkeiten, ihr Mut, ihre Wachheit und ihr Sinn für Gemeinschaft nie verkümmern. Der Überschuß an Bevölkerung, den die Wüste nicht ernähren kann, drängt ständig nach den fruchtbaren Gegenden hin, deren Mitten die Städte sind. Die Stadt ist der vollkommenste Ausdruck der seßhaften Lebensform und das natürliche Ziel aller Kultur, denn in ihr allein können Wissenschaft, Kunst und Handel zur vollen Entfaltung gelangen; zugleich aber ist sie auch der Ort, wo sich die menschliche Gesellschaft zu zersetzen beginnt, so daß die Städte früher oder später in die Gewalt der nomadischen Eroberer fallen. Alle völkischen Bewegungen, die zur Gründung von Staaten und Reichen führten, gingen deshalb aus der Wüste hervor und verebbten im Städtertum.

Dieses Gesetz gilt ganz besonders für jenen Streifen Nordafrikas, der an der kleinen Syrte beginnt und bis zur atlantischen Küste reicht. Die Araber bezeichnen ihn als den «Westen» oder den «Sonnenuntergang» *(al-Maghreb)* – also das «Abendland» – und den Teil davon, der sich mit dem heutigen Marokko deckt, als den «fernsten Westen» *(al-Maghreb al-aqsa)*. Dieser unterscheidet sich von dem «östlichen» und dem «mittleren» Westen dadurch, daß sein fruchtbares, nahezu ebenes Binnenland sowohl vom Mittelmeer als auch von der Sahara abgetrennt ist, denn in seinem Norden bildet die Kette des Rif, die fast überall steil gegen das Meer abfällt, einen Wall, während in seinem Süden der mittlere und der hohe Atlas das Land gegen die weite Sandwüste abschirmen. Nur durch das Tal der Muluya, das Marokko von Algerien scheidet, dringt die Sahara bis fast an die nördliche Küste vor. Auf diese Wüstenzunge öffnet sich das Tor von Tasa, durch welches von jeher die Wellen nomadischer Stämme in das marokkanische Mittelland, den Gharb, einströmten. Seltener drangen sie vom Süden her über die Pässe des mittleren und des hohen Atlas. Im Westen läuft die Ebene des Gharb nach der langen atlantischen Küste aus, die durch keinen Höhenzug, dafür aber durch ihre Sandbank lange Zeiten hindurch gegen seefahrende Eroberer geschützt war. Bis zur Neuzeit blieb hier die Schiffahrt auf wenige Flußmündungen beschränkt. Zwischen den beiden Meeren liegt das Vorgebirge von Tanger, das einen natürlichen Brückenkopf zu der in Sehweite gelegenen Küste Spaniens bildet. Landschaftlich ist Südspanien die unmittelbare Fortsetzung Nordafrikas – oder das nördliche Marokko eine Fortsetzung Spaniens.

Vor der Ausbreitung des Islam war der ganze Maghreb fast ausschließlich von Berbern bevölkert. Erst im siebten Jahrhundert stießen die Araber vom Osten her vor und besiedelten als die Träger der islamischen Kultur vor allem die Städte. Später, etwa vom zehnten Jahrhundert an, strömten auch arabische Beduinen sowohl in die saharischen Gegenden als auch in die nördliche Ebene ein, drängten die Berber immer mehr in die Berge zurück und gelangten in kleineren Gruppen bis an den Atlantischen Ozean.

Man zählt die Berber zu den Hamiten, einem Zweig der weißen Rasse, zu dem auch die Fulbe, die Haußa, die Galla und die Somali gehören. Ihre Sprache, die manche Züge mit dem Altägyptischen gemein hat und deren eigentümlicher, etwas fauchender Klang aus Ortsnamen wie Tazenacht, Taurirt, Azru, Tilghemt und Scheschawen vernehmbar ist, lebt trotz dem Arabischen, das mit dem Islam überall als die Schriftsprache eingeführt wurde, in den Mundarten der einzelnen Stämme fort.

Da es in Marokko alle Übergänge von der saharischen Einöde bis zur fruchtbaren, dem Ackerbau erschlossenen Landschaft gibt, findet man hier auch alle Lebensformen vom reinen Nomadentum bis zur Seßhaftigkeit. Ibn Chaldun, der in seiner «Einleitung zur Geschichtskunde» die verschiedenen Bevölkerungen nach ihren Lebensweisen einteilt, bezeichnet alle Bewohner des offenen Landes als «Beduinen», das heißt als Einwohner der «Badiya», der «Wüste», womit er nicht nur die eigentliche Sand- oder Steinwüste, sondern all jene Gegenden meint, die außerhalb der befestigten Oasen und der städtischen Güter liegen und weder von Mauern noch von einer stehenden Miliz beschützt sind. In der Tat reicht in Nordafrika die Wüste oder Steppe, in der die Nomaden und Halbnomaden umherstreifen, oft bis vor die Mauern der Städte. Sogar in der fruchtbaren Gegend des Gharb, um Fes oder Meknes herum, braucht man keine drei Stunden weit zu reiten, um auf die schwarzen Zelte der Wanderhirten zu stoßen. So begegnet man gleich neben den Mittelpunkten alter städtischer Bildung Menschen, deren Lebensweise sich seit Jahrtausenden und jedenfalls seit der Zeit Abrahams kaum verändert hat. Außerhalb des Stadtgebietes gehörte das meiste Land bis vor kurzem nicht einzelnen Besitzern, sondern Stämmen oder Sippen, gleichgültig ob es nur Weide oder auch Acker umfaßte. So stehen selbst die ackerbauenden Siedler, die Fellachen, dem Nomadentum näher als dem, was wir in Europa an Bauerntum zu finden gewohnt sind. Ihre kargen, aus Lehmziegeln gebauten Dörfer mit den Flecken urbaren Landes, die sie umgeben, nehmen sich auf dem Meer der Steppe oft wie verlorene, von der Flut der Wanderstämme bedrohte Inseln aus.

> Die Bewohner der Wüste, *schreibt Ibn Chaldun,* leben natürlich, nämlich von Ackerbau oder Viehzucht. Sie begnügen sich mit dem Notwendigsten an Nahrung, Kleidung und sonstigen Lebensmitteln. Luxus kennen sie nicht. Als Wohnungen benutzen sie Zelte aus Haar oder Wolle, hölzerne Hütten oder Häuser von Lehm oder Stein, die nicht mit Möbeln ausgestattet sind, denn sie sollen bloß Schatten und Zuflucht gewähren. Manchmal wohnen sie auch in Höhlen. Ihre Nahrung ist kaum oder gar nicht und höchstens auf dem offenen Feuer zubereitet.
>
> Diejenigen, welche Getreide oder andere Frucht anbauen, sind seßhaft. Ihrer Art sind die Bewohner kleiner Siedlungen und Dörfer und die Gebirgler. Sie bilden die große Masse der Berber und Nichtaraber … *(Muqaddima II.2)*

So leben im Norden Marokkos, auf den Bergen des Rif, die berberischen Kabylen und die Djebala in weit verstreuten, kleinen Dörfern, die wegen des Regens, den das nahe Meer hier reichlicher als im Inneren des Landes spendet, mit gegiebelten Strohdächern bedeckt sind. Zäune aus lebendigem Feigenkaktus schützen die Gehöfte vor wilden Tieren und nehmen nachts die Herden auf. Weizen und Hafer gedeiht an den flacheren Hängen, wo die dunkeln Büschel der Zwergpalmen gerodet wurden, und Ölbäume wachsen längs der Bäche in den Niederungen.

Berberdorf im Atlas.

Im hohen Atlas und in den Tälern, die an seinem Südfuße in die Sahara auslaufen, findet man große, aus Lehmziegeln erbaute Wohnburgen, die mit hohen Ecktürmen bewehrt sind und deren nach oben verjüngte, von gezackten Zinnen bekrönte Mauern seltsam an Bauten des alten Mesopotamien erinnern. Wahrscheinlich hat sich hier, in diesen abgelegenen Buchten des Wüstenrandes, eine sehr alte Bauart erhalten, die einst über weite Gebiete des Nahen Ostens und des nördlichen Afrikas verbreitet war und deren letzte Ausläufer auch in Südarabien zu finden sind. Der maurische Einfluß hat den Stil dieser Baukunst nicht wesentlich verändert; er hat bloß die archaischen, in die Lehmmauern vertieften Zierate aus Rauten und Treppenlinien um ein paar Zeichen bereichert. So dürften diese kühnen Berberburgen noch gleich aussehen wie zu den Zeiten Sumers und Assurs oder wie im alten Kanaan, und weder die große Landschaft, in deren roter Einöde die wenigen, am Flußlauf gereihten Felder wie grüne oder goldene Teppiche liegen, noch die strengen Gestalten der Berber in ihren einfachen Mänteln und dem wie ein Kranz geflochtenen Turban widersprechen diesem Bilde einer uralten, wie zeitlos verharrenden Welt.

> Die Beduinen, welche von der Zucht von Tieren wie Schafe und Rinder leben, wandern meistens umher, um Weiden und Tränken für ihre Herden zu finden. Man nennt sie Schafhirten und meint damit Leute, die von Schafen und Rindern leben. Sie dringen nicht tief in die Wüste ein, da sie dort nicht genug Gras fänden. Dieser Art sind [im Westen] die Berber und [im Osten] die Türken, die ihnen verwandten Turkmenen und die Slawen. *(Muqaddima II.2)*

Solche Schaf- und Rinderhirten, die ein halbnomadisches Leben führen, indem sie je nach der Jahreszeit bei ihren Herden zelten oder ihre Dörfer aus Lehm- oder Steinhütten beziehen, leben auf den Hochebenen des mittleren Atlas.

In einigen Gegenden, wo der Felsen weich ist, sind die bleibenden Wohnungen der Berber als Höhlen in den Berg gehauen. Ein schräger Gang mit Stufen führt in einen mittleren Raum hinab, in dessen Decke sich ein runder Schacht auf die Berglehne öffnet, damit der Rauch des Herdfeuers abziehen und etwas Licht hereinfallen kann. Nebenhöhlen liegen um diesen Hauptraum herum wie die Kammern um einen Patio oder wie Chor und Kreuzarme einer frühmittelalterlichen Kirche. Schaffelle sind am Boden ausgebreitet, irdene Krüge in Löchern aufgestellt, und in den Nischen der Wand sind Betten aus Zweigen und Fellen hergerichtet. Das ist wohl die älteste Wohnart der Atlasvölker oder doch das Erbe einer archaischen Kultur, von der manche Forscher vermuten, daß sie matriarchalischer Art gewesen sei, so daß in ihr die Frau als Hüterin der Sippe und die Erde als Mutter alles Lebendigen eine zentrale Rolle gespielt hätten.

Bei diesen Berbern des Atlas pflegen die Frauen ihr Gesicht nicht zu verschleiern. Ihr Gewand ist schön in seiner Einfachheit: Ein einziges nahtloses Tuch wird um den Leib gelegt, an beiden Schultern mit großen silbernen Spangen geschlossen und durch einen breiten Gürtel gerafft. Das Kopftuch, dessen Fransen an den Schläfen herabhängen und mit dem Halsgeschmeide aus Silber und Bernstein zusammenfließen, hält ein aus Wolle geflochtener Kranz zusammen. Bei kaltem Wetter tragen die Berberinnen wollene Decken mit gestickten Borten um die Schultern und an den Waden farbig gestrickte Beinkleider.

An den Westhängen des mittleren und den Südhängen des großen Atlas treffen die Schaf- und Rinderhirten mit den Kamelzüchtern zusammen, die aus der Sahara herauf kommen. Von ihnen sagt Ibn Chaldun:

> Jene Beduinen, die ihr Leben durch die Zucht von Kamelen fristen, wandern noch tiefer in die Wüste hinein, da die bergigen Weidegründe mit ihren Gräsern und Büschen den Kamelen nicht die richtige Nahrung bieten. Denn diese Tiere müssen sich von den Sträuchern der Wüste nähren, ihr salziges Wasser trinken und im Winter Zuflucht in der warmen Luft der Wüste finden. Im Sand der Wüste gibt es auch die geschützten Stellen, wo sie ihre Jungen werfen können. Kein Tier hat mehr Mühe zu gebären als das Kamel und bedarf dann so sehr der Wärme. Deshalb müssen die Kamelzüchter im Innern der Wüste leben. Oft werden sie auch durch die Miliz von den Bergen in die Wüste getrieben und weichen dahin aus, um den Strafen und Vergeltungen für ihre Überfälle zu entgehen. Daher kommt es, daß sie die wildeste Art von Menschen sind. Verglichen mit den seßhaften Völkern sind sie wie Raubtiere. Im Westen [das heißt im Westen der islamischen Welt, im Maghreb] gehören gewisse Berberstämme zu dieser Art und im Osten die Kurden, die Turkmenen und die Türken. Die nomadischen Araber jedoch dringen noch weiter in die Wüste ein; sie sind mit ihr noch enger verbunden, denn sie leben ausschließlich von Kamelzucht, während andere Völkergruppen neben den Kamelen auch Schafe und Rinder halten. Folglich stellen die nomadischen Araber eine Gruppe von Menschen dar, die durch die Natur bedingt ist und notwendigerweise zur menschlichen Gesellschaft gehört … *(Muqaddima II.2)*

Die arabischen Beduinen, die während des Mittelalters nach Marokko einwanderten, brachten gleichsam die Wüste mit sich:

> Es ist auffallend, *schreibt Ibn Chaldun,* daß die Kultur an all den Orten, die von den arabischen Beduinen erobert wurden, zerfiel; die Siedlungen wurden entvölkert und sogar die Erde verdorben. Der Jemen, wo die arabischen Beduinen leben, ist außer ein paar Städten verwüstet. Ebenso ist die persische Kultur im arabischen Irak völlig zerstört. Dasselbe gilt für Syrien. Als die Banu Hilal und die Banu Sulaym zu Beginn des fünften [elften] Jahrhunderts nach Ifriqiya [Tunesien] und dem Maghreb eindrangen und daselbst während etwa dreihundertfünfzig Jahren Krieg führten, setzten sie sich im flachen Lande fest, mit

dem Erfolg, daß die Ebenen des Maghreb völlig verwüstet wurden. Früher war das ganze Gebiet zwischen dem Sudan und dem Mittelmeer besiedelt gewesen, wie das die Überreste von Denkmälern, Bildwerken und die Ruinen von Dörfern und Weilern beweisen …

Die arabischen Beduinen sind ein wildes Volk … Ihre Wildheit ist ihnen lieb, denn sie bedeutet für sie Freiheit und Unabhängigkeit von jeglicher Obrigkeit … All die üblichen Tätigkeiten der arabischen Beduinen sind mit Reise und Bewegung verbunden. Das ist aber der reine Gegensatz zum seßhaften Dasein, welches allein Kultur hervorbringt. Wenn diese Beduinen zum Beispiel Steine brauchen, um ihre Kochtöpfe daraufzustellen, so tragen sie irgendein verlassenes Gebäude ab, um Steine zu gewinnen. Brauchen sie Holz für Zeltstangen, so reißen sie ein Dach herunter …

Es ist ihre Art, alles zu rauben, was andere Leute besitzen. Ihr Unterhalt ist überall dort, wo der Schatten ihrer Lanzen hinfällt … *(Muqaddima II.25)*

Aber das arabische Nomadentum hat nicht nur einen barbarischen, der seßhaften Kultur feindlichen Zug; es liegt in ihm auch ein gewisser kriegerischer Adel, den der berühmte Emir 'Abd al-Qadir, jener kühne und kluge Führer, der zu Beginn des vergangenen Jahrhunderts die in Algerien vordringenden Franzosen bekämpfte, in seinen Gedichten verherrlicht hat:

O, der du das dumpfe Leben der Stadt
Vorziehst der weiten freien Einsamkeit:
Schmähst du die Zelte, weil sie so leicht,
So schwer nicht sind wie die Häuser von Lehm und Stein?
Ach, daß du der Wüste Geheimnis verstündest!
Doch Unwissen ist aller Übel Grund.
O wachtest du auf in der morgendlichen Sahara
Und gingest auf diesem Teppich von Perlen dahin,
Wo Blumen von vielerlei Farben,
Entzückende, köstlich duftende blühen,
Diese Luft atmend, die das Leben verlängert,
Weil sie nie über den Unrat der Städte strich!
Wenn du im Frühlicht, nach dem Tau der Nacht,
Von einer Höhe ringsum in die Weite schautest,
Sähst du am unermeßlichen Horizont
Fahle Tiere auf duftenden Weiden äsen.

Zu dieser Stunde flöh jeder Kummer von dir,
Und Ruhe erfüllte das unruhige Herz.
Am Tage des Aufbruchs sind die Sänften der Kamele
Gleich Anemonen, die ein Regenschauer gebeugt.
Jungfrauen bergen sie; sie schauen durch Luken;
O die Luke, die das Auge der Huri füllt!
Hinterher singen die Treiber mit hoher Stimme.
Ergreifender ist ihr Gesang als Flötenspiel und Zimbeln.
Wir aber, auf edlen Pferden, deren Decken
Brust und Kruppe ziert, wiegen uns im Galopp.
Raubtiere jagen wir und Gazellen,
Und keine entrinnt unsern raschen Rennern.
Nachts kehren wir zurück zum Stamm,
Der schon an unbeflecktem Orte haltgemacht hat.
Die Erde ist rein wie Moschus; noch reiner ist sie;
Freigebig auch, am Morgen und Abend von Regen benetzt.
Dort schlagen wir unsere Zelte auf, in Zeilen.
Die Erde ist davon bedeckt wie der Himmel von Sternen.
Die, welche dahingingen, haben wahrhaftig gesagt
– Und die Wahrheit verändert sich nicht –:
Schönheit liegt in zwei Dingen,
In einem Vers und einem Zelt aus Haar.
Wenn unsere Kamele nachts weiden,
Dröhnt ihr Brüllen gleich dem Donner der Frühe.
Sie sind die Schiffe der Wüste; wer auf ihnen fährt,
Ist gerettet; wie gefährdet sind doch die Schiffe des Meers!
Unsere Mehari sind sie, rasch wie Antilopen,
Durch sie und unsere Pferde erlangen wir Ruhm.
Unsere Pferde bleiben stets zum Kampfe gesattelt;
Wer unsere Hilfe erfleht, für den sind wir bereit.
Wir haben unsere Bürgerschaft verkauft, für immer,
Für den Ruhm, denn Ruhm gewinnt man nicht in der Stadt!
Könige sind wir! Niemand mög sich uns vergleichen!
Lebt denn wirklich, wer in der Schande lebt? … *('Abd al-Qadir)*

Die arabischen Beduinen, die in Marokko eindrangen, blieben nur im Süden, am Rande der Sahara und im Tal der Muluya, an der Grenze Algeriens reine Kamelzüchter. In der Ebene des Gharb, wo sie sich zum Teil mit den ansässigen

Links ein Berber des mittleren Atlas. Rechts zwei arabische Nomaden aus dem Tal der Muluya.

Berbern, vor allem mit dem kriegerischen, halbnomadischen Reitervolk der Zenata vermischten, nahmen sie allmählich deren Lebensweise an; sie züchteten Rinder, bebauten stellenweise das Land und errichteten Dörfer, ohne ihre Nomadenzelte ganz aufzugeben. Noch heute sehen ihre kargen Siedlungen, wo neben der niederen Kammer aus Lehmziegeln oder der runden Strohhütte das schwarze Zelt als Frauenwohnung in dem Pferch aus Dornen steht, wie Strandgut der Steppe aus; es ist, als ob der arabische Beduine nur zögernd und vorläufig die Lebensweise der Bauern annähme.

Während so die arabischen Wanderstämme im Norden allmählich seßhaft geworden sind, übernahmen die Senhadja-Berber im Süden des großen Atlas schon früh die Lebensweise der arabischen Kamelzüchter. Auf ihren Wanderungen durch die Sahara stießen sie bis an den Senegal vor, der nach ihnen heißt.

Das sind die verschiedenen Arten der «Beduinen», von denen Ibn Chaldun spricht.

Nach der Wertung, die das europäische Wort «Zivilisation» in sich schließt, müßten all diese Nomaden und Halbnomaden als Menschen roher, dumpfer und sittlich tieferstehend sein als die Bewohner der Städte. Denn «Zivilisation» bedeutet ja nichts anderes als «Verstädterung». Das Ideal, das ihr in Europa zugrunde liegt, geht auf die Römer zurück, für welche ihr ganzes Imperium nur eine Erweiterung ihrer «Civitas», ihres Stadtstaates war. Sichtbar drückt sich das in dem Achsenkreuze aus, nach welchem die Römer all ihre Siedlungen anlegten und das sie über ihre Städte und Weiler hinaus ausdehnten, bis allmählich alles bebaute Land in seine klare Ordnung einbezogen war: Es ist der Ausdruck einer statischen Weltanschauung, die Verwirklichung eines ausgerichteten und meßbaren Kosmos, in dem der Mensch zuhause sein soll. Die christliche Kirche – und auch einige muslimische Philosophen des Mittelalters – haben diese Vorstellung der Kultur als einer allumfassenden Stadt übernommen, aber mehr in einem übertragenen als im wörtlichen Sinne gemeint. Erst die Renaissance in Europa und erst recht der französische Rationalismus, der seinen Ausdruck in der großen Revolution fand, haben die Verstädterung der Menschheit wortwörtlich zu ihrem Ziel gemacht; nicht umsonst nennen sich alle Franzosen seither «citoyens»: Bürger der «Civitas» Frankreich. So kamen sie sich auch in Nordafrika als die eigentlichen Nachfolger der römischen Kolonisatoren vor: Rom hatte einst in diesen Ländern Fuß gefaßt; das arabische Nomadentum, sagten sie, habe bloß eine Entwicklung unterbrochen, die man nun zum Wohle Nordafrikas wieder aufnehmen und fortführen wolle; die Nomaden müßten gebändigt, unter eine feste Verwaltung gebracht und allmählich angesiedelt werden.

Im Gegensatz dazu sieht Ibn Chaldun den vollkommenen Zustand der menschlichen Gesellschaft nicht in der einseitigen Entwicklung des seßhaften Lebens, das im Städtertum gipfelt, sondern in einem Ausgleich zwischen Nomadentum und Seßhaftigkeit. Dieses Ideal ist nicht nur durch die Natur jener Länder gegeben, die ohne ein gewisses Ausmaß an ungerodeter Wildnis leicht der vollständigen Versandung anheimfielen, wie sie heute die ähnlich gearteten Binnenebenen des nördlichen Amerika bedroht; es entspricht auch der geistigen Haltung des Islam: Die männlich kämpferische Tugend, die dieser bevor-

Berberische Reiter an einem Fest.

zugt, findet im Nomadentum eine natürliche Voraussetzung; das ständige Bewußtsein der Vergänglichkeit aller Dinge auf Erden, das seinen Lebensodem ausmacht – *Alles vergeht, außer Seinem Antlitz*, wiederholt der Koran –, ist etwas wie eine Steigerung und geistige Umwertung der Erfahrung des Nomaden, des Wanderhirten, der nicht sät und nicht erntet, nicht baut und nicht bildet und nirgends dauernd verweilt. Andrerseits aber verleihen die sakralen Vorbilder Mekka, Medina und Jerusalem der Stadt im Islam einen geistigen Sinn; ihr Kern ist die Moschee mit den Heiligen und den Schriftgelehrten. Durch sie ist sie etwas wie eine zum Kristall gewordene Kundgebung des Geistes.

Der Übergang vom Nomadentum zur Seßhaftigkeit: Neben den mit Stroh gedeckten Rundhütten aus Lehm steht noch das schwarze Nomadenzelt. Ein Zaun aus Dorngestrüpp umgibt den Hof. Die frühlingshaften Wiesen sind gelb von Ringelblumen. Im Hintergrunde Getreidefelder und Ölbäume.

Die Stadt ist in der Tat ein Kristall, nicht nur dem Sinn, sondern auch ihrer Form nach und mit dem zwiefachen Anblick der Vollendung und der Erstarrung, die schon den Tod anzeigt. Damit die Stadt nicht stirbt und innerlich verdirbt, muß sie immerzu vom Zustrom der nomadischen Elemente genährt werden, während umgekehrt die Beduinen an dem geistigen Einfluß teilhaben sollen, der von den städtischen Mitten ausgeht. Bricht dieser Ausgleich ab, so erstickt die städtische Kultur an ihrer seelischen Inzucht oder wird von den Nomaden überrannt.

> Demnach ist das Beduinentum der Ursprung aller gesellschaftlichen Ordnung, der seßhaften Völker und der Städte ... *Das Städtertum aber kann nur ein Ende sein*; *es ist* die letzte Stufe der Kultur und damit der Punkt, wo diese zu zerfallen beginnt. Es ist auch die letzte Stufe der Verderbtheit und der Entfernung vom ursprünglich Guten ... *(Muqaddima II.3)*

In ihrem natürlichen Urzustande ist die Seele dazu bereit, jegliches Gute oder Böse, das ihr begegnet, anzunehmen und sich danach zu formen. Der Prophet

> sagte: «Jedes Kind wird im Urzustand geboren. Seine Eltern sind es, die einen Juden oder einen Christen oder einen Feueranbeter aus ihm machen.» In dem Maße, als die Seele anfänglich von der einen oder der anderen Eigenschaft, dem Guten oder dem Bösen beeindruckt wird, neigt sie sich derselben Seite zu und findet es schwer, zur anderen zurückzukehren ... Seßhafte Menschen aber sind mit allerlei Genüssen beschäftigt. Sie sind an Luxus und Erfolg gewöhnt und daran, ihren weltlichen Wünschen nachzugeben. Deshalb sind ihre Seelen von jeder Art verwerflicher und schlechter Eigenschaft gefärbt. Je mehr sie besitzen, um so ferner liegen ihnen die Wege und Weisen der Güte. Manchmal verlieren sie jegliche Selbstzucht. Viele von ihnen lieben es, in ihren Versammlungen, in der Gegenwart ihrer Ältesten und in Gesellschaft von Frauen unziemliche Reden zu führen. Sie haben keinen Sinn für Zurückhaltung, weil die schlechte Sitte, öffentlich in Worten und Taten zuchtlos zu sein, sie beherrscht ... *(Muqaddima II.4–9)*

Dagegen sind dem Beduinen Männlichkeit und Würde gleichsam angeboren; sie sind das Zeichen seiner Freiheit, während umgekehrt ein gewisser tölpelhafter Zug, den man dem europäischen Bauern nach Cervantes und Brueghel gern zuschrieb, letzten Endes von der Leibeigenschaft herrührt. Ibn Chaldun idealisiert den Nomaden nicht; er kennt seinen harten und sinnlichen Charakter; wenn die Städter auf Genuß erpicht sind, so

> können die Beduinen ebenso weltlich eingestellt sein. Nur bezieht sich ihre Weltlichkeit auf die baren Notwendigkeiten des Lebens und nicht auf den Luxus noch auf irgend etwas, das künstliche Wünsche hervorruft und Lüste erzeugt. Deshalb sind die Sitten, die sie in ihren gegenseitigen Beziehungen beachten, gut; verglichen mit den Seßhaften sind ihre schlechten Gewohnheiten und Eigenschaften viel geringer ... Sie können also eher rechtgeleitet werden als seßhafte Menschen ...
>
> Die seßhaften Völker sind an Feigheit und Weichheit gewöhnt. Sie sind im Wohlleben und im Luxus versunken. Die Verteidigung ihres Lebens und Besitzes überlassen sie dem Herrscher, der sie regiert, und den Berufssoldaten, die sie beschützen sollen. Sie fühlen sich innerhalb ihrer Mauern und Festungen sicher. Kein Lärm schreckt sie auf, und keine Jagd hält sie in Atem. Sie sind sorglos und haben es sich abgewöhnt, Waffen zu tragen. Geschlecht um Geschlecht ist in dieser Lebensweise aufgewachsen. So wurden sie wie Weiber und Kinder, die vom Hausherrn abhängen. Schließlich wird das zu einem Wesenszug, der die natürliche Anlage des Menschen ersetzt.

> Die Beduinen jedoch leben von der Gesellschaft abgesondert. Sie leben allein im offenen Land und ohne den Schutz von Berufssoldaten. Sie haben weder Mauern noch Tore. Darum verteidigen sie sich selbst und verlassen sich nicht auf den Schutz anderer, tragen ihre Waffen immer bei sich, achten wachsam auf alle Seiten des Weges und geben sich nur kurzem Schlummer hin, wenn viele von ihnen beisammen sind, oder schlafen im Sattel; sie lauschen jedem leisen Bellen, jedem Geräusch. Allein dringen sie in die Wüste ein, sich auf ihre eigene Kraft verlassend. Männlichkeit ist zu einem Zug ihres Wesens und Mut zu ihrer Natur geworden ... *(Muqaddima II.4–9)*

Gesetze sind zwar nötig, doch

> wenn die Gesetze durch Strafen aufrechterhalten werden, vernichten sie allmählich die Männlichkeit; denn wenn man jemanden, der sich nicht verteidigen kann, straft, demütigt man ihn und bricht seine Kraft ... Staatliche und erzieherische Gesetze zerstören die Männlichkeit, weil ihr Zwang von außen kommt. Anders verhält es sich mit den Gesetzen des Glaubens, deren Herrschaft eine innerliche ist. Also beeinflussen Staat- und Schule die seßhaften Völker dahin, daß ihre Seele schwach und widerstandslos wird ...
> *(Muqaddima II.4–9)*

Alles Führertum kommt deshalb von den Beduinen. Denn *Führertum beruht auf Überlegenheit; und Überlegenheit gibt es nur auf Grund von Stammesbewußtsein;* dieses aber ist den Beduinen eigen, denn

> nur Stämme, die ein starkes Bewußtsein ihrer Zusammengehörigkeit besitzen, können in der Wüste bestehen ... Die Siedlungen [oder Lager] der Beduinen werden gewöhnlich von einer stehenden Kriegerschar verteidigt, die aus den edelsten Jünglingen des Stammes gebildet ist. Der Schutz, den diese Krieger der Siedlung gewähren, ist um so stärker, je fester sie untereinander durch gemeinsame Herkunft verbunden sind. Der verwandtschaftliche Wetteifer stärkt ihren Charakter und macht sie gefürchtet, *denn nur Blutsverwandte sind stets bereit, füreinander in den Tod zu gehen.* *(Muqaddima II.11)*

Zum Beduinentum gehört also auch das Bewußtsein einer reinen Abstammung. Das aber ist ein aristokratischer Zug, eine natürliche Vorbedingung zur Gründung von Fürstenhäusern und Dynastien.

Ein Gebot des Wüstenlebens ist auch die Gefolgschaft, der Zusammenhalt einer Schar unter einem Führer: *Bei den Beduinenstämmen kommt alle Zucht und Zügelung von ihren Ältesten, den Scheichen. Diese genießen gewöhnlich eine große Achtung unter ihrem Volke ...* Die Gefolgschaft eines Stammes für seinen Führer ist jedoch etwas anderes als Untertanentum; dem Scheich wird gehorcht, weil er das Oberhaupt einer großen Familie oder weil er tapfer und klug und in seinen Unternehmungen erfolgreich ist. Man erwartet von ihm, daß er vor wichtigen Entscheidungen die Ältesten der anderen Sippen des Stammes zu Rat ziehe. Diese ritterliche Auffassung der Führerschaft blieb auch dann bestehen, wenn der Sultan als das gesetzliche Oberhaupt des Staates den Scheich mit einem öffentlichen Amt belehnte, wie das zu allen Zeiten geschah, wenn sich der Herrscher die Treue eines Stammes sichern wollte. Der Bericht eines französischen Diplomaten, der 1886 mit einer Gesandtschaft seiner Regierung von Tanger nach Fes ritt, zeigt dieses Verhältnis wie in einem Spiegel:

> ... Gegen zehn Uhr morgens kamen wir beim Scheich Mbarek der Auled Delim an und errichteten unser Lager seinem Hause gegenüber, auf einem ganz von Ringelblumen bewachsenen Hügel, die im Morgenwinde zitterten. Vor uns erhoben sich die ersten Rücken des Serhun-Gebirges, wo der Gründer des ma-

rokkanischen Reiches, der berühmte Mulay Idris, seine erste Zuflucht fand. Rings um uns, so weit das Auge sehen konnte, erstreckten sich andere Höhenzüge ohne Wälder und scheinbar ohne Siedlungen, so daß ihre zerschrundeten Rücken ganz nackt dalagen; sie glichen ungeheuren, unter Allahs Hand plötzlich geronnenen Wogen. Zu diesem Eindruck trug der blaue Widerschein des Himmels bei, der auf ihnen lag und den nur hie und da große weiße Risse im kalkigen Grunde gleich Schaumflecken auf einem gewaltigen Ozean unterbrachen. Das Haus des Scheich Mbarek lag im Tal, am Fuß des Hügels, auf dem wir haltmachten. Seine Ausdehnung im Vergleich zu dem daneben gelegenen Dörfchen zeigte an, daß es die Wohnung eines Herrn, eine Zitadelle voller Vasallen, ein Versammlungsort und der Sitz der über die Gegend herrschenden Gewalt war. Dieser Eindruck verstärkte sich noch, als wir nachmittags den Kaid besuchen gingen. Man führte uns zuerst in einen arabischen Hof, in dessen Mitte ein Brunnen floß. Der Hof diente als Stallung; die Pferde der Leibwache standen hier mit gefesselten Vorderfüßen unter freiem Himmel. In den Winkeln war allerlei Gepäck aufgestapelt; einige Frauen wuschen am Brunnen, andere woben in einer Art Halle; Diener gingen hin und her; es war ein Leben, ein Gewimmel, das eine große Ansammlung von Menschen verriet. Wir sollten jedoch nicht das ganze Gebäude besuchen, das außer dem Frauenteil genug Wohnungen enthielt, um eine Schar von hundert Kriegern zu beherbergen. Man führte uns in den Empfangsraum hinauf, welcher aus zwei langen, durch einen eleganten Spitzbogen miteinander verbundenen Sälen bestand; einer dieser Säle diente dem Gesinde; im zweiten, an dessen Wänden entlang man zu unserem Empfang Kissen gelegt hatte, saß der Scheich Mbarek auf einem flachen Ruhebett. Der Fiebergeruch, der einem gleich beim Eintreten entgegenschlug, bewies zur Genüge, daß es nicht schlechter Wille war, wenn uns der alte Scheich nicht an der Grenze seines Gebietes zu Pferde empfangen hatte; noch viel weniger zweifelte man daran, wenn man ihn selber ansah: Es war ein noch sehr gerader Greis, der schön gewesen wäre, hätte ihn das Fieber nicht so verwüstet; seine gelbe Hautfarbe stand in auffallendem Gegensatz zum Weiß seines Turbans und seines Bartes. Seine Augen leuchteten stark, doch war es nicht der Glanz des Fiebers ... Kaum saßen wir, so brachte man uns allerhand Speisen auf großen Platten, während ein würdevolles Mitglied des Hauses den Tee mit all den bekannten Zeremonien zu bereiten begann. Unsere Aufmerksamkeit galt jedoch der Ankunft einer Gruppe von Reitern, die von irgendeinem Unternehmen zurückzukehren schienen. Jeder von ihnen näherte sich dem Scheich, indem er sich ein erstes Mal verbeugte und dann niederwarf, um die Knie des Greises zu küssen. Dieser legte väterlich seine Hand auf eines jeden Schulter oder Stirne und sprach ein paar Worte zu ihm, während der Angespro-

> chene in gebeugter Stellung verharrte. Das geschah alles ohne platte Unterwürfigkeit, vielmehr auf eine schlichte Weise, die voller Größe war. Die Huldigung des Stammoberhauptes hatte für jene, die sie darbrachten, nichts Demütigendes, wie man es deutlich an der freien, herzhaften Haltung erkannte, in der sie sich nachher mit dem Scheich unterhielten. Einer nach dem anderen stand wieder auf, ging in den Saal nebenan und ließ sich neben seinen Gefährten auf dem Teppich nieder ... *(Charmes)*

Von Natur aus sind die Beduinen jedem unbedingten Herrschertum feind.

> Wenn aber ein Mann, der auf Grund des Stammesbewußtseins den Rang eines Anführers erlangt hat, auf einmal den Weg zur eigentlichen Herrschaft vor sich sieht, folgt er ihm, denn das Ziel, das sich ihm bietet, ist aller Wünsche wert. Er kann jedoch dieses Ziel nur auf Grund des Stammesbewußtseins, das ihm Gefolgschaft sichert, erreichen. So ist das Königtum das Ziel, zu dem das Stammesbewußtsein letzten Endes hinführt ... *(Muqaddima II.16)*

Für Ibn Chaldun ist das Königtum die von Natur gegebene und deshalb von Gott gewollte Form der Regierung. Denn die königliche Würde ist etwas, das im menschlichen Wesen vorgebildet ist; sie stellt gewissermaßen den Höhepunkt des irdischen Daseins dar, gewährt sie doch die volle Entfaltung aller Fähigkeiten und erfordert die Ausübung aller männlichen Tugenden. Wird sie auch nur von wenigen erreicht, so ist dennoch ihre Verwirklichung etwas wie die Kundgebung eines Vorbildes, das alle in sich tragen.

Eine andere Form von Regierung als die Monarchie zieht Ibn Chaldun gar nicht in Betracht, und sein Urteil darüber wäre wohl dasselbe gewesen wie das des berühmten Emirs 'Abd al-Qadir, der während seiner Gefangenschaft in Frankreich erfuhr, daß der König Louis Philippe durch einen fünfgliedrigen Rat der Republik ersetzt worden sei: «Aber ein Leib muß doch einen Kopf haben, um handeln zu können», antwortete der Araber dem französischen Offizier, der ihm die Nachricht überbracht hatte. «Er wird nicht einen, sondern fünf Köpfe haben», bemerkte dieser, worauf ihm 'Abd al-Qadir erwiderte: «Ich aber sage dir: Er wird nicht fünf, sondern zweiunddreißig Millionen Köpfe haben, und das ist ein wenig zu viel.»

Wenn auch die städtischen Kulturen immer wieder und gleichsam periodisch einer aus der «Wüste» hervorbrechenden Flut von Nomaden oder Halbnomaden untertan werden, bedeutet das nicht notwendigerweise, daß die Beduinen die städtische Kultur zerstören müssen. Die beduinischen Eroberer mögen den Städtern Gewalt antun, doch lassen sie das Städtertum bestehen und überlagern es nur als eine herrschende, aristokratische Schicht, die allmählich von ihm aufgesogen wird. Nach Ibn Chaldun verläuft dieser Vorgang der Angleichung zwangsläufig:

> Die Führerschaft erschöpft sich innerhalb einer bestimmten Herrscherfamilie nach vier Generationen: Der Urheber des Ruhmes der Familie weiß, was ihn sein Werk an Anstrengungen gekostet hat, und bewahrt deshalb die Eigenschaften, die seine Macht begründeten. Der Sohn, der ihm in der Herrschaft nachfolgt, hat eine persönliche Beziehung zu seinem Vater gehabt und von ihm gelernt ... Die dritte Generation aber begnügt sich mit einer äußerlichen Nachahmung ihrer Vorgänger und verläßt sich auf den Brauch ... Die vierte endlich macht sich keine richtige Vorstellung mehr von der Mühe und Anstrengung, mit welcher der Bau errichtet wurde. Sie meint, daß ihr der Ruhm bloß um ihrer edlen Abstammung willen gebühre ... *(Muqaddima II.14)*

Damit beginnt die Verwandlung der aristokratischen Schicht in ein städtisches Beamtentum und zugleich der Untergang des herrschenden Hauses.

Die Schwäche der Beduinen liegt in ihrer Stärke, in der Ausschließlichkeit ihres Stammesbewußtseins, das einen Stamm zum Feind des anderen macht. Darum, sagt Ibn Chaldun, vermag eine beduinische Bewegung nur dann einen großen Staat zu schöpfen, wenn sich die Herrschaftsansprüche der verschiedenen Stämme einer Führung höherer Ordnung beugen, und eine solche kann nur das Prophetentum oder ein von ihm abgeleitetes Amt sein. In diesem Zusammentreffen einer natürlich aufstrebenden, aus dem zeitlosen Meer der Wüste kommenden Kraft mit einer Wahrheit übernatürlicher Herkunft liegt das ganze Schicksal der islamischen Völker beschlossen: Was am Anfang geschah, als die unter sich geteilten und von den benachbarten Hochkulturen kaum beachteten Wüstenstämme Arabiens, die zum größten Teil aus Nomaden bestanden, durch die koranische Botschaft geeint und zum Träger einer geistigen Mission geworden, auf einmal die ganze nahöstliche Welt bis zum Indus und bis zu den Pyrenäen überwältigten und umgestalteten, sollte sich in der Folge, wenn auch in abgeschwächtem Maße, periodisch wiederholen: Als die Kraft der Araber von den städtischen Kulturen weitgehend aufgesogen war, übernahmen andere Nomadenvölker, wie die Türken, die Mongolen und im Westen die Berber, die Rolle der ethnisch und geistig erneuernden, alle städtischen Verhärtungen zerbrechenden Macht.

Die Islamisierung Nordafrikas

Die erste, anfängliche Welle der islamischen Eroberung war allzu rasch über das nordwestliche Afrika hinweggegangen; ihre Wucht schlug weiter, nach Spanien hinüber, indem sie eine Menge Berber mit sich riß. Andalusien war gleichsam die große Oase, wo der nomadische Ansturm zur Ruhe gelangte und der junge Glaube seinen Gehalt in Wissenschaften und Künsten entfalten konnte. Im Vergleich dazu waren die im berberischen Lande selbst entstandenen islamischen Fürstentümer bloße Provinz. Selbst das theokratische Königtum, das gegen 800 von Mulay Idris, einem Nachkommen des Propheten, im nördlichen Marokko gegründet wurde, vermochte sich nicht über den Bereich einer seßhaften, noch fern vom römischen Erbe beeinflußten Bevölkerung auszudehnen und blieb geistig vom andalusischen Kalifenreiche und den mehr östlich gelegenen Mitten der islamischen Kultur abhängig.

Erst als die andalusische Kultur aus ihrem eigenen, satten Reichtum heraus in lauter kleine Fürstentümer zerfiel, brach um die Mitte des elften Jahrhunderts aus der Sahara eine Welle kriegerischer Nomaden hervor, die Almoraviden, die im Namen einer sittlichen Erneuerung, einer strengeren und reineren Anwendung des koranischen Gesetzes ganz Marokko, den größten Teil Algeriens und das muslimische Spanien eroberten und in ein einziges Reich verwandelten.

Die Almoraviden

Diese kriegerischen Nomaden waren die Lamtuna, ein Stamm der kamelzüchtenden Senhadja. Man nannte sie die «Verschleierten», weil sich ihre Männer gleich den Tuareg, denen sie rassisch verwandt sind, das Gesicht verhüllten, während ihre Frauen unverschleiert blieben. Der Name Almoraviden ist die spanische Form des arabischen al-Morabitun, was «die Leute des Ribat» bedeutet, denn ihre Bewegung nahm ihren Ausgang von einem Ribat, einer Art Kloster oder Ordensburg für Glaubenskämpfer, die ein Theologe namens 'Abd-Allah ben Yasin auf einer Insel tief unten an der Küste des Senegal gegründet hatte. Die Einzahl von Morabitun ist Marbut, was als «marabout» in die französische Sprache eingegangen ist.

Die Tätigkeit des 'Abd-Allah ben Yasin galt zuerst der Bekehrung der berberischen Nomaden der Sahara, die den Islam nur sehr oberflächlich angenommen hatten. Nachdem er aber in seinem Ribat eine Elite von Stammeshäuptern zu treuen Schülern und Gefolgsleuten erzogen hatte, unternahm er es, alle widerspenstigen Stämme der Wüste mit dem Schwert zu unterwerfen. Das gelang ihm, und durch ihre zunehmende Gewalt nahm die Bewegung, die er ausgelöst hatte, unversehens die Richtung nach Norden, auf die Oasen am Fuße des Atlas hin und flutete endlich über diesen hinweg in das fruchtbare Mittelland hinüber.

Als Führer war 'Abd-Allah ben Yasin gerecht, aber streng, wie er als Meister von Wüstensöhnen sein mußte. Ein kleines Ereignis kennzeichnet ihn: Er hatte seinen Schüler Abu Bekr, einen Stammeshäuptling, zum Anführer des Heeres der Almoraviden ernannt. Eines Tages sagte er zu Abu Bekr: «Du hast einen Fehler begangen, und ich muß dich dafür bestrafen.» – «Was hab' ich getan?» frug Abu Bekr. «Das werde ich dir erst nachher sagen; mach dich bereit.» Der Schüler entblößte seinen Rücken, und 'Abd-Allah gab ihm zehn Schläge mit dem Riemen; darauf sagte er: «Du setzest dich im Kriege zu sehr der Gefahr aus; ein Heerführer darf sich aber nicht selbst gefährden, denn wenn er fällt, ist das für seine Truppen ein schwerer Nachteil.»

'Abd-Allah ben Yasin fiel selbst um 1058 im Kampf gegen die ketzerischen Berghuata in der atlantischen Ebene nördlich des Atlas. An seiner Stelle übernahm Abu Bekr die Führung der Almoraviden.

Zur Eroberung des nördlichen, damals fast ganz von seßhaften Stämmen bewohnten Maghreb bedurften die Lamtuna einer politischen Erfahrung und Umsicht, die sie als Nomaden nicht haben konnten; sie kam ihnen in Gestalt einer klugen Frau städtischer Herkunft zu Hilfe:

> ... Nach seiner Eroberung von Luata [nördlich des mittleren Atlas], kehrte Abu Bekr nach Aghmat [am Fuße des großen Atlas] zurück, wo er sich zuvor mit einer Frau namens Zeinab, Tochter des Ishak al-Huwari, eines Kaufman-

nes aus Kairuan, verheiratet hatte. Sie war willensstark, gescheit, mit einem Sinn für das Richtige, vorsichtig und so gewandt in den Geschäften, daß man ihr den Übernamen Zauberin gegeben hatte. Der Emir verweilte etwa drei Monate lang bei ihr, bis ein Bote aus dem Süden ihm die Nachricht brachte, die Sahara sei in Aufruhr. Abu Bekr war aber ein frommer, enthaltsamer Mann, der es nicht litt, daß die Muselmanen angegriffen und ihr Blut unnütz vergossen würde. Er entschloß sich deshalb, selbst nach der Sahara zu reisen, um die Ordnung wiederherzustellen und die Ungläubigen des Sudans zu bekämpfen. Am Tage seines Aufbruchs schied er von seiner Frau mit den Worten: «O Zeinab! Du bist ein Wesen von großer Güte und vollkommener Schönheit; allein, ich muß dich verlassen und in die Sahara ziehen, um dort im Heiligen Krieg den hohen Lohn des Martyriums zu erstreben. Als zarte Frau ertrügest du es nicht, mir zu folgen und in jenen Wüsten zu leben. Deshalb verstoße ich dich. Wenn die gesetzliche Frist vorüber ist, sollst du meinen Vetter Yusuf ben Taschfin heiraten, denn er ist mein Statthalter im Maghreb.»

Nachdem er sich so von Zeinab getrennt hatte, ritt der Emir von Aghmat weg und durchquerte das Land bis Sidjilmassa im Sus, wo er einige Tage blieb, um die Regierung zu ordnen. Bevor er diese Stadt verließ, rief er seinen Vetter Yusuf ben Taschfin zu sich und ernannte ihn zum Fürsten des Maghreb; er gab ihm alle Vollmachten und befahl ihm, die Reste der Maghraua, die Beni Ifren, die Kabylen, die Zenata und die übrigen feindlichen Berber zu bekämpfen. Die Anführer der Almoraviden anerkannten Yusuf als ihr Oberhaupt, denn sie wußten, daß er fromm, tugendhaft, tapfer, entschlossen, unternehmend, streng und dabei gerecht war. Er drang also mit dem halben Heer der Almoraviden in den Maghreb ein, während der Emir Abu Bekr mit der anderen Hälfte nach der Sahara aufbrach; das geschah im Monate Dhu-l-qa'da des Jahres 453 [1061]. Yusuf ben Taschfin heiratete Zeinab, die vorzügliche Beraterin, und dank ihrer klugen Politik gelang es ihm, den größten Teil des Maghreb zu erobern.

Der Emir Abu Bekr vermochte es, die Aufständischen in der Sahara zu beruhigen und das Land zu reinigen. Danach versammelte er ein großes Heer und zog nach dem Sudan, den er völlig unterwarf, obwohl das Land so weit ist, daß man drei Monate braucht, um es zu durchqueren. Yusuf ben Taschfin seinerseits eroberte die meisten Städte des Maghreb und festigte dort seine Macht. Als Abu Bekr vernahm, welchen Umfang das Reich seines Vetters angenommen hatte, verließ er die Sahara und machte sich auf den Weg, um ihm zu danken und seinen Platz einzunehmen. Doch Yusuf, der seine Absichten erriet, frug seine Frau Zeinab um Rat. «Dein Vetter Abu Bekr», antwortete sie ihm, «ist ein frommer Mann, der nicht gern Blut vergießt. Wenn du ihn triffst, unterlaß es, ihm die Ehre zu erweisen, die er von dir zu erfahren gewohnt ist. Zeig ihm weder Höflichkeit noch Demut, sondern empfange ihn als einen, der dir gleichgestellt ist. Zugleich bring ihm einige kostbare Geschenke wie Stoffe, Gewänder, Speisen und nützliche oder seltsame Gegenstände; beschenke ihn reichlich, denn in der Sahara ist alles, was von hier kommt, selten und kostbar.» Yusuf befolgte ihren Rat; als sich der Emir Abu Bekr dem Reiche Yusufs näherte, kam ihm dieser entgegen, und wie er seinen Vetter auf dem Wege traf, grüßte er ihn kurz angebunden vom Pferd herab. Der Emir, der das Gefolge Yusufs betrachtete, verwunderte sich über dessen große Zahl und frug: «Yusuf, was soll dieses Heer?» – «Mir dienen gegen jeden, der mir gegenüber üble Absichten hegt», gab jener zur Antwort. Da wurde Abu Bekr mißtrauisch wegen des Grußes vom Pferd herab und jener Antwort, doch als er im selben Augenblick tausend beladene Kamele wahrnahm, die auf ihn zukamen, frug er: «Was bedeutet diese Karawane?» Worauf sein Vetter erwiderte: «O Fürst, ich bin dir entgegengekommen mit allem, was ich an Schätzen, an Stoffen, Kleidern und Proviant besitze, damit dir in der Sahara nichts fehlen möge.» Bei dieser Antwort begriff der Emir alles und sprach: «Yusuf, steig vom Pferd, um meine Ermahnungen entgegenzunehmen.» Sie stiegen also beide ab; man breitete einen Teppich für sie aus, und sie ließen sich darauf nieder. Der Emir begann: «O Yusuf, ich habe dir die Macht gegeben, und Gott wird mich das entgelten. Fürchte Gott und denke an Ihn in deinem Verhalten zu den Gläubigen. Mögen deine guten Taten mir die Freiheit im Jenseits einbringen und sie dir selber sichern. Sorge wachsam für die Bedürfnisse deiner Untertanen, denn Gott wird dir dafür Rechenschaft abfordern. Möge dich der Höchste bessern; Er gewähre dir Seinen Beistand und führe dich auf den geraden Weg, in der Gerechtigkeit zu deinem Volk, denn Er ist nun mein Sachwalter dir und deinen Untertanen gegenüber.» Daraufhin kehrte er in die Sahara zurück und verbrachte dort sein Leben im Krieg gegen die Ungläubigen, bis er schließlich, im Jahre 480 [1087], von einem giftigen Pfeil getroffen das Martyrium erlangte, nachdem er sein Reich über die Sahara bis zum Goldberge im Sudan ausgedehnt hatte. Sein Reich aber ging ganz an Yusuf ben Taschfin über ...

(Raud al-Qartas)

Yusuf ben Taschfin gründete 1062 als Hauptstadt seines Reiches Marrakesch am nördlichen Fuße des großen Atlas, da, wo die wichtigsten Paßwege nach der Sahara hinüberführen. In Nachahmung der Oasen der Sahara umgab er die Stadt mit einem künstlich bewässerten Palmenhain. Aus dem spanischen Namen für Marrakesch – Marruecos – leitet sich die Bezeichnung «Marokko» für den ganzen «fernen Westen» ab. 1063 zog Yusuf in Fes, der ehemaligen Kö-

Ein Stammeshäuptling mit seinen Reitern, von Musikanten begleitet, begibt sich zu einer festlichen Versammlung.

nigsstadt der Idrisiden, ein. Er dehnte sein Reich im Westen bis nach Tanger und im Osten bis nach Algerien hinein aus und ließ sich vom abbasidischen Kalifen in Bagdad den Titel «Anführer der Gläubigen» (Amir al-Mu'minin) verleihen. Als Alphons VI. von Kastilien in Andalusien einfiel, folgte er dem Hilferuf der spanischen Muselmanen, setzte sein Heer über und schlug 1086 bei Badajoz die christlichen Streitkräfte vernichtend. Damit gewann er auch Andalusien für sich und seine Nachkommen.

Die Herrschaft der Almoraviden begünstigte die Verbreitung der andalusischen Kultur in der Berberei. Sie schuf Frieden und Wohlstand. Dennoch erfuhr die Dynastie der Almoraviden das Schicksal, das Ibn Chaldun allen Herrscherhäusern nomadischen Ursprunges zuschreibt: Sie verstädterte; das Stammesbewußtsein ihrer aristokratischen Schicht erlahmte, und ihr sittliches Werk, die Erneuerung der koranischen Gesetzgebung, wurde zur ausschließlichen beruflichen Angelegenheit amtlicher Schriftgelehrter.

Die Almohaden

So brach etwa achtzig Jahre später, um 1130, eine zweite, noch stärkere Welle von beduinischen Berbern über das nordwestliche Afrika und Andalusien herein. Diesmal war die Bewegung von den halbnomadischen Stämmen des großen Atlas, den Masmuda, getragen; sie nannten sich «al-Muwahhidun», «die Bekenner der (göttlichen) Einheit», was über das Spanische zu «Almohaden» geworden ist. Das Werk der Almohaden hatte einen tieferen Gehalt und einen größeren Umfang als das der Almoraviden: Entgegen einer buchstäblichen, äußerlichen Auslegung des Korans, die bei vielen zu einer allzu menschenähnlichen Vorstellung Gottes und zu einer bloß zahlenmäßigen Auffassung der göttlichen Einheit geführt hatte, verkündete Ibn Tumert, der geistige Gründer der Almohaden, den metaphysischen Sinn des «Tawhid», der koranischen Einheitslehre, nach welchem Gott nicht bloß der Zahl nach einer ist, gleich einem Ding unter vielen, sondern Seinem Wesen nach; Er ist einzig, weil es nichts gibt, das sich mit Ihm vergleichen ließe:

> Es gibt keinen Gott außer dem, auf welchen alles Dasein hinweist, *beginnt sein in berberischer Sprache verfaßter Kommentar des Tawhid,* und von dem alle Geschöpfe bezeugen, daß Er unbedingt und unendlich ist, frei von aller Bestimmung durch Zeit, Raum, Richtung, Grenze, Art, Form, Gestalt, Maß, Verhältnis oder Zustand. Er ist der Erste, dem nichts nachfolgt, der Letzte, dem nichts vorausgeht. Einzig ist Er, ohne irgendwo zu sein, erhaben, ohne irgendwie zu

> sein, liebenswert, ohne etwas zu gleichen. Der Verstand kann Ihn nicht erfassen, die Phantasie nicht vorstellen, die Gedanken nicht erreichen, die Vernunft nicht beschreiben ... Er ist frei von Unwissen und von Zwang, frei von Ohnmacht und Bedürftigkeit. Sein ist die Größe und die Majestät, der Ruhm und die Vollkommenheit, das Wissen und die Wahl, die Herrschaft und die Macht; Sein ist das Leben und die Ewigkeit, und Ihm gebühren die schönsten Namen. Er ist eins in Seiner Anfangslosigkeit; es gibt bei Ihm kein anderes Ding als Er selber, kein Dasein außer Ihm, weder Erde noch Himmel, weder Wasser noch Luft, weder Leere noch Fülle, kein Licht und keine Finsternis, keine Nacht und keinen Tag, nichts Lebendes und nichts Fühlendes ... *denn angesichts des Unendlichen ist alles Endliche nichts.* *(Ibn Tumert)*

Diese aller Vorstellung bare, diamantene Lehre war die Botschaft und zugleich auch der Kampfschrei der Almohaden; denn nach ihrer Überzeugung waren alle jene, die sich Gläubige nannten, dabei aber Gott wie ein menschenähnliches, mit vielerlei Fähigkeiten begabtes Wesen auffaßten, im Grunde nur Heiden: Ihre buchstäbliche Eingötterei, die Gott auf dieselbe Ebene wie die unterschiedlichen Dinge stellte, war unbewußte Vielgötterei, derselbe Irrtum also, zu dessen Bekämpfung der Koran aufruft.

Ibn Tumert hatte auf einer Reise in den muslimischen Osten die Lehren des großen Theologen al-Asch'ari und die des Gelehrten und Mystikers al-Ghazzali kennengelernt. Nach dem Maghreb zurückgekehrt, begann er, die Sitten der Almoraviden zu rügen und die von ihnen begünstigten Schriftgelehrten anzugreifen, bis er verfolgt wurde und mit seinen Schülern in den hohen Atlas flüchten mußte, zu dem Stamme der Masmuda, die den Lamtuna feindlich waren und über die er durch seine Predigt, durch Politik und später auch durch Gewalt einen uneingeschränkten Einfluß gewann. Er lebte asketisch. Für seine Führerrolle berief er sich auf die mystische, bei den Schiiten allgemein verbreitete Überlieferung, nach welcher zu allen Zeiten ein geistiger Erbe des Propheten die Lehre in ihrer Reinheit bewahre. Die Masmuda sahen in ihm den Mahdi, den «Rechtgeleiteten», von dem der Prophet gesagt hat, daß er gegen das Ende der Zeiten den Islam erneuern werde.

Die Macht der Almohaden sammelte sich in dem unangreifbaren Hochtal von Tinmal am Wed Nfis wie in einem Staubecken, um dann plötzlich mit unwiderstehlicher Gewalt daraus hervorzubrechen und den ganzen Maghreb zu überfluten.

Ibn Tumert erlebte selbst den Umsturz des Reiches der Almoraviden nicht mehr. Sein genialer Schüler 'Abd al-Mu'min, der sich später zum Kalifen ernannte, führte das große Werk aus: Er durchzog mit seinen Gebirglern die Ketten des Atlas, erreichte in großem Bogen über Tasa die Berge im Norden des Landes und stieg endlich mit einer Übermacht verbündeter Stämme in die Ebene herab, um die Reiterheere des letzten Sultans der Almoraviden zu besiegen. Das neue Reich, das er aufbaute, umfaßte die heutigen Länder Marokko, Algerien und Tunesien und schließlich Andalusien, das er den vordringenden christlichen Heeren entriß.

... Der Emir 'Abd al-Mu'min regierte mit Weisheit und Güte. Er überragte alle Almohaden durch seine Tugend, sein Wissen, seine Frömmigkeit und seine Reiterkunst. Seine Hautfarbe war weiß, seine Wangen gerötet; er hatte schwarze Augen, einen hohen Wuchs, lange und feine Augenbrauen, eine Adlernase und dichten Bart. Er war redegewandt, der Aussagen des Propheten kundig, belesen und gelehrt in den Dingen des Glaubens und der Welt, ein Meister in Grammatik und Geschichtskunde. Seine Sitten waren untadelig und sein Urteil sicher und fest. Er war ein großmütiger Krieger, unternehmend und achtunggebietend, stark und sieghaft. Mit Gottes Hilfe griff er nie ein Land an, ohne es einzunehmen, noch ein Heer, ohne es zu besiegen. Er liebte besonders die Literaten und Gelehrten und war selbst ein guter Dichter.

Man erzählt, daß er einst frühmorgens mit seinem Minister Abu Dja'far ben 'Atya ausgeritten war, um den Tag in einem seiner Gärten bei Marrakesch zu verbringen, als er von der Straße aus hinter dem Gitter eines Fensters das Antlitz einer Frau wahrnahm, so schön wie die Sonne. Seine Augen begegneten den Augen der Frau, und er sprach den Vers: «Der Anblick dieses Gitters und dieses Gesichtes hat mein Herz durchbohrt; o Jungfrau des Paradieses, wer säh dich und wär nicht berückt?» Doch Abu Dja'far erwiderte ihm in Versen: «Aus deinem Herzen verbann diese Leidenschaft, unwürdig des Mannes, der das sieghafte Schwert der Almohaden ist.» Da dankte der Emir freudig seinem Minister und ritt weiter ...

'Abd al-Mu'min blieb ebenso unbeirrbar in seinem Urteil, als er mächtig war. So bescheiden war er, daß er den Eindruck erweckte, gar nichts zu besitzen. Er liebte weder Vergnügen noch Zerstreuung und ruhte nie. Der ganze Maghreb wurde ihm untertan, und Spanien fiel in seine Hände; den Christen entriß er Mehdia in Afrika und Almeria, Evora, Baeza und Badajoz in Andalusien ... *(Raud al-Qartas)*

Oben eine Berberburg (Kasba) bei Suntat im Atlas.
Links unten eine Beduinenbraut.
Rechts zwei Bauernmädchen.

Das Hochtal des Wed Nfis, von welchem die Bewegung der Almohaden ausging.

Sein Nachfolger, der Kalif Ya'qub al-Mansur, schlug das Heer der Christen, das Andalusien zurückzugewinnen trachtete, im Jahre 1195 bei Alarcos so vernichtend, daß die maurische Herrschaft in Spanien für unabsehbar lange Zeit gesichert schien.

Das Jahrhundert der Almohaden war für den Maghreb die Blütezeit der Mystik und der ihr nahestehenden Philosophie. Daß die Almohaden die Werke al-Ghazzalis, die bis dahin im Maghreb verpönt und verdammt waren, öffent-

Die Gebetsnische (Mihrab) der Almohaden-Moschee, die der Kalif Ya'qub al-Mansur in Tinmal, am Grabe von Ibn Tumert, bauen ließ. Ihre Ruine beherrscht das Hochtal.

lich rechtfertigten, hatte weitreichende Folgen, bis in die christliche Scholastik hinein. Al-Ghazzali hat den gefährlichen Gegensatz zwischen der rein buchstäblichen Auslegung des Korans und seiner philosophischen, im Keime schon rationalistischen Umdeutung ein für allemal überwunden, indem er den sinnbildlichen Charakter aller Offenbarung darlegte. Damit schlug er auch die Bresche für eine allgemeine Anerkennung der mystischen Weisheit – des Sufitums –, aus deren Schatz er seine Lehren geschöpft hatte.

Unter den Almohaden hat die maghrebinische Kunst ihr einheitliches Gepräge erhalten. Ähnlich wie die Zisterzienser, die zur selben Zeit die Gotik in

Europa vorbereiteten, forderten sie eine Läuterung der Kunst, ihre Entkleidung von allem weltlichen Überfluß, in bewußtem Einklang mit ihrer unvermischten Lehre von der göttlichen Einheit. In der Vereinfachung und Straffung der Formen, der Betonung rein geometrischer Motive liegt auch ein berberisches Erbe, das nun mit dem arabisch-andalusischen zu jenem vollkommenen Stil verschmolz, den man in Erinnerung an das antike, von den Berbern bewohnte Mauretanien den «maurischen» nennt.

Eine scheinbar beiläufige, in Wahrheit aber bedeutungsvolle Tat des almohadischen Kalifen war die Ausgabe einer neuen Münze, die statt der runden eine quadratische Form besaß; sie sollte das Ende des geschichtlichen Kreislaufes, die Begründung einer endgültigen, dauernden Ordnung bekunden.

Doch auch die Almohaden erreichte das Schicksal aller beduinischen Dynastien. Dabei war es weniger die Abnahme ihrer kriegerischen Schlagkraft als das Erlahmen ihres eindeutigen und in gewissem Sinne einseitigen Glaubens an den Auftrag ihres Mahdi, das ihrem Schwert die Schärfe nahm. Nicht nur verharrten die meisten Schriftgelehrten des Landes in stillem Widerstand gegen die Neuerungen im Gesetz; am Hofe selbst, wo Philosophen wie Ibn Tufail und Averroes (Ibn Ruschd) verkehrten, begann ein anderer Geist zu wehen.

Nach Averroes ist es nicht möglich, den höchsten, metaphysischen Sinn der Offenbarung so zu enthüllen, daß er für jeden Menschen gleich klar und verpflichtend wäre. Das Verständnis der Menschen ist je nach ihrer Art verschieden; die meisten können nur den wörtlichen Sinn einer heiligen Schrift erfassen; andere bleiben an bildlichen und gleichsam mythologischen Vorstellungen haften, und nur wenige sind fähig, in deren tieferen Sinn einzudringen:

> Wenn man aber jemandem, der nicht dazu geboren ist, den tieferen Sinn der heiligen Schrift enthüllt, so führt man ihn und sich selber zur Untreue. Denn um den tieferen Sinn der Worte aufzudecken, muß man deren buchstäblichen Sinn gewissermaßen zerstören. Tut man das nun vor einem, der nur den äußeren Sinn erfassen kann, ohne daß man seinen Geist einem weiteren Verständnis zu öffnen vermöchte, so treibt man ihn, wenn es sich um die Grundlagen des heiligen Gesetzes handelt, in den Unglauben … *(Averroes)*

Demnach war die almohadische Einheitslehre zu sehr von aller Bildhaftigkeit entblößt, um der großen Menge der Gläubigen entsprechen zu können. Zugleich konnte sie auf ihre Weise zu einer geistigen Beschränkung führen. Der große Mystiker Muhyi-d-Din Ibn 'Arabi, der sich in den Jahren 1194 und 1196 in Fes aufhielt, schrieb wohl im Hinblick darauf:

> Die ausschließliche Behauptung, daß Gott mit nichts zu vergleichen sei, läuft letzten Endes darauf hinaus, die Auffassung der göttlichen Wirklichkeit zu beschränken; wer im Hinblick auf Gott jegliches Gleichnis verneint und nur auf diesem Standpunkte beharrt, ist entweder unwissend oder anmaßend. Der Vertreter des äußeren Wissens, der einseitig die Transzendenz Gottes unterstreicht, ohne zugleich Seine Immanenz zu erwähnen, straft, ohne es zu wollen, Gott und Seine Gesandten Lügen; während er glaubt, das Richtige zu treffen, schießt er am Ziel vorbei, denn er verhält sich wie einer, der die Offenbarung zum Teil annimmt und zum Teil verwirft ...
>
> Denn Gott gibt sich in jedem einzelnen Wesen auf eine besondere, diesem Wesen angemessene Weise kund ...
>
> Ebenso wer Gott mit etwas vergleicht, ohne zugleich Seine Unvergleichbarkeit hervorzuheben, schreibt Ihm Grenzen zu und erkennt Ihn nicht. Nur wer in seinem Erkennen die beiden Gesichtspunkte der Erhabenheit und der sinnbildlichen Ähnlichkeit vereint ... erkennt Ihn wahrhaftig, wenn auch nur gesamthaft ... *(Fusus)*

Die Dynastie der Almohaden herrschte etwa hundert Jahre lang. In der ersten Hälfte des dreizehnten Jahrhunderts begann ihre Macht in Spanien zu wanken; im Jahre 1212 wurden die Almohaden von den Christen bei Las Navas de Tolosa geschlagen; die östlichen Provinzen des Maghreb fielen von ihnen ab, während die Meriniden (Banu Merin), ein nomadischer Stamm der Zenata-Berber, von Südalgerien aus durch das Tor von Tasa in den Gharb eindrangen.

Vor ihrer endgültigen Niederlage aber zerstörten die Almohaden selbst die Grundlage ihrer Macht:

> Der Emir der Gläubigen Idris al-Ma'mun ben Ya'qub al-Mansur ben Yusuf ben 'Abd al-Mu'min, genannt Abul-'Ula oder al-Ma'mun ... war ein vorbildlicher Kenner der Wissenschaften und der arabischen Sprache, der Politik und der Geschichte, Verfasser mehrerer hervorragender Schriften, bewandert in den Kommentaren ... dabei tatkräftig, unbeugsam, tyrannisch, bereit, große Dinge zu unternehmen, und schnellfertig und grausam in seinen Urteilen. Er wurde 581 [1184/85] in Malaga geboren. Kaum war er Kalif, so stand das

ganze Land in Flammen; überall war Krieg, Aufstand, Teuerung, Hungersnot und Unsicherheit auf den Wegen. Die sich erhebenden Feinde hatten den größten Teil der muslimischen Länder Andalusiens überschwemmt, während die Hafsiden Ifriqiya [Tunesien] eroberten und die Meriniden, im Maghreb einbrechend, die einzelnen Länder wegnahmen und ihre Herrschaft an ihre Verwandten und Freunde verteilten, so daß niemand mehr wußte, wem er sich anschließen sollte. Es war so, wie das Sprichwort sagt: «Die Rehe zeigten sich in so großer Zahl vor den Hunden, daß diese nicht mehr wußten, welche sie ergreifen sollten.»

Die erste Ausrufung al-Ma'muns zum Kalifen fand in Sevilla statt, am Donnerstag, den 2. Schuwal 625 [1227], und alle Provinzen Andalusiens samt Tanger und Ceuta anerkannten ihn. Gleich darauf sandte er eine Botschaft zu den Almohaden in Marrakesch, damit sie seine Herrschaft annehmen und seinen Bruder al-'Adil stürzen möchten. Seine Befehle wurden sofort ausgeführt; al-'Adil wurde ermordet; die Stammesältesten sandten al-Ma'mun eine Erklärung, daß sie sich ihm unterwürfen, und ließen die Predigt in der Moschee al-Mansurs in seinem Namen halten. Doch nachher änderten sie ihre Meinung, wegen der Furcht, die ihnen al-Ma'mun einflößte, und ließen noch am selben Abend dessen Neffen Yahya zum Kalifen ausrufen. Abul-'Ula [al-Ma'mun] empfing das Dokument seiner Anerkennung durch die Almohaden Marrakeschs in Sevilla und ließ es in ganz Andalusien veröffentlichen. Danach begab er sich nach Algesiras, um nach Marokko überzusetzen. Hier erst vernahm er, daß die Almohaden zugunsten seines Neffen Yahya von ihm abgefallen waren. Zornerfüllt wiederholte er das Wort, das Hassan beim Tode des Kalifen Othman ausgerufen hatte: «Hört ihr die Schreie, die sich von ihren Häusern erheben? Auf, Männer, eilt herbei, Othman zu rächen!» Er sandte einen Eilboten zum König von Kastilien, von dem er als Beistand wider die Almohaden ein christliches Heer erbat, das mit ihm in Marokko einfallen solle. Der König von Kastilien antwortete: «Ich werde Dir das Heer geben, das Du von mir verlangst, unter der Bedingung, daß Du mir zehn befestigte Orte, die an mein Gebiet grenzen und die ich selbst auswählen werde, überlassest. Außerdem sollst Du, wenn Gott Dir hilft und Du in Marrakesch einziehst, eine christliche Kirche in dieser Stadt erbauen, wo die Soldaten, die Dich begleitet haben, ihren Gottesdienst abhalten können und wo die Glocken zu ihren Gebetszeiten läuten sollen. Wenn irgendein Christ zum Islam übertreten will, sollst Du ihn nicht aufnehmen, sondern ihn seinen Brüdern überantworten, die ihn nach ihren Gesetzen richten werden; wenn aber irgendein Muselman Christ werden will, soll ihn niemand daran hindern.»

Da al-Ma'mun all diese Bedingungen annahm, sandte ihm der König von

Kastilien ein stolzes Heer von zwölftausend christlichen Reitern, die ihm dienen und mit ihm in Marokko einfallen sollten ... Dieses Heer erreichte ihn im Monat Ramadan 626 [1228] und begab sich alsogleich nach Marokko.

Doch kaum war al-Ma'mun fern, so erhob sich Andalusien, und die meisten seiner Provinzen verkündeten die Herrschaft von Ben Hud, dem Fürsten von Ostspanien.

Mittlerweile schiffte sich al-Ma'mun in Algesiras ein und landete in Ceuta im Monat Dhu-l-qada. Nachdem er einige Tage in diesem befestigten Orte haltgemacht hatte, begab er sich auf den Weg nach Marrakesch, in dessen Nähe er am Samstag, den 25. Rabi' al-awwal 627 [1229], zur Zeit des Nachmittagsgebetes, auf Yahya mit dem Heer der Almohaden traf. Yahya wurde geschlagen und flüchtete sich in die Berge. Der größte Teil seiner Soldaten wurde getötet, und al-Ma'mun zog in Marrakesch ein, wo er von allen Almohaden als Herrscher anerkannt wurde. Er bestieg selbst die Kanzel in der Moschee al-Mansurs, und nachdem er der Gemeinde gepredigt hatte, verdammte er den Mahdi und seine Taten: «O ihr Männer», rief er aus, «sagt nicht mehr, daß der Mahdi sündlos, sondern daß er heillos gewesen sei, denn es gibt keinen Mahdi außer Jesus, dem Sohn der Maria – auf ihm sei der Friede! – Ich sag' euch, daß die ganze Geschichte eures Mahdi nichts anderes ist als Lug und Trug!» Am Ende fügte er hinzu: «O ihr, meine Gefährten Almohaden! Glaubet nicht, daß ich euch all das gesagt habe, um die Herrschaft, die ihr mir anvertraut habt, zu behalten. Die, welche mir nachfolgen, werden euch dasselbe wiederholen, so Gott will.» Daraufhin verließ er die Kanzel und sandte sofort Erklärungen in alle Länder, die ihm untertan waren, in denen er die Leute aufforderte, sich von dem Wege des Mahdi und von all den Neuerungen, die dieser für die Almohaden eingeführt hatte, abzuwenden. Er befahl, daß man den Namen des Mahdi nicht mehr in der Predigt erwähnen solle und daß die Gold- und Kupfermünzen, die er prägen ließ, auszulöschen seien. Die viereckigen Münzen des Mahdi ließ er rund machen und verkünden, daß jeder Mann, der weiterhin die viereckigen Geldstücke benutze, der Ketzerei schuldig sei. Danach zog er sich in seinen Palast zurück, und während drei Tagen bekam ihn niemand zu sehen. Am vierten Tag ließ er alle Häupter der Almohaden zu sich kommen, und als sie versammelt waren, sagte er ihnen: «O Gefährten Almohaden! Ihr habt Aufstände und Wirren angezettelt und seid in eurer Bosheit weit gegangen; ihr habt das Vertrauen, das euch geschenkt wurde, getäuscht, den Staat verraten und meine Brüder und Oheime getötet, ohne der Wohltaten zu gedenken, mit denen sie euch überhäuft hatten.» Indem er nun das Huldigungsschreiben hervorzog, das sie ihm nach Sevilla gesandt hatten, bewies er ihren Verrat, und sie schlugen sich die Hände als Ausdruck ihrer

Scham und Schande. Al-Ma'mun aber wandte sich zu dem Richter al-Mekkywi, den er aus Sevilla hergeführt hatte, und sprach: «Was ist deine Meinung, o Doktor; was soll mit diesen Verrätern geschehen?» Der Richter antwortete: «O Befehlshaber der Gläubigen, Gott der Erhabene hat in seinem offenkundigen Buche gesagt: Wer den Bund bricht, der bricht ihn von sich aus; wer aber erfüllt, was er versprochen hat, dem wird höchster Lohn zuteil.» Der Emir bestätigte: «Ja, das ist in der Tat die Wahrheit Gottes, und durch sie sollen sie gerichtet werden, denn die, welche nicht nach dem Buche Gottes richten, sind die wahren Schuldigen.» Er verurteilte alle Häupter und Vornehmen der Almohaden zum Tode, und sie wurden alle bis zum Letzten, samt ihren Vätern und Kindern hingerichtet. Indessen brachte man ihm einen jungen Sohn seiner Schwester, der kaum dreizehn Jahre alt war und schon den Koran auswendig kannte. Als der Knabe sah, daß er dem Tod so nahe war, sagte er: «O Befehlshaber der Gläubigen, begnadige mich um dreier Dinge willen.» – «Welche sind es?» antwortete der Emir. Das Kind erwiderte: «Meine Jugend, meine Verwandtschaft mit dir und meine Kenntnis des göttlichen Buches!» Der Emir sah den Richter an und frug ihn: «Was hältst du von den Bitten dieses Geschöpfes und seinen Worten?» Der Richter antwortete: «O Emir, es steht geschrieben: Wenn du sie am Leben ließest, so würden sie deine Knechte verführen und nur Ruchlose und Ungläubige zeugen.» Daraufhin ließ der Emir seinen jungen Neffen töten. Dann befahl er, daß man die abgeschlagenen Köpfe auf den Mauern der Stadt zur Schau stelle, und es waren ihrer so viele, daß der ganze Mauerring mit ihnen besetzt war ... *(Raud al-Qartas)*

Die Meriniden

Unterdessen brach schon eine neue Sturzwelle von Nomaden über den «fernen Westen» herein:

Die Banu Merin lebten in einem Gebiet, das sich südlich des Zab bis nach Sidjilmassa erstreckt. Sie waren Nomaden und zogen zwischen den Berberstämmen in der Wüste umher. Sie kannten weder Geld noch Münze und waren keinem Fürsten untertan. Stolz und verachtend von Natur, duldeten sie weder Angriff noch Bündnis. Sie wußten nichts von Ackerbau und Handel und gaben sich nur mit Jagd, Pferdezucht und Beutezügen ab. All ihr Besitz bestand in Pferden, Kamelen und Negersklaven. Sie nährten sich von Fleisch, Früchten, Milch und Honig. Ein Teil von ihnen kam jeden Sommer in den Westen, um die Pferde zu weiden und zu tränken. Im Herbst versammelten sie sich alle in Agersif und kehrten von dort in ihre Gegend zurück. Das war ihre Gewohnheit von alters her. Im Jahre 613 [1216] kamen sie wie üblich nach dem Westen und entdeckten, daß hier alles in Auflösung begriffen war. Sie vernahmen, daß das Heer [der Almohaden] in der Schlacht von 'Ukab [Las Navas de Tolosa] umgekommen war, und fanden überall verlassene, nur von Löwen und Schakalen besuchte Orte. Da ließen sie sich auf den verlassenen Ländereien nieder und benachrichtigten gleich ihre Brüder von der neuen Lage: «Kommt hierher», sagten sie ihnen; «es gibt da in Fülle Gras und Korn; die Weiden sind weit und reichlich von Quellen und Bächen bewässert; die Bäume sind groß und die Früchte köstlich; überall gibt es Quellen und Flüsse. Kommt ohne Furcht; niemand wird euch hindern oder euch vertreiben.» Auf diese Nachricht hin machten sich die Banu Merin sogleich auf den Weg nach dem Westen, nachdem sie sich Gott dem Allmächtigen empfohlen hatten. Sie kamen von Halt zu Halt, auf ihren Pferden und Kamelen, mit ihren Herden, ihrem Gepäck und ihren Zelten; sie nahten in so großer Zahl, daß ihre Schar einem Regenschauer oder den Sternen des Nachthimmels glich ...

Sie fanden, daß sich die Könige der Almohaden nicht mehr um ihre Pflicht und Aufgabe kümmerten, daß sie dem Wein, der Wollust und dem Wohlleben ergeben waren. So drangen sie mühelos in das Land ein und begannen, die befestigten Orte zu erobern. Denn es war Gottes Wille, daß sie über den Westen herrschen sollten. Wie ein Schwarm von Heuschrecken überzogen sie bald das ganze Land. Tätig und mutig im Kampf, behaupteten sie immer mehr ihre Macht und eigneten sich ein Gebiet nach dem anderen an, bis sie endlich, im Jahre der Hidschra 613 [1216], das Heer der Almohaden schlugen ...

(Raud al-Qartas)

Die Meriniden, die Fes zur Hauptstadt ihres Reiches machten, zerstörten keineswegs die städtische Kultur, sondern förderten im Gegenteil Wissenschaft und Kunst. Zugleich setzten sie in Andalusien den Kampf gegen die christlichen Königreiche bis zur Erschöpfung all ihrer Kräfte fort. Sie mußten jedoch sowohl in Spanien als auch im Osten, im mittleren Maghreb, wo sich andere Erben der Almohaden selbständig machten, Schritt für Schritt zurückweichen. Dafür beschenkte die zunehmende Rückwanderung der andalusischen Muselmanen Marokko und besonders Fes mit einer neuen Blüte städtischer Bildung. Granada war die letzte Zuflucht der maurischen Kultur in Spanien; Fes sollte ihr Erbe sein.

Der Niedergang der merinidischen Dynastie um die Wende zum fünfzehnten Jahrhundert setzte sich fort in der schwächeren Herrschaft der Wattasiden (Banu Wattas), die als Hausmeister ihrer Vorgänger die Macht übernommen hatten. Marokko war nun ganz in die Verteidigung gedrängt: Im fünfzehnten Jahrhundert griffen die Portugiesen auf die Nordküste des Landes über, und zu Beginn des sechzehnten gewannen sie Stützpunkte an der atlantischen Küste bis nach Agadir hinab. Mit der Entwicklung der Schiffahrt und der Kriegstechnik im neuzeitlichen Europa hatte sich das natürliche Verhältnis der Kräfte ein für allemal gewandelt: Anstatt der Wüste drohte nun das Meer; den seefahrenden Eroberern, die vom Atlantischen Ozean her in das Land einfielen, waren die arabischen Reiter der Wattasiden nicht gewachsen. Doch aus der äußersten Bedrohung erwachte im Volke selbst, in verschiedenen, vom Sultan fast unabhängigen Gegenden, der Wille zum Kampf für den Glauben.

Die Saadier

Das Fehlen eines Herrschers, den alle als den wirklichen Stellvertreter oder Kalifen des Propheten betrachten konnten, hatte schon seit der Zeit der Meriniden eine tiefgehende Wandlung in der Gesinnung des Volkes bewirkt: Die einzelnen Stämme scharten sich immer mehr um geistige Führer, die als die Häupter von Bruderschaften oder als Nachkommen des Propheten die Überlieferung des Islam verkörperten. Von dieser allgemeinen, überall keimenden Bewegung wurden nun die Saadier, deren Vorfahren ihre Abstammung vom Hause des Propheten herleiteten und erst in jüngster Zeit in das südliche Marokko eingewandert waren, zur Macht emporgetragen. Zwei Brüder dieser Familie hatten sich im Sus, wo der Angriff der Portugiesen am weitesten vorgetragen war, an die Spitze des Widerstandes gestellt, und einer von ihnen, Mohammed asch-Scheich, erhob sich schließlich gegen die Wattasiden und zog 1549 als Sultan in Fes ein.

> Als Mohammed asch-Scheich zum erstenmal in Neu-Fes einritt, trug er [wie die Nomaden der westlichen Sahara] ein Übergewand aus blauem Leinen und ein rotes Kopftuch ... So waren auch die Hauptleute aus der Gegend des Draa und selbst ihre Edlen [Schorfa] gekleidet, bis zu dem Tage, da sie nach Fes

> kamen und ihre Herrschaft anerkannt wurde. Denn alsbald verfeinerte sich ihre Lebensart durch den Einfluß eines Mannes und einer Frau. Der Mann war Qasim Serhuni, der unter den Meriniden als Wezir gedient hatte; er lehrte sie, ihre Kleidung zu verschönern und sich besser zu halten; er zeigte ihnen, wie sie ihre Gewänder zu tragen und den Turban zu winden hatten, wie man schön gezäumte Pferde brauchen und die Waffen mit Gold und Silber verzieren soll, wie die Geschäfte im Kreise der Großen zu verhandeln sind und wie man Rat hält mit jenen, die als Gelehrte, Schriftsteller, Sekretäre, Leibwachen und Offiziere dieses Vorrecht genießen, wie und in welcher Reihenfolge jede dieser Kategorien bei einer Audienz zu sitzen habe, wann die Mahlzeiten abzuhalten seien und wie man die Speisen den Gästen darbieten solle und so weiter, auch wie man Verordnungen oder Verbote zu erlassen habe; er unterrichtete sie ebenfalls über die Steuern des Maghreb und die Verwaltung der Stämme …
>
> *(Fagnan)*

In der Folge erwählte der Saadier, der seine Verbindungen mit dem Süden behalten wollte, Marrakesch zu seinem Herrschersitz.

Da sich die Dynastie der Saadier nicht auf den Zusammenhalt eines einzelnen vorherrschenden Stammes stützte, wie es Ibn Chaldun zum Herrschen für unerläßlich hält, konnte sie nur so lange und in dem Maße regieren, als die Bevölkerung in ihr die Vorkämpfer für den Glauben sah. Sie hatte sich aber nicht nur mit den feindlichen Christen, sondern auch mit muslimischen Gegnern, nämlich den nach dem Westen vorstoßenden Türken, auseinanderzusetzen, mußte die einen gegen die anderen ausspielen, verlor dabei ihr Ansehen und wurde endlich durch den Zwist der Stämme entmachtet.

Um diese Zeit wurden die letzten spanischen Muselmanen, die sogenannten Morisken, von Spanien vertrieben; sie ließen sich zum Teil in Marokko nieder, vor allem in Küstenstädten wie Rabat und Saleh, wo sie Schiffe ausrüsteten und als Korsaren den Kampf gegen ihre Feinde, die christlichen Spanier, aufnahmen. Dadurch erst begann Marokko zur See, wo die großen Kämpfe des Jahrhunderts ausgetragen wurden, eine gewisse Rolle zu spielen. Von Europa aus gesehen war das Korsarentum der Morisken nichts als Seeräuberei; in ihrer eigenen Auffassung aber war es, wie einträglich es auch sein mochte, durch den Glaubenskampf geadelt, und das erklärt, warum in den Korsarenstädten alles andere als rohes Barbarentum herrschte.

Die Alawiten

In der zweiten Hälfte des siebzehnten Jahrhunderts wurden die Saadier von einer arabischen Welle überwältigt. Sie trug die Familie der Alawiten empor, die bis zum heutigen Tage den Thron des «fernen Westens» behauptet haben. Ihre Vorfahren waren ebenfalls in jüngerer Zeit aus Arabien nach dem marokkanischen Süden, dem Tafilelt, eingewandert. Als Nachkommen des Propheten nahmen sie bald eine führende Stellung bei den arabischen Nomadenstämmen des Südens und Südwestens ein und gewannen durch sie die Macht über den Gharb. Mit ihnen wurde Fes, das durch alle Jahrhunderte hindurch der geistige Mittelpunkt des Landes geblieben war, wieder zur politischen Hauptstadt, wie jedesmal, wenn der arabische Einfluß stärker war als das Berbertum, mit Ausnahme eines kurzen Zwischenspiels unter dem Sultan Mulay Ismail, dem Zeitgenossen Ludwigs XIV., der sich weder auf die Araber noch auf die Berber, sondern allein auf sein Heer von sudanesischen Sklaven verließ und Meknes zu seiner Königsstadt ausbaute. Erst in neuester Zeit, unter dem Einfluß der französischen Schutzherrschaft, hat das Sultanat Fes verlassen und seinen Sitz nach Rabat, an die atlantische Küste verlegt.

Einflüsse aus dem modernen Europa

Seit dem achtzehnten Jahrhundert scheint das von Ibn Chaldun aufgezeigte Gesetz, nach welchem alles politische Geschehen in Nordafrika von dem schwankenden Ausgleich zwischen Stadt und Wüste beherrscht ist, seine Gültigkeit verloren zu haben; obwohl die alawitische Dynastie ihren festen Rückhalt in den arabischen Stämmen allmählich einbüßte und zu schwach wurde, um sich die Berber des mittleren und des großen Atlas völlig zu unterwerfen, wurde sie von keiner neuen Welle beduinischer Eroberer abgelöst. Das andersartige Element, das den gleichsam natürlichen Ablauf der Entwicklung unterbrach, kam aus dem modernen Europa; es war der erste Vorbote der technischen Kriegsführung in Gestalt von einigen Kanonen, durch welche nun die befestigten Städte für die Beduinen unangreifbar wurden, während sie doch nicht ausreichten, um die Nomaden der weiten Ebenen oder die Bewohner der schwer zugänglichen

Bergtäler dauernd in Schach zu halten. Mulay Ismail gelang es durch sein Negerheer und seine unerbittliche Strenge nochmals, wenigstens das ganze Gebiet nördlich des Atlas im Zaum zu halten; dann aber zerfiel Marokko allmählich in einen nur locker zusammengehaltenen Bund von Stämmen.

> Je näher ich mich mit den Sitten Marokkos vertraut mache, *schrieb 1886 ein französischer Diplomat*, um so mehr bin ich davon beeindruckt, wie ähnlich dieses Land unserer europäischen Welt des Mittelalters ist. Es wird von einer Art selbständiger Lehensherren beherrscht, die weit davon entfernt sind, den Sultan als ihr Oberhaupt anzuerkennen. Dessen Herrschaft besteht in zwei Dritteln dessen, was man sein Reich nennt, nur dem Namen nach. Die meisten Stämme – und ich spreche nur von jenen, die im Norden des Landes wohnen, denn südlich des Atlas verhalten sich die Dinge ganz anders – verneigen sich vor seiner geistlichen Würde; sie sehen in ihm den Nachkommen des Propheten und sind gewillt, seinen Namen in der Freitagspredigt zu erwähnen. Aber viele von ihnen und natürlich gerade die kriegerischsten wollen überhaupt nichts vom Sultan wissen; sie nehmen die von ihm ernannten Beamten nicht an, oder falls sie dieselben annehmen, so nur als untätige Scheinbeamte, die keinerlei Macht ausüben können; sie zahlen ihm keine Steuer, höchstens senden sie manchmal – nicht etwa als Pflichtabgabe, sondern nur als eine fromme Gabe an den Nachfolger Mohammeds, als eine Art von muslimischem Petersgroschen – irgendeine Summe Geldes, deren Höhe sie selbst bestimmen. Jene Stämme endlich, die dem Sultan untertan sind, verhalten sich zu ihm etwa so wie die Vasallen im Mittelalter: Sie schulden dem Herrscher geldliche und militärische Hilfe, die sie ihm je nach Gelegenheit gewähren; im übrigen aber verwalten sie sich selbst nach ihrem Gutdünken unter der Führung ihrer Kaide, die bloß der Ehre halber vom Sultan mit ihrem Amt bekleidet werden. Dieser ist nur auf seinem eigenen Boden, das heißt in den großen Städten und deren Umgebung, uneingeschränkter Meister, ähnlich wie im Mittelalter der König von Frankreich, der im Grunde nur der erste und der stärkste unter den Fürsten des Landes war ...
>
> *(Charmes)*

Dieser Zustand war für das seelische Leben des Volkes nicht nur von Nachteil, wie sich das zeigt, wenn man im Vergleich dazu die lähmende Wirkung beachtet, welche in den mehr östlich gelegenen Ländern des Maghreb das von den Türken eingerichtete Staatswesen mit seinem Beamtentum ausübte. Marokko blieb der Zufluchtsort einer ununterbrochenen Überlieferung mit all ihren innerlichen Werten, und dazu trug sogar der Umstand bei, daß die Städte durch

Eine Abordnung von berberischen Kriegern.

die zunehmende Einkreisung Marokkos und die damit verbundene Abnahme des Handels nicht so leicht jener sittlichen Lässigkeit zum Opfer fielen, in welche das morgenländische Städtertum, wenn es auf sich selbst beschränkt bleibt, noch viel rascher als das europäische hineingleitet. Jedenfalls blieben die geistigen Grundsätze, auf welchen die alte Kultur des islamischen Westens aufgebaut war, einstweilen unangetastet: Es gibt im Morgenlande – und das islamische «Abendland» gehört geistig dazu – keine freidenkerischen oder gar atheistischen Revolutionen, solange sie nicht von Europa eingeführt werden; der Materialismus, der mit jeder geistigen Stokkung unweigerlich aufkommt, nimmt dort von selbst keine denkerischen Formen an; er beschränkt sich auf den sinnlichen Genuß.

Der Einmarsch der Franzosen

In den Jahren 1830 bis 1848 eroberten die Franzosen Algerien. Damals erhob sich der Emir 'Abd al-Qadir wider sie und versuchte, Marokko für seinen Kampf um die Freiheit zu gewinnen. Er besaß alle geistigen und politischen Fähigkeiten, die ein Erneuerer des westlichen Kalifates haben sollte, doch war gerade das mit ein Grund dazu, daß ihn der marokkanische Sultan Mulay 'Abd ar-Rahman unter französischer Drohung im Stich ließ. Marokko hatte damit für kurze Zeit den Frieden mit Frankreich erkauft.

Um 1907 setzten sich die Franzosen unter dem Vorwande, ihre Handelsniederlassungen zu beschützen, an der atlantischen Küste fest. Durch ihr Vordringen wurde das lockere Gleichgewicht der Stämme erschüttert. Daß es dem Sultan Mulay Hafid nicht gelang, den französischen Einmarsch aufzuhalten, nährte die Unzufriedenheit gewisser nördlicher Stammesgruppen und löste einen schon lange schwelenden Aufstand gegen ihn aus. Der Sultan sah sich gezwungen, die ihm teils angebotene, teils aufgedrängte Hilfe des französischen Heeres und schließlich, im Jahre 1912, die Schutzherrschaft Frankreichs über sein ganzes Land anzunehmen.

Die Franzosen verpflichteten sich, die aufständischen Stämme dem Sultanat botmäßig zu machen. Für Frankreich war das eine Gelegenheit, politisch und wirtschaftlich die Hand auf Marokko zu legen; die Verpflichtung, die es dem Sultanshause gegenüber auf sich nahm, lag durchaus im Sinne dessen, was Frankreich als seine eigentliche Mission empfand, nämlich im Sinne jener «civilisation», welche für die Europäer im allgemeinen und für die Franzosen ganz besonders die Förderung der Seßhaftigkeit und des fortschrittlichen Städtertums und damit die allmähliche Ausscheidung allen Nomadentums bedeutet. Die französischen Eroberer und Kolonisatoren sahen sich als die Nachfolger der Römer, und selbst die romantische Begeisterung, die einige von ihnen bei der Begegnung mit den ursprünglichen Lebensformen Marokkos empfanden, nährte sich an der Vorstellung Roms: *Rom ist nicht mehr in Rom*, rief der Maler Delacroix aus; *die Antike hat nichts Schöneres zu bieten als diese in ihre Gewänder gehüllten Söhne der Wüste!*

In den Augen der europäischen Eroberer war die ganze Geschichte Marokkos bis zur Errichtung der französischen Schutzherrschaft durch ein immer neues Versagen der staatenbildenden Kräfte gekennzeichnet:

> Marokko hat nie eine Lösung gefunden für die politischen und gesellschaftlichen Fragen, welche die großen Länder des Abendlandes dadurch beantworteten, daß sie zuerst dauerhafte dynastische Staaten und bald darauf Nationen gründeten.
>
> Es scheint sogar, daß Marokko, wie übrigens die ganze Berberei, überhaupt nie eine solche Lösung sich auszudenken gewagt habe ... Der einzige große Geschichtsschreiber und der einzige Soziologe der islamischen Berberei, Ibn Chaldun, vermochte nichts anderes zu erfassen als eine geschichtliche Zwangsläufigkeit ohne Ausweg und Hoffnung. Nachdem er mit einer seltenen Klugheit die vergangene und gegenwärtige Geschichte seines Landes analysiert, mit einem wundervollen Scharfsinn das untergründige Leben der berberischen Rassen und die Tätigkeit der Dynastien aufgezeigt und in erschütternden Worten das Zerstörungswerk der arabischen Beduinen beschrieben hat, sieht und sucht er kein Heilmittel gegen diese rhythmische Wiederkehr von Katastrophen. Dieser höllische Kreislauf von Mißerfolgen und Unglücken erscheint ihm als das unerbittliche Gesetz der Geschichte. Der Gedanke an Fortschritt und Ideal scheint den Mann, der innerhalb des westlichen Islam der erste Geist seiner Zeit und der beste Kenner der politischen und gesellschaftlichen Wirklichkeit der Berberei war, überhaupt nie berührt zu haben ... *(Terrasse)*

Diese Kritik übersieht völlig, daß das Ideal eines gradlinigen Fortschrittes, wie es die europäische Geschichte der letzten paar Jahrhunderte beherrscht, nichts anderes darstellt als eine späte Verweltlichung der christlichen Erwartung des Gottesreiches und deshalb niemals im Gehirn eines gläubigen Muselmanen wie Ibn Chaldun keimen konnte. Dieser sah die Dinge im Lichte eines geistigen Realismus, der zwischen dem Schicksal eines einzelnen Menschen und dem eines Volkes klar unterscheidet: Nur der einzelne Mensch kann ein geistiges Vorbild ganz verwirklichen, weil er innerlich frei ist; ein Volk aber – wie alle Vielheit – wird gewissen Zwangsläufigkeiten nie entrinnen; das Beste, das ihm widerfahren kann, ist ein mehr oder minder lang dauerndes Gleichgewicht der Kräfte, innerhalb dessen der Einzelne ruhig seinem eigentlichen Ziele, dem Heil der Seele, nachleben mag. Nach dem vollkommenen Glück aller auf irdischer Ebene zu trachten, als wäre es möglich, Frieden und Wohlstand für immer festzubannen, geht nicht ohne schwerste

Täuschung und folglich nicht ohne Schaden an der Seele, für den Einzelnen wie für die Gesamtheit.

Die islamische Kultur ist wie die christliche Kultur des Mittelalters auf ihren geistigen Ursprung eingestellt, während die moderne Zivilisation in die Zukunft blickt. Da der Ursprung göttlich ist und alles Nachfolgende im besten Falle nur ein Abglanz davon sein kann, wird die Welt im Großen und Ganzen niemals besser: *Jedes Jahrhundert, das nach diesem kommt, wird schlechter als sein Vorgänger sein*, hat der Prophet gesagt. Das weiß der gläubige Muselman, und das erklärt auch, warum die islamische Kultur in ihren späten Stadien viel weniger dynamisch ist als die rationalistische Kultur Europas, für welche nicht die Besinnung auf ewige Wahrheiten und ihre Verwirklichung in der Seele, sondern das wissenschaftliche und technische Abenteuer den geistigen Höhepunkt des Lebens darstellt. Als die Europäer im neu besetzten Tanger die elektrische Beleuchtung einrichteten, bemerkte ein Scheich: «Wenn diese Leute gezwungen würden, fünfmal am Tag zu beten, ließen sie solche Kindereien bleiben.» In diesem Satz liegt viel mehr, als sich auf den ersten Blick vermuten läßt.

Wie jede offenbarungs- und überlieferungsmäßige Kultur sieht der Islam in der Zukunft nicht den Menschen, sondern Gott; in die Zukunft reicht nur, was in der göttlichen Vergangenheit wurzelt. Die Geschichte Marokkos ist nichts anderes als ein immer sich wiederholendes Wiederherstellen-Wollen des Ursprungs in Hinsicht auf das göttliche Ende; denn Gott ist «der Erbe» (al-Warith), zu dem alle Dinge zurückfließen und vor dessen Thron die Menschen am Jüngsten Tage versammelt werden: *Wahrlich, wir sind von Allah*, sagt der Koran, *und wahrlich, zu Ihm kehren wir zurück.*

Itos Höhle

Einst war ich in einem Höhlendorfe der Ait Tzerruschen, der «Schakalssöhne», einem Berberstamme des mittleren Atlas, zu Gast. Als ich am Morgen erwachte, verstand ich zuerst die Dämmerung nicht, die in ungewissen Brokken über mir lag. Doch als ich mich auf dem Schaffell wandte, sah ich durch den engen Schacht den gleißenden Tag. Ein kleines Weinen hatte mich geweckt: In einer der großen Nischen, die sich in den Felsen buchteten, lag ein Berberkind und krümmte sich unter erdfarbenen Tüchern. Nun stand auf einmal im Himmelsausschnitt der Pforte die Mutter, die Berberin Ito, und antwortete der Kinderstimme. Sie stellte einen Wasserkrug ab, zog ihr Kind an sich und legte es in die Kulle ihrer übereinandergeschlagenen Beine, um es zu stillen. Da wurde es wieder ganz ruhig in dem Gewölbe, kaum vernahm man ferne Tagesgeräusche, den Schrei eines Tieres oder Hufegetrappel. Wie ein Felsblock saß die Berberin Ito in der Dämmerung.

Als das Kind satt geworden war, ließ sie es auf die Erde gleiten und kauerte sich an einen Mörser, um Korn zu stoßen. Das Mehl siebte sie, mischte es in einer hölzernen Mulde mit Wasser und mengte dann den Teig in wuchtig wiederkehrender Bewegung. Endlich teilte sie ihn in sechs gleiche Kugeln, die sie liebevoll zu runden Broten flachte, nachdem sie ein apfelgroßes Stück in der Mulde zurückbehalten hatte, um damit den Teig des nächsten Tages zu säuern.

Ito war zu kräftig, zu gedrungen, um wirklich schön zu sein. Doch strahlte ihr breites, wie aus hellem Stein geschliffenes Gesicht, dessen Lider sich selten hoben, eine starke und stolze Weiblichkeit aus; sie trug ihre Würde mit einer tierhaft lässigen Bewußtheit. Tätowierte Zeichen an Stirne und Kinn zierten und beschützten sie zugleich.

Die Luft der Höhle roch mild nach Stein. Hier unten erreichte einen weder die Kälte der Nacht noch die Hitze des Tages. Die Oberwelt ging einen nichts an, der Höhlenbauch umschloß einen wie ein mächtiges Muttertier, und man zögerte, hinaufzusteigen auf die heiße Steppe, als sträubte man sich, geboren zu werden.

Von neuem verstellte ein Mensch den kleinen Himmelsausschnitt; Mohaudris, der Vater, kam herab. Ein noch junger Berber mit regelmäßigen Gesichtszügen und einem undurchdringlichen Ausdruck, als trage er auf seinem Antlitz den Widerschein der endlosen, harten Steppe. Er war in ein weites, weißes Hemd gekleidet; seine Stirne umwand ein schmaler Turban wie ein Band, und über seine Schultern hing der schlichte, grobwollene Mantel, der «Selham» oder Burnus, herab, auf dessen Rückseite ein langes Kreuz gestickt war – vielleicht das Zeichen einer fernen christlichen Vergangenheit des Stammes. Mohaudris: Das ist die berberische Abkürzung des Doppelnamens Mohammed und Idris.

«Der Friede sei mit dir», begrüßte er mich, «gesegnet sei der Morgen, kein Übel auf dir!» Er hatte den Kopf eines Zickleins mitgebracht, um ihn mir zum Frühstück zu bereiten.

Ich erkundigte mich nach dem Leben der Siedlung, in der ich zu Gast war. Ein Teil der Bevölkerung war mit den Zelten ausgezogen, die Schafe und Ziegen im Gebirge zu weiden. Die Zurückgebliebenen besorgten die Maisfelder, die bergabwärts auf einer tieferen Talstufe lagen.

Mein Pferd war in einer Seitenhöhle angebunden. Als ich es über die paar Stufen des Eingangsschachtes an das Tageslicht heraufführte, tobte es zuerst, von der Sonne geblendet. Oben auf der Erde sah man vom Dorfe nichts als die mit Dornenhecken geschützten Löcher und eine Wehrmauer, die das Ganze umgab. Von ihr aus erblickte man im Norden, über die Kante der Hochebene hinab, die große gelbe Niederung, in der Fes liegt. Südwärts dehnte sich das wellige Hochland, eine weite Steppe, wo im Frühling kostbar leuchtende Blumen zwischen dem Gerölle blühen, jetzt aber, im Sommer, nur zähe Stauden wie Ginster und Wacholder den nackten Rücken der Erde schmückten.

Auf einem nahen Hügel war eine neue Moschee gebaut worden. Sie war die Antwort des Stammes auf einen französischen Erlaß, der den Berbern eine eigene, vom koranischen Brauch unabhängige Gesetzgebung versprach. «Warum verlangt der Rumi (der Europäer) nach meinem steinigen Tal», hieß es in einem Berberlied, «er, der alles besitzt, was ein Mensch begehren kann? Streckt er die Hand aus, um mir den Glauben aus meinem Herzen zu reißen?»

Die Moschee war aus gewaltigen Zedernstämmen errichtet, wie man sie in den Bergen im Süden des Ortes schlagen konnte. Die Außenwände und das flache Dach waren mit Lehm überzogen. Im Innern standen die geschälten Stämme wie hohe, rötliche Säulenreihen. Zwischen ihnen lagen Schilfmatten ausgebreitet. Der archaische Eindruck, den dieser Raum in seiner mächtigen Einfachheit machte, war noch verstärkt durch die ernsten Gestalten der Berber, die zwischen den Zedernpfeilern standen oder saßen. Auf dem Antlitz einiger Greise las man eine gesammelte Ergebung.

Von einem Ende des Dorfes her klang ein beschwörender Flötenton, begleitet von einer dumpfen, steten Trommel. Es war die Musik einer volkstümlichen Bruderschaft. Die Musikanten standen vor einem Höhleneingang, und eine Berberin warf ihren Leib in weltentrücktem Tanze. Ihr Haar, von einem geflochtenen Reifen zusammengehalten, löste sich bei ihren werfenden Bewegungen auf und schlug durch die Luft wie ein großer, schwarzer Flügel.

Auf dem Dorfplatz spielten zierliche Kinder. Durch das Tor zogen beladene Saumtiere herein.

Am Horizont der großen Ebene, in die ich hinabritt, schwebten noch die morgendlichen, zart rosafarbenen Wolkenstreifen. Das Frühlicht glitzerte an den dunkeln, metallischen Quasten der Zwergpalmen, welche den Hang bedeckten. Dann dehnte sich die braune Erde beinahe flach und endlos vor mir aus. Die Karawanenfährte war mit einem feinen Netz von Rissen überzogen, und links und rechts standen spröde, wie aus blauem Glas gemachte Disteln. Ferner lagen Gruppen niederer, schwarzer Zelte, und halbwilde Hunde bellten nach mir.

Die marokkanische Erde, die vom Juni an fast nackt daliegt, ist dem Menschen überall nah; der Beduine schläft auf ihr, rastet auf ihr, und sein Gewand behält, so oft er es auch wasche, stets etwas von der Farbe des Bodens, auf dem er lebt. Nichts trennt den Menschen von dem großen, herben Leib der Erde, der nirgends ein Ende hat. Aber das Licht des Himmels, das ihn überstrahlt, dieses lautere, von keinem Dunst getrübte Licht, hebt seine Schwere auf und vereint alle Dinge, ohne ihre Form zu verhüllen, in seinem unendlichen Kristall.

Gegen Mittag erreichte ich die ersten, abgemähten Kornfelder und dann die Dörfer der Fellachen, deren weiße Kammern aus Lehm wie Sarkophage auf der großen Ebene ruhten. Ein Hengst, der vor einer Hütte angepflöckt war, hob den Kopf und wieherte laut.

Als sich die Herden, nach ihrem eigenen Schatten lechzend, unter dem steilen Licht zusammenduckten, machte ich Rast an einem Sodbrunnen unter einer Akazie. Dann ritt ich weiter, in der Richtung nach Fes, und je näher ich der Stadt kam, um so öfter überholte ich kleine Karawanen von Maultieren und Eseln mit Lasten von Zedernbalken, Fellen oder Ölschläuchen, die den gleichen Weg nahmen. Manche kamen von weit her und waren seit Tagen über steinige Hochebenen getrabt.

Die Sonne sank schon, als in der Ferne die Hügel um Fes sichtbar wurden, mit ihren hellen, ockerfarbenen Graten und den silbergrünen Herden der Ölbäume an den Hängen. Kaum war die Sonne verschwunden, so verwandelte sich die Landschaft in eine verklärte Welt aus altem Gold, aus Jade und Opalen vor einem Himmel von Türkis.

Allmählich verglommen die Farben wie sterbende Glut; die Erde erlosch, und der Himmel tat sich auf, ein unermeßlicher Ozean mit silbrigen Inseln und schimmernden Gestaden, unter dem die Karawanen schlaftrunken dem Gesang der Treiber folgten.

DAS KALIFAT

Der Gottesstaat

Der vorbildliche islamische Staat ist theokratisch, denn geistliche und weltliche Herrschaft sind in ihm vereinigt. Dadurch unterscheidet er sich vom christlichen Staat, der nach dem Worte Christi: «Mein Reich ist nicht von dieser Welt» nie mit der Kirche eins werden kann. Vom christlichen Standpunkte aus gesehen verträgt sich das geistliche Amt, das stets das Recht Gottes dem der Welt vorziehen soll, schlecht mit der staatlichen Macht, die nur so lange bestehen kann, als sie auf die politischen, das heißt auf die naturbedingten Mächte der Gemeinschaft Rücksicht nimmt.

In islamischer Sicht aber stellen sich die Dinge anders dar: Der Prophet war «Gottgesandter» und Herrscher zugleich; der Koran ist sowohl eine Gotteslehre als auch eine Gesetzgebung; er schreibt nicht nur das sittliche Gesetz, das der Einzelne befolgen soll, sondern auch das Gesetz der Gesellschaft vor. Islam bedeutet «Ergebung» in den göttlichen Willen, der sich als eine bestimmte, für alle und jeden gültige Ordnung auf Erden offenbart. Diese Ordnung trägt den natürlichen Bedürfnissen der Gemeinschaft Rechnung, und in ihrem Rahmen ist die Rücksicht auf politische Mächte wie kriegerische Kraft und Reichtum nur eine Frage des Gleichgewichtes, das selbst einen Anblick des Islam darstellt.

Demgemäß ist auch der Kalif, der als Stellvertreter (Chalifa) des Propheten das höchste Amt innerhalb der islamischen Gemeinschaft bekleidet, nicht eigentlich ein oberster Priester im christlichen Sinne des Wortes; er ist vor allem erster Richter, so daß seine Herrschaft weniger dem Papsttum oder einem kirchlichen Patriarchate als vielmehr dem Kaisertum im Heiligen Römischen Reiche des Mittelalters gleicht. Wohl ist er Vorbeter (Imam) seiner Gemeinde und gegebenenfalls oberster Schiedsrichter in Glaubensfragen, doch nicht der Spender irgendwelcher Weihen, da es im Islam kein geweihtes Priestertum gibt.

Tanz der Berber beim Fest des heiligen Ahmed al-Barnusi auf dem Berge Zalagh über Fes. In der Mitte der trommelnden Männer tanzt eine Frau.

Der Kalif vereint in seiner Person das Amt des Imam, welcher der Gemeinde beim gemeinsamen Gebete vorsteht und für die richtige Einhaltung des Gottesdienstes bürgt, mit dem des ersten Richters; er ist Heerführer bei der Verteidigung der Gemeinschaft, weshalb man ihn auch «'Amir al-Mu'minin» (Anführer der Gläubigen) nennt, und darf in Fragen, über welche sich die Schriftgelehrten nicht einig sind, das letzte Urteil fällen. Nach Ibn Chaldun kann er andere mit den Ämtern der Polizeigewalt, der Staatsanwaltschaft, der Marktaufsicht und der Münze belehnen.

Ibn Chaldun schreibt über den Sinn des Kalifates:

> Das Königtum ist der Ausdruck einer unersetzlichen Ordnung der menschlichen Gemeinschaft. Es verlangt Überlegenheit und Kraft, die auf der zornesfähigen und daher tierischen Natur des Menschen beruhen. Deshalb artet es auch gewöhnlich in Willkür aus. Willkür aber ist für das Volk, das ihr unterliegt, verderblich, denn was sie von ihm verlangt, übersteigt meistens seine Fähigkeit. Je nach der verschiedenen Einstellung der Geschlechter mag die Lage eine andere sein; doch jedenfalls führt sie dahin, daß der Gehorsam unerträglich wird, so daß es zu Unruhen und zu Blutvergießen kommt. Es ist deshalb nötig, daß sich der Herrscher an bestimmte, vom Volk selbst anerkannte Gesetze halte ...
>
> Sofern nun diese Gesetze durch kluge und führende Persönlichkeiten aus dem Herrscherhause erdacht worden sind, schaffen sie eine auf dem Verstand beruhende politische Ordnung. Sind sie aber von Gott selbst als Gesetze des Glaubens gegeben, so ist ihr Ergebnis eine politische Ordnung auf dem Grunde des Glaubens, die sowohl für dieses als auch für jenes Leben nützlich ist.
>
> Denn der Zweck des menschlichen Lebens ist nicht nur irdisches Wohlergehen. Die ganze Welt ist hinfällig und eitel; ihr Ende ist Tod und Vernichtung. Gott spricht: «Glaubt ihr denn, daß wir euch für nichts erschaffen haben?» (Koran 23,15.) Der Sinn des menschlichen Lebens liegt in der Religion, die zur Glückseligkeit im Jenseits führt; sie ist «der Weg Gottes, dem alles, was im Himmel und auf Erden ist, gehört» (Koran 42,53) ... Dasselbe gilt auch für das Königtum, das aus der natürlichen Form menschlicher Gesellschaft hervorgeht ... Alles Herrschertum, das bloß durch Übermacht oder willkürliches Spiel der Zorneskraft bedingt ist, wird zu Tyrannei und Ungerechtigkeit und widerspricht dem Glaubensgesetze, ebenso wie es auch der politischen Weisheit zuwiderläuft. Aber auch alles, was nur aus bloßen politischen Überlegungen und Absichten hervorgeht, ohne vom Glaubensgesetz überwacht zu sein, ist verwerflich, denn es entspringt einer Schau, die des göttlichen Lichtes entbehrt: «Wen Gott nicht erleuchtet, der hat kein Licht» (Koran 24,40) ...
>
> Das erklärt den Sinn des Kalifates. Natürliches Königtum bewegt die Menge nach Trieb und Wunsch. Politisches Gesetz bestimmt sie, so zu handeln, wie es der verstandesmäßigen Erkenntnis irdischen Nutzens und irdischen Schadens entspricht. Das Kalifat aber lenkt die Menge sowohl im Hinblick auf ihr jenseitiges als auch mit Rücksicht auf ihr diesseitiges Wohl ... Also vertritt das

> Kalifat in Wahrheit den Gesetzgeber [Mohammed], da es gleich diesem die Religion schützen und zugleich die politische Oberhoheit in dieser Welt ausüben soll ... *(Muqaddima III.23)*

Aus all dem geht hervor, daß das Königtum als die natürliche Grundlage des Kalifates zur islamischen Staatsform gehört.

Die Frage nach der Rechtmäßigkeit des Kalifates hat die islamische Welt in zwei Hälften geschieden: Die Schiiten, zu denen die Mehrzahl der Perser gehören, sind der Überzeugung, daß nur ein leiblicher Nachkomme von 'Ali, dem Neffen und Schwiegersohn des Propheten, zum Kalifen ernannt werden dürfe; sie verwerfen deshalb nicht nur die ersten drei Kalifen, Abu Bekr, Omar und Othman, sondern auch alle jene, die öffentlich auf den vierten, 'Ali, folgten, und glauben dafür, daß zu jeder Zeit ein vor den Augen der Welt verborgener Imam aus der Familie 'Alis die wahre Nachfolge des Propheten innehabe. Die Sunniten dagegen – und zu ihnen gehören die Maghrebiner – verlangen von einem Kalifen nur die geistigen und sittlichen Fähigkeiten, die sein Amt bedingt, sowie die Macht, diesem Geltung zu schaffen. Im allgemeinen glauben sie, daß der Kalif aus dem Vaterstamme des Propheten, den Kuraisch, herkommen müsse; doch Ibn Chaldun hält auch diese Bedingung für hinfällig seit der Zeit, da die Kuraisch ihre Vormacht über die arabische Welt einbüßten: Das Kalifat, sagt er, muß sich notwendigerweise auf eine gegebene Macht stützen; als Einrichtung für diese Welt kann es nicht an ein Ideal gebunden sein, das hier keinerlei Anwendung fände, *denn das Glaubensgesetz kann nicht gut etwas verlangen, das im Widerspruch zum Gesetze der Natur steht* ... (Muqaddima III.24) Deutlicher als in diesem Satze könnte man den Gegensatz der islamischen zur christlichen Ethik nicht zum Ausdruck bringen.

Das Kalifat des Mulay Idris

Ursprung und Vorbild des marokkanischen Staates ist das Kalifat – oder Imamat –, das gegen Ende des achten Jahrhunderts von Idris Ibn 'Abd-Allah al-Kamil gegründet wurde. Dieser war ein Enkel von Hassan, einem der beiden Söhne von 'Ali, dem vierten Kalifen, und Fatima, der Tochter des Propheten. Auf der Flucht vor dem abbasidischen Kalifen, der ihn als gegnerischen

Eine festliche Menge erwartet die Ankunft des Sultans.

Anwärter auf sein Amt verfolgte, gelangte er in den fernsten Westen und fand hier im Jahr 172 der Hidschra – um 788 christlicher Zeitrechnung – Zuflucht in der ehemals römischen Stadt Volubilis (Ulili) auf dem Berge Serhun, die von dem Berberstamme der Auraba bewohnt war.

> Unser Herr Idris, *schreibt al-Kettani,* war der erste Mann aus dem Hause des Propheten, der bekanntermaßen nach dem fernen Westen kam ... Damals war Ishak ben 'Abd-Allah, der Mu'tazilit, Fürst der Auraba. Dieser nahm Mulay Idris als Gastfreund auf und bewog die umliegenden Berberstämme dazu, den Bund mit ihm zu schließen ... *(Salwat al-Anfas)*

Das bedeutete, daß sie Idris als den rechtmäßigen Anwärter auf das Kalifat anerkannten und sich dazu verpflichteten, ihm zu gehorchen, dafür, daß er selbst das koranische Gesetz aufrechterhalte. Dieser Bund, ohne welchen kein Kalif seine Herrschaft antreten kann und der in der Regel zwischen ihm und den Schriftgelehrten als den verantwortlichen Häuptern der Gemeinschaft (al-Umma) durch Handschlag geschlossen wird, hat zum Vorbild jenes Bündnis, das der Prophet, als er von den Mekkanern verfolgt war, mit seinen Gefährten und Waffengenossen einging: Sie versprachen ihm in die Hand, für die Sache des Islam bis zum Tod oder bis zum Siege zu kämpfen.

Gottes Hand ist über ihren Händen, sagt der Koran dazu; *wer den Bund bricht, der bricht ihn auf eigene Verantwortung; wer aber erfüllt, was er Gott gelobt hat, dem wird Er unermeßlichen Lohn geben.*

Dadurch, daß die Berberstämme des Gharb von den Abbasiden abrückten und einen Nachkommen von 'Ali und Fatima als Imam wählten, nahmen sie in dem großen Streit um das Kalifat eine ähnliche Haltung wie die Schiiten ein. Obwohl sie bald darauf, noch unter der Herrschaft der Idrisiden, das malekitisch-sunnitische Gesetz annahmen, wirkte ihr Beispiel weiter; die Treue zur Familie des Propheten geht wie ein roter Faden durch die Geschichte Marokkos; Ibn Tumert berief sich auf seine Abstammung vom Propheten, und im Zeichen der Abwehr christlicher Eroberer wurden die Familien der Saadier und der Alawiten, die beide «Schorfa» sind, auf den Thron gehoben. «Schorfa» – in der Einzahl «Scherif» – bedeutet «Edle» und bezeichnet die Nachkommen des Propheten.

Die erste Welle der muslimischen Eroberer, die schon siebzig Jahre nach dem Tode des Propheten die Meerenge von Gibraltar erreicht hatte, um gleich darauf, ein Heer von Berbern mit sich reißend, über Spanien bis nach Gallien hinein zu branden, hatte die westliche Berberei nur oberflächlich berührt und nirgends eine bleibende geistige Mitte hinterlassen, um welche sich all die vorhandenen Ansätze zum Islam kristallisieren konnten. Ein großer Teil der Berber hing dem jüdischen Glauben an, andere waren monophysitische Christen und die Mehrzahl Heiden oder Anhänger seltsamer, aus verschiedenen Elementen gemischter Sekten. Erst das Auftreten eines Mannes wie Idris, der den geheiligten Adel seiner Abstammung mit den Eigenschaften eines geistigen und politischen Führers verband, schuf jene Mitte, um die herum sich eine einheitlich islamische Kultur zu bilden begann. Während seiner etwa fünfjährigen Herrschaft breitete Idris I. sein theokratisches Königreich über fast das ganze nördliche Marokko aus. Als er im Jahre 792 oder 793 von einem geheimen Abgesandten des abbasidischen Kalifen vergiftet wurde, war sein Sohn Idris II. noch nicht geboren. Dieser sollte das Reich seines Vaters erweitern und die Stadt Fes gründen.

Die arabischen Chronisten schreiben sowohl Idris I. als auch Idris II. alle natürlichen und geistigen Tugenden zu, die einen echten Nachfolger des Propheten auszeichnen sollen.

> Bei allem, was er tat, *sagt al-Kettani von Idris II.,* hielt er sich an die Wahrheit. Seine Urteile fällte er stets gemäß dem heiligen Gesetze. Er wich weder vom Recht noch vom Brauche des Propheten ab. So nahm er jedes Jahr einmal den Zehnten in Empfang, ohne etwas an dem vorgeschriebenen Maß zu ändern oder zu deuteln, und verteilte ihn dann an jene, denen er gebührt, nämlich an die Schwachen, die Armen und die Waisen. Wenn ihm bei einem Kriegszuge die Beute gebracht wurde, gab er davon vier Fünftel den Kämpfern und verwandte nur den fünften Teil für seine eigenen Anliegen ... *(Salwat al-Anfas)*

Nicht umsonst mißt die Legende seine Gerechtigkeit am prophetischen Brauch in der Verwendung von Zehnten und Beute, lag doch darin für einen Herrscher die größte Versuchung zur Willkür.

Das Grab von Idris I. – man nennt ihn in Marokko «Mulay Idris al-akbar» (Unser Herr Idris der Ältere; Mulay, «unser Herr», ist der Titel, den man allen Nachkommen des Propheten gibt) – gilt den Marokkanern als ihr größtes Heiligtum. Die Grabmoschee steht, von einem weißen Städtchen umgeben, auf einem felsigen Vorsprung des Serhunberges, etwas oberhalb der Halde, auf welcher die Ruinen des alten Volubilis zerstreut liegen. Die «Burg Pharaos» (Qasr Fir'aun) nennen die Hirten die Gegend jener Trümmer.

Man sieht den Berg Serhun wie eine dreifach gezackte Welle am Horizont aufsteigen, wenn man von Fes aus westwärts, in der Richtung auf Meknes zu fährt. Zu Pferd kann man ihn in einer Nacht und einem halben Tag erreichen.

Das Heiligtum erblickt man von dieser Seite her nicht; man sieht nur rings um das Diadem des Berges, in einer selig blauen Luft, kleine Dörfer und einsame Kuppeln wie lauter Perlen leuchten. Doch nach Westen hin ist die Krone der Gipfel geöffnet, und von dort unten kann man das weiße Dreieck des Städtchens vor dem dunkeln Hain alter Ölbäume erkennen. Wie jeder heilige Berg der Welt steht auch dieser allseitig frei und allein über dem weiten Land.

In dem heiligen Städtchen, das den Namen Mulay Idris trägt, darf kein Andersgläubiger wohnen. Die Grabmoschee auf dem Felsen, um die sich steil die Häuser scharen, besteht aus mehreren Gebäuden, ähnlich einem fernöstlichen Tempelbezirk: Eine Torgasse führt in einen ersten Hof, auf den sich die weiten, von Pfeilern getragenen Hallen einer Moschee öffnen; ein gedeckter Gang verbindet den ersten Hof mit einem zweiten, an dem eine Koranschule liegt und wo Arme und Kranke ein tägliches Almosen empfangen. Durch eine Pforte gelangt man dann in den innersten, von Säulengängen umgebenen Hof, in dessen Mitte ein Springbrunnen in breiter Schale plätschert. Von dort erst kann man den hohen, viereckigen, mit einer Kuppel aus zedernen Waben gedeckten Saal betreten, der das Grab des heiligen Fürsten enthält. Dessen Lage ist durch einen durchbrochenen, mit einem seidenen Tuch überdeckten Schrein gekennzeichnet. Hier herrscht eine so tiefe Stille, daß selbst das Plätschern des Brunnens im Hof an ihr zerperlt. Männer sitzen reglos auf dem Teppich des Saales; nur der Rosenkranz rieselt durch ihre Finger. Frauen, in weiße Tücher gehüllt, knien auf der Schwelle zum Hof und flüstern Gebete. Nur kleine Kinder laufen auf leisen Sohlen umher und kriechen unter das Tuch, das den Schrein des Grabes deckt, um dem Heiligen mit ihren Bitten näher zu sein. Lautlos schlägt hier das Herz Marokkos.

Nur einmal im Jahr umbrandet ein Fest das Heiligtum. Dann verwandelt die Menge der Pilger aus allen Gegenden des Landes den Olivenhain um die Stadt in ein einziges Lager von Zelten aller Art. Abgesandte aller Stämme, von ihrem Gefolge zu Pferd und spielenden Musikanten begleitet, führen Opfertiere vor. Reiterspiele werden zu Ehren des Heiligen abgehalten, und Bruderschaften singen zum Klang der Trommeln.

Das maghrebinische Kalifat

Daß das Kalifat nie wieder die Vollkommenheit erreichte, die es am Anfang besaß, nehmen die Marokkaner – wie alle Muselmanen – als eine unvermeidliche Folge des absteigenden Zeitalters hin. Sie wissen auch, daß eine Wechselwirkung zwischen Volk und Herrscher besteht: *Die Verderbtheit des Volkes*, sagt der maghrebinische Heilige Abu Madyan, *erzeugt Tyrannen, und die Verderbtheit der Großen erzeugt Aufruhr und Ketzereien.*

Ursprünglich war man allgemein der Ansicht, daß der ganzen islamischen Welt nur ein Kalif vorstehen könne; aber angesichts der weiten geographischen Verteilung der muslimischen Völker nahm man es schließlich als unvermeidlich hin, daß verschiedene Kalifen nebeneinander herrschten. Je weniger das maghrebinische Kalifat den Anspruch auf eine Herrschaft über die ganze Welt des Islam erheben konnte, um so wichtiger wurde in den Augen seiner Anhänger die scherifische Abstammung des Kalifen; für die Marokkaner ist ihr Herrscher vor allem deshalb Imam, weil er vom Propheten abstammt. So nennt man Marokko auch das «scherifische Reich», im Hinblick auf die herrschende Dynastie, deren theokratischer Charakter das letzte Bollwerk gegen die Verweltlichung des marokkanischen Staates bilden könnte.

Die Erwartung, daß das vollkommene Kalifat dereinst wieder errichtet werde, beruht auf einer Aussage des Propheten, laut welcher gegen das Ende des Zeitalters ein Mann aus seiner Nachkommenschaft die islamische Gemeinde sammeln und das Gesetz in seiner Reinheit herstellen soll; er ist der «Rechtgeleitete», der Mahdi, den die Almohaden in Ibn Tumert sahen.

Wenn auch das maghrebinische Kalifat wegen seiner weltlichen Grundlage viel mehr Macht besaß als etwa ein christlicher Patriarch oder der Papst, so war es doch in dem, was es an rein weltlichen Errungenschaften übernehmen konnte, viel gebundener als irgendein europäisches Fürstentum. Das erklärt, warum jene marokkanischen Herrscher, die gegen Ende des neunzehnten Jahrhunderts von den europäischen Staaten mit höflichen Drohungen dazu aufgefordert wurden, ihr Land dem modernen Handel und der Industrie zu öffnen, einen so schweren Stand hatten: Ihre Macht nahm nach außen hin in ebendem Maße ab, als sie gegenüber der technischen Entwicklung Europas, die mit dem Zeitalter des Rationalismus eingesetzt hatte, zurückblieb, während ihr Machtanspruch den eigenen Untertanen gegenüber gerade darauf beruhte, daß sie die islamische Lebensform mit ihrer fast klösterlichen Strenge und Genügsamkeit, ihrer Verachtung aller Hast und ihrer Hochschätzung der überlieferten, auf dem Koran beruhenden Wissenschaften möglichst rein bewahrten.

Der letzte Vertreter einer sterbenden Kultur

Pierre Loti, der im Jahre 1889 mit einer französischen Gesandtschaft den Sultan Mulay al-Hassan aufsuchte, hat diese widersprüchliche und im Grunde tragische Lage des Herrschers, ohne sie ganz zu verstehen, irgendwie gefühlt. Er schrieb im Tagebuch seiner Reise, unter dem Datum des 27. April:

> Heute morgen werden wir dem Sultan vorgestellt ... Eine halbe Stunde nach acht sind wir alle in Gala versammelt, im maurischen Hofe des Hauses, das unser Minister und sein Gefolge bewohnen.
>
> Es kommt der «Einführer der Gesandten» an, ein riesenhafter Mulatte mit Stiernacken, der einen unheimlich großen Stock in Händen hält. (Man wählt für dieses Amt stets einen der riesigsten Männer des Reiches aus.) Mit ihm treten vier Männer in langen weißen Gewändern ein und bleiben unbeweglich hinter ihm stehen, ein jeder mit einem ähnlich großen Prügel bewaffnet, den er mit ausgestreckten Armen von sich hält, wie ein Tambourmajor seinen Stab. Diese Leute sollen nur die Menge auf unserem Durchgang fernhalten.
>
> Als es Zeit ist, uns zu Pferd zu setzen, durchqueren wir den Orangengarten, auf den immer noch derselbe feine Winterregen niederrieselt, und begeben uns zu der niederen Pforte, die sich auf die Gasse öffnet. Hier führt man uns unsere Pferde vor, eines nach dem anderen, denn sie könnten sich in der schmalen Gasse weder umkehren noch zu zweit nebeneinander gehen. Jeder besteigt das Pferd, das sich gerade darbietet, hastig und ohne Ordnung ...
>
> Wir reiten wie am Tage unserer Ankunft über das leere Gelände, das Alt-Fes von Neu-Fes trennt, vorbei an den Felsen, den Aloen, den Höhlen, Gräbern, Ruinen und den Haufen verwesender Tiere, über welchen Vögel kreisen.
>
> Endlich erreichen wir die erste Ummauerung des Palastes und treten durch ein großes Tor mit Spitzbogen in den Hof der Gesandten ein.
>
> Dieser Hof ist so groß, daß ich keine Stadt der Welt kenne, die einen gleich großen besäße. Er ist von hohen, furchtbaren Mauern mit spitzen Zinnen und

klotzigen Ecktürmen umgeben, ähnlich wie die Wälle von Istanbul, von Damiette oder Aigues-Mortes, nur noch verwitterter, unwirtlicher, drohender. Wildes Gras wächst auf dem Platze, und irgendwo in seiner Mitte ist ein Tümpel, wo die Frösche quaken. Der Himmel ist bewegt und schwarz. Scharen von Vögeln fliegen von den Turmzinnen auf und wirbeln in der Luft.

Der Platz sieht leer aus, trotz den Tausenden von Menschen, die an vier Seiten, längs der Mauern stehen. Es sind dieselben Leute wie immer und dieselben Farben: da eine weiße Menge in Burnus und Kapuze, dort eine rote Menge, die Truppen des Sultans, die ihre Musikanten bei sich haben, in langen orangefarbenen, grünen, violetten, kapuzinfarbenen und goldgelben Gewändern. Die Mitte des ungeheuren Hofes, in den wir hineinreiten, bleibt völlig leer. Und in der großen Entfernung sehen alle am Fuße der wuchtigen Mauern zusammengedrängten Menschen wie Liliputaner aus.

Der Hof ist durch eine der Eckbastionen mit den Ringmauern des Palastes verbunden. Diese Bastion, etwas weniger verwittert als die anderen und frisch mit Kalk beworfen, besitzt zwei große schöne Tore, deren Spitzbogen mit blauen und rosafarbenen Arabesken umgeben sind. Durch eines dieser Tore soll der Herrscher kommen.

Man bittet uns, abzusteigen, denn niemand hat das Recht, vor dem Oberhaupte aller Gläubigen zu Pferd zu bleiben, und man führt unsere Tiere weg. Nun stehn wir im nassen Gras und im Schlamm.

Die Truppen bewegen sich: Rote Soldaten und bunte Musikanten bilden eine breite Allee, von der Mitte des Hofes, wo man uns hingestellt hat, bis zu jener Bastion, aus welcher der Sultan nahen soll. Wir schauen alle auf die mit Arabesken umrahmte Pforte und warten auf die sehr heilige Erscheinung.

Sie ist wohl noch zweihundert Meter von uns entfernt, diese Pforte, aus welcher nun einige Würdenträger, Wezire mit langen greisenden Bärten und dunklen Gesichtern, auf uns zukommen. Sie gehn heute alle zu Fuß, wie wir selber, und schreiten langsam im wogenden Weiß ihrer Schleier und Burnusse daher. Wir kennen schon fast alle diese Persönlichkeiten, denn wir haben sie vorgestern, am Tag unserer Ankunft gesehen, in stolzerem Aufzug, auf ihren schönen Pferden reitend. Es kommt auch der Kaid Belail, der schwarze Hofnarr, mit der unwahrscheinlich hohen Kuppel seines Turbans bedeckt. Er schreitet allein, mit grotesk wiegendem, ausgerenktem Gang, auf einen gewaltigen Totschlägerstock gestützt. Irgend etwas Unheimliches und Spöttisches liegt in seiner ganzen Person, die sich höchster Gunst bewußt zu sein scheint.

Der Himmel bleibt drohend; große Gewitterwolken jagen mit den Vogelscharen dahin, und nur hie und da verrät ein Stückchen tiefblauen Himmels, daß wir im Land des Lichtes sind. Mauern und Türme recken überall ihre spitzen Zinnen wie böse Kämme in den Himmel. Sie wirken ungeheuer, diese Mauern, und umschließen uns auf allen Seiten wie in einer maßlos großen, phantastischen Zitadelle. Die Zeit hat sie seltsam graugolden gemacht; sie sind voller Risse, zerschrundet und baufällig; sie sehen uralt aus. Zwei oder drei Störche blicken von den Zinnen auf die Menge herab. Und ein Maultier mit einem rot gepolsterten Sattel, das – ich weiß nicht wie – auf einen der Türme hinaufgeklettert ist, schaut ebenfalls herab.

Aus jener mit blauen und rosaroten Arabesken umrahmten Pforte, auf die wir immer gespannter hinsehen, kommen jetzt etwa fünfzig kleine Negersklaven heraus, mit rotem Rock und weißem Musselinüberwurf, wie Chorknaben. Sie gehen schwer und wie eine Schafherde zusammengedrängt.

Dann nahen sechs wundervolle weiße Pferde, alle in Seide gesattelt und gezäumt, die am Zügel geführt werden und sich bäumen.

Es vergehn einige Minuten des Wartens und Schweigens. Dann, plötzlich, durchläuft ein Schauer gläubiger Furcht die Hecke der Soldaten. Die Musik, mit ihren großen Trompeten und Trommeln, tönt eine betäubende und schaurige Weise an. Die fünfzig kleinen Negersklaven beginnen zu laufen, zu laufen, von einer plötzlichen Panik erfaßt, und schwärmen im Fächer aus, wie Vögel oder Bienen. Dort, im Halbdunkel des Torbogens, den wir unentwegt betrachten, zeichnet sich jetzt auf einem herrlichen weißen Pferd, das vier Sklaven halten, eine hohe weiße Mumie mit braunem Antlitz ab, ganz mit Musselin verschleiert; über ihrem Haupte hält man einen roten Sonnenschirm altertümlicher Form, so wie der Sonnenschirm der Königin von Saba gewesen sein mag, und zwei riesenhafte Neger, einer in rosarotem und einer in blauem Rock, schwenken Fliegenwedel um ihr Gesicht.

Während der seltsame Reiter auf uns zukommt, fast ungestalt und doch großartig unter dem Haufen schneeiger Schleier, beginnt die Musik in immer lauteren, immer schrilleren Tönen zu klagen; sie spielt eine langsame und traurige Hymne, die furchtbare Trommelschläge im Gegentakt begleiten. Das Pferd der Mumie tänzelt wild, von den Negersklaven mit großer Mühe gehalten. Auf unsere Nerven macht diese schaurige, so unbekannte Musik einen seltsam beklemmenden Eindruck.

Nun endlich ist er da, ganz nah vor uns, dieser letzte echte Sohn Mohammeds halb nubischen Blutes. Sein Gewand aus feinem wollenem Musselin, das ihn wie eine Wolke umgibt, ist von fleckenloser Weiße. Sein Pferd ist ebenfalls ganz weiß. Die großen Steigbügel sind golden. Sattel und Zaumzeug von Seide sind ganz hellgrün, mit blaßgrünem Golde leicht bestickt. Die Sklaven, die das Pferd halten – der, welcher den großen roten Sonnenschirm trägt, und die beiden, rosarot und blau, die weiße Tücher schwenken, um unsichtbare Fliegen zu verjagen –, sind herkulische Neger, mit einem wilden Lächeln auf dem Antlitz; sie sind alle schon alt; ihre grauen oder weißen Bärte heben sich vom Schwarz der Wangen ab. All dieses Zeremoniell einer vergangenen Zeit paßt gut zu der klagenden Musik und zu den ungeheuren Mauern ringsum ...

Dieser Mensch, den man uns in diesem Aufzuge vorführt, ist der letzte treue Vertreter einer Religion, einer Kultur, die zum Sterben verurteilt ist. Er ist die Verkörperung des alten Islam. Denn man weiß, daß die reinen Muselmanen den Sultan von Konstantinopel als einen Usurpator betrachten und ihre Blicke und Gebete zum Maghreb hin wenden, wo für sie der wahre Nachfolger des Propheten thront.

Wozu eine Gesandtschaft an einen solchen Herrscher, der wie sein Volk in alten menschlichen Träumen verharrt, die sonst fast von der Erde verschwunden sind? Wir sind ganz und gar unfähig, uns gegenseitig zu verstehen. Es trennt uns etwa derselbe Abstand, der uns von einem aus tausendjährigem Schlafe wiedererwachten Kalifen von Cordoba oder Bagdad trennen würde. Was wollen wir denn von ihm, und weshalb haben wir ihn aus seinem unzugänglichen Palaste herauskommen lassen?

Sein braunes, pergamentenes Gesicht, das die weißen Schleier umrahmen, hat regelmäßige und edle Züge, tote Augen, deren Weiß man unter der halb von den Lidern verdeckten Pupille erkennt; sein Ausdruck ist von äußerster Schwermut, äußerster Müdigkeit, äußerster Langeweile. Er sieht sanft aus und soll es auch wirklich sein, wie es die, welche ihm nahen, erzählen. (Den Leuten von Fes ist er sogar zu sanft: Er läßt nicht genug Köpfe für die heilige Sache des Islam rollen.) Doch seine Sanftmut ist sicher bedingt, wie man sie bei uns im Mittelalter verstand; es ist eine Milde, die sich nicht allzusehr vor Blutvergießen scheut, wenn es nötig ist, und die eine Girlande abgeschlagener Köpfe über dem schönen Torbogen eines Palastes mit in Kauf nimmt. Sicher ist er nicht grausam; mit diesem sanft traurigen Blicke kann er es nicht sein. Er straft manchmal hart, wie es sein von Gott gegebenes Recht ist, doch sagt man, daß er noch lieber Gnade für Recht ergehen lasse. Er ist Priester und Krieger, und beides bis zum äußersten. Er ist von seiner himmlischen Sendung durchdrungen wie ein Prophet, keusch inmitten seines Serails, treu den mühsamsten Pflichten des Glaubens und sehr fanatisch aus Erbschaft; er trachtet danach, Mohammed so getreu als möglich nachzuahmen. All das liest man auch in seinen Augen, auf seinem schönen Gesicht und in seiner königlich geraden Haltung. Er ist jemand, den wir in unserer Zeit weder verstehen noch beurteilen können, doch ist er ganz gewiß jemand großer, Ehrfurcht gebietender ...

Und nun hat er vor uns, wir Menschen einer anderen Welt, die ihm für ein paar Minuten nahe sind, irgend etwas Erstauntes und fast Scheues, das seiner Erscheinung einen besonderen, ganz unerwarteten Reiz verleiht …

(Pierre Loti)

Stilisierter, «gebauter» Schriftzug «Der Segen Mohammeds», wie er häufig an marokkanischen Moscheen und Schulen zu finden ist.

DIE STADT DES HEILIGEN IDRIS

Die Gründung von Fes

Idris II., *erzählen die arabischen Chroniken,* zeichnete den Grundriß der Stadt Fes am Morgen des Donnerstag zu Beginn des Monates Rabi' des Ersten im Jahre 192 der Hidschra [808]. Als er mit ihrem Bau beginnen wollte, hob er die Hände empor und betete für sie und ihre Einwohner mit diesen Worten: «Gott, mache sie zu einem Hause des Wissens und der Gesetzeskunde, auf daß in ihr stets dein Buch gelesen und deine Gesetze befolgt werden. Laß ihre Bewohner sich am Buche und am heiligen Brauche festhalten, solange, als du sie erhältst.» So hörte diese Stadt nie auf, eine Stätte des Wissens und des Gesetzes zu sein ... Vieler Art sind die Wohltaten, die Segen und Gnaden, die Fes empfing, dank dem Gebete, das sein Erbauer für es dargebracht hat in Nachahmung der Fürbitte des Propheten für Medina und der Fürbitte unseres Herrn Abraham für Mekka ...

(Salwat al-Anfas)

Nach einer altarabischen Überlieferung, die der Koran wieder aufgreift, ist die Kaaba in Mekka von Abraham und dessen Sohn Ismael erbaut worden, an ebender Stelle, wo Hagar, mit ihrem Söhnchen in der Wüste umherirrend, durch göttliche Eingebung eine Quelle gefunden hatte. Das Gebet Abrahams für die Einwohner der heiligen Stadt Mekka ist im Koran erwähnt. In den Augen der Feser selbst ist Fes durch seine Gründung etwas wie eine heilige Stadt, ein Abbild der zwei ersten, durch die Offenbarung ausgezeichneten Städte des Islam:

Man kennt außer Fes keine andere, ebenso alte, von Religion und Wissenschaft erfüllte Stadt des Islam, die von einem reinen Sprößling aus dem Hause des Propheten gegründet worden wäre, *schreibt al-Kettani;* und der Segen davon blieb auch nicht aus ... *(Salwat al-Anfas)*

Die heilige Stadt Mulay Idris, mit der Grabmoschee von Idris I. auf dem Berge Serhun.

Neuere Forschungen haben erwiesen, daß Fes zur Zeit von Idris II. nicht nur aus einer, sondern aus zwei Städten bestand; die eine davon, das eigentliche «Fes», scheint schon unter Idris I. auf dem rechten Flußufer entstanden zu sein; die zweite, al-'Aliya genannt, wurde von Idris II. auf dem linken Ufer erbaut, in ebender Gegend, wo heute seine Grabmoschee steht. Diese Verdoppelung der Stadt aber beweist gerade, daß sie Idris II. zu seiner Hauptstadt machte und ihr erst

Das Zeltlager vor dem Städtchen Mulay Idris am jährlichen Feste des Heiligen.

dadurch ihre Bedeutung verlieh: Nach altem morgenländischem Brauche ließ sich ein Herrscher nie in der eigentlichen Wohn- und Handelsstadt nieder, sondern erbaute außerhalb davon seine Residenz, die auch als Heerlager diente.

Die neue, aufblühende Königsstadt zog zahlreiche Araber aus Kairuan, der damals größten muslimischen Stadt des Maghreb an, während schon früh achthundert bei einem Aufstand aus Cordoba geflohene Familien sich auf der anderen Seite des Flusses ansiedelten. Darum heißen noch heute die beiden Stadthälften, die erst durch Yusuf ben Taschfin, den Almoraviden, zu einer einzigen Stadt verschmolzen wurden, das «kairuanische» und das «andalusische»; das eine ist durch die Hochschule «der Kairuaner» (al-Qarawin), das andere durch die Moschee «der Andalusier» (al-Andalus) gekennzeichnet. Kairuan und Cordoba waren die beiden Pole der arabischen Bildung im islamischen Westen.

Dadurch, daß Idris II. seinen Herrschersitz aus dem Serhun-Gebirge in die Ebene des Gharb verlegte, entzog er sich dem Eigenwillen der Berber und öffnete dem arabischen Einfluß die Tore: All die Strömungen, die vom Osten nach dem Westen, an die atlantische Küste und nach Spanien, oder von dort wieder zurück nach dem Osten flossen, mußten Fes berühren.

Im Gegensatz zu all den vielen Städten des Mittelalters, die auf einer Anhöhe gebaut sind, liegt Fes alle Wehr mißachtend in einem Tal, dessen Tiefe sein Heiligtum, die Grabmoschee von Mulay Idris, birgt. Doch seine Lage erklärt sich daraus, daß in dieser Mulde, die sich wie ein Amphitheater in die Stufe zwischen zwei Ebenen buchtet, zahlreiche Quellen entspringen. Zudem konnte ein Fluß, der von der höheren Ebene herkommt, mühelos der Stadt zugeleitet werden:

> Er wird der Fluß der Perlen genannt und entspringt in der Ebene im Westen der Stadt, in ungefähr sechs Meilen Entfernung, aus etwa sechzig verschiedenen Quellen. Seine reinen Wasser, die über helle Kiesel gleiten, sind wundervoll anzuschauen. Sein Lauf ist kaum wahrnehmbar bis zu der Stelle, wo er in die Stadt einmündet. Hier verzweigt er sich zu einer Garbe vieler Arme, die den einzelnen Vierteln zufließen, um die Brunnen der Moscheen, der Straßen und der einzelnen Häuser zu speisen, die Mühlen zu treiben, die Bäder zu füllen, die Gärten zu begießen und beim Verlassen der Stadt alle Unreinheiten und Abfälle mitzuführen ... *(Zahrat al-As)*

So besitzt Fes reichlich von dem Gut, das in diesen Landen vor allem anderen kostbar ist: Das Wasser schenkt der Stadt ihren Reichtum, ihre Gesundheit und schmückt sie mit dem Kranz ihrer Gärten, so daß ein unbekannter arabischer Dichter von ihr gesagt hat:

Die Taube verlieh der Stadt ihren Ring
Und der Pfau den königlichen Fächer.
Ihre Füße sind lauter Wein,
Und jedes Hauses Hof ein Becher.
(Zahrat al-As)

Das Stadtbild

Mit seinem turmbewehrten Mauerring, dem großen Heiligtum in seiner Mitte und den nach einzelnen Gewerben unterschiedenen Vierteln und Gassen der Innenstadt gleicht Fes den mittelalterlichen Städten Europas; zugleich aber hat es, wie fast jede islamische Siedlung, einige völlig andere Züge: Während bei fast allen alten Städten Europas das Erbe Roms, das Vorbild einer geometrischen Anlage mit Hauptachsen und Forum durchscheint, besitzt Fes keinen öffentlichen Platz, an dem Tempel und Gericht oder Dom und Rathaus stünden, noch irgendwelche regelmäßig gebaute Straßen, denen sich wichtige Gebäude mit Fassaden und Fenstern zukehrten; die Verkehrsadern, die von den verschiedenen Toren aus die Stadtmitte erreichen, sind bloße Saumpfade, die den Falten des Geländes folgend sich ihren gewundenen Weg zu den Bazaren um das große Heiligtum bahnen. Das feste, «kristalline» Element ist hier nicht der Stadtkörper selbst, sondern das einzelne Gebäude, das nach außen geschlossen und nur auf seinen Innenhof geöffnet eine Welt für sich darstellt, die nicht am Leben der Straße teilnimmt.

In der Mitte der Stadt, um die großen Moscheen herum, liegen die Bazare (Aswaq), deren schmale Gassen mit Schattengittern aus Bambus bedeckt und hie und da mit Reben überrankt sind, so daß man wie im Innern eines einzigen Baues wandelt. Da gibt es die Märkte für handwerkliche Erzeugnisse wie Gewebe, kupferne Gefäße und Töpfereien, für Gewürze, Früchte und Geflügel; und gleich daneben findet man die Gassen und die Viertel, wo die Schuster, die Schneider, die Sattler und all die anderen Handwerker in offenen Werkstätten arbeiten, außer jenen, die sich aus irgendeinem Grunde fern der Stadtmitte niedergelassen haben, wie die Töpfer, deren kuppelförmige Öfen längs der östlichen Stadtmauer zu finden sind, und die Gerber, die am unteren Laufe des Flusses ihre Gruben haben. Fes ist berühmt für die Zubereitung von schönen

Plätzchen in Mulay Idris während des Festes.

farbigen Ledern und die Herstellung von allerlei ledernen Gegenständen, wie Taschen, Sätteln, Schuhen und Bucheinbänden. Ein eigenes Viertel besitzen auch die Kupferschmiede, wo ziselierte Platten, Kannen und Lampen hergestellt werden und ständig hundert Hämmer wie Glocken klingen.

Die Wohnviertel liegen um die Stadtmitte herum. Man kann ihre Ausdehnung kaum erkennen, denn die Gäßchen, die von den größeren Verkehrswegen

Oben: Anblick des oberen Teiles der Altstadt Fes von Norden.
Unten: Plan von Alt-Fes und Neu-Fes (Fes al-Bali und Fes Djedid).

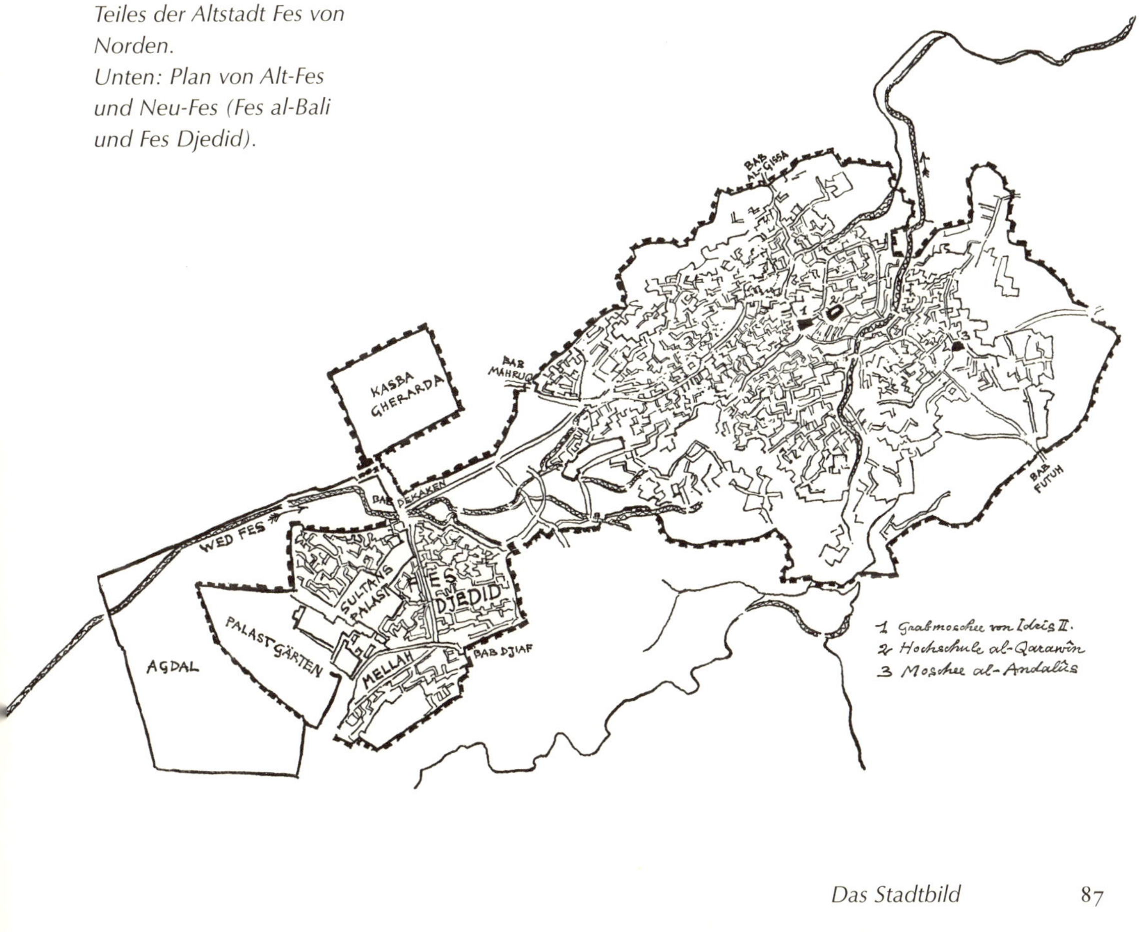

BAB AL-GISSA
BAB MAHRUQ
KASBA GHERARDA
BAB SEKAKEN
WED FES
BAB FUTUH
SULTANS PALAST
FES DJEDID
PALAST GÄRTEN
AGDAL
MELLAH
BAB DJIAF

1 Grabmoschee von Idris II.
2 Hochschule al-Qarawīn
3 Moschee al-Andalūs

abzweigend zu den einzelnen Häusern hinführen, sind nur enge, hohe Mauergänge, die sich in Mäandern durch die Wabe der Gebäude winden; sie genügen, da die Häuser nicht durch die Straßen, sondern durch ihre nach oben geöffneten Innenhöfe atmen. Diese Bauart der Häuser entspricht nicht nur dem afrikanischen Klima; sie ist noch mehr in der islamischen Auffassung der Familie als eines unantastbaren Heiligtums begründet. Als geschlossene Zelle zeugt das maurische Haus auch davon, daß die Einheit, welche der islamischen Gemeinschaft innewohnt, in jedem einzelnen Teil derselben ganz zugegen ist: Jeder verheiratete Gläubige ist der Vorbeter (Imam) seiner eigenen Familie, und in diesem Amte ist er von der Gemeinschaft unabhängig; jeder mündige Muselman, der die koranischen Vorschriften und den Brauch des Propheten – die Sunna – kennt, kann Vorbeter einer kleineren oder größeren Gemeinde sein.

Bäder, Kaißariya und Herbergen

Wenn auch der Plan der Stadt kein griechisch-römisches Erbe verrät, so tritt dasselbe doch in anderen Dingen zutag, vor allem im Bau der öffentlichen Bäder, die den spätantiken Thermen gleichen: Wie diese bestehen sie aus mehreren gewölbten Räumen, deren Fliesen von unten her geheizt werden, so daß ausgegossenes Wasser einen ständigen Dampf erzeugt. Da die Mauern der Wärme halber nur kleine Luftlöcher haben, geht hier alles beim nebligen Lichte von Kerzen vor sich; in ihm erscheinen ungewiß die nackten, nur mit einem Lendentuch bekleideten Körper der Gäste und der Badeknechte, die Bottiche voll Wasser herbeischleppen und ihre Kunden kunstvoll massieren. Diese Bäder, die tagsüber den Frauen und nachts den Männern offenstehen, spielen eine wichtige Rolle im alltäglichen Leben; man besucht sie nicht nur, um Krankheiten vorzubeugen, sondern auch und vor allem, um der vom Islam befohlenen Reinheit zu genügen.

Spätantik und «kaiserlich» ist ihrem Namen nach die Kaißariya, jenes besondere Viertel, das dem Handel mit kostbaren Gütern wie Stoffen, Gewändern, Schmuck, Frauengürteln und marokkanischen Schuhen vorbehalten ist und das nachts mit eigenen Toren abgeschlossen wird. Es gab früher in jeder größeren islamischen Stadt eine solche Kaißariya. Die von Fes liegt zwischen der Grabmoschee von Mulay Idris und der Hochschule der Kairuaner (al-

Eine Gasse der Kaißariya mit einer verschleierten Frau.

Qarawin). Dem Stil nach hat dieses Viertel nichts an sich, was an die griechisch-römische Welt erinnern würde; man denkt vielmehr an Asien, an Samarkand, an Peschawar oder gar an die Mongolei; solche Bazare gab es früher im ganzen Morgenlande und bis nach Europa hinein, wie es der Ponte Vecchio von Florenz noch zeigt. Durch die Schattengitter über den Gäßchen fällt das Licht in Flecken herab und hebt hie und da ein Gesicht oder eine Gebärde aus der Dämmerung hervor. Aller Lärm erstirbt im Gewinkel der hölzernen Läden; nur ein heller Glockenlaut dringt

Blick auf Fes von Süden, über die Stadtmauer hinweg.

durch all die Gänge: das Zeichen der Wasserträger, die aus schwarzen Ziegenhäuten Labung spenden.

Griechischer Abstammung ist auch die Bezeichnung Funduq – von pandokeion – für die Herbergen, die zugleich als Karawansereien dienen. Tritt man in ihre Höfe ein, so findet man mitten in der Stadt die Leute und Klänge der Dörfer und Beduinenlager, und je nach der Ware, die in dem einen oder anderen Funduq abgeladen wird, ist er vom Duft der Früchte und der Körner oder vom Geruch der Häute und der Erden erfüllt.

Wer dort in einer der kleinen, mit Kalk geweißten Kammern auf einer Mat-

Plätzchen im Viertel der Kupferschmiede (as-Seffarin).

te übernachtet, hört nachts das Gescharr der Tiere unter sich, und des Morgens, noch bevor der Hahn kräht, ehe die Esel ihre furchtbare Stimme erheben, ehe der kalte Atem der Nacht anhält und die Wächter die knarrenden Tore öffnen, weckt ihn der Gesang des Muezzin.

... Es war zur Zeit der Almohaden, *berichtet ein Chronist,* daß Fes im höchsten Glanze seines Reichtums und seiner Pracht erstrahlte. Damals war es die blühendste Stadt des Maghreb. Unter der Herrschaft von al-Mansur dem Almoha-

> den und seinen Nachfolgern zählte man in Fes siebenhundertfünfundachtzig Moscheen und Ordenshäuser, zweiundvierzig Häuser der Reinigung und achtzig Brunnenanlagen, die alle mit dem Wasser von Quellen und Bächen gespiesen wurden. Es gab dreiundneunzig öffentliche Dampfbäder und vierhundertzweiundsiebzig Mühlen innerhalb und längs der Mauern, ohne jene zu zählen, die sich außerhalb der Stadt befanden. *(Raud al-Qartas)*

Derselbe Chronist zählt über neunundachtzigtausend Wohnhäuser, an die zwanzigtausend Lagerhäuser, Hunderte von Herbergen für Kaufleute, Reisende und Obdachlose, über neuntausend Läden, zwei Handelsviertel (Kaißariya), eines im Stadtteil der Kairuaner und eines im Stadtteil der Andalusier, und außerdem Tausende von Werkstätten, darunter Gerbereien, Färbereien, Kupferschmieden, öffentliche Backöfen und Waschanstalten.

> Die Färbereien befanden sich in der Nähe des Wassers zu beiden Seiten der Landzunge, die den Hauptfluß scheidet. Die Krapfenbäcker, Zuckerbäcker und Garköche bauten ihre kleinen Öfen in derselben Gegend, und über ihnen, im zweiten Stock, ließen sich die Tuchweber nieder ...
>
> Es gab in Fes auch vierhundert Papierfabriken, doch wurden sie alle zur Zeit der Hungersnot unter der Regierung von al-'Adil und seinen Brüdern al-Ma'mun und ar-Raschid, in den Jahren 618 [1221] bis 638 [1240/41] vernichtet. Diese Fürsten, die während jenen zwanzig Jahren des Unglücks und der Armut herrschten, wurden dann von den Meriniden verdrängt, welche das Land emporbrachten und die Sicherheit der Wege wiederherstellten ...
>
> *(Raud al-Qartas)*

Die Meriniden, die Fes wieder zur Hauptstadt des Reiches machten, bauten auch die mit eigenen Mauern umgebene Königsstadt Fes Djedid, «Neues Fes», im Westen, die den Sultanspalast mit seinen Höfen, Gärten und Teichen enthält und deren Bevölkerung, die kaum städtisch geworden ist, heute noch an das ehemalige Heerlager erinnert.

Die Judenstadt

Der Königsstadt wurde die Judenstadt (al-Mellah) angegliedert, da Hof und Heer die Juden als Wechsler, Bankleute und Gold- und Silberschmiede brauchten. Leihen auf Zins ist den Muselmanen verboten, und an der Verarbeitung von Gold und Silber haftet ein Tadel. Die Gassen der Mellah haben ein anderes Aussehen als die der muslimischen Stadt; die Häuser sind blau getüncht und durch große, vergitterte Fenster und Balkone nach der Straße offen; man spürt einen spanischen Einschlag, von der Zeit her, da zahlreiche sephardische Juden vor der Inquisition nach Marokko flohen. Die Frauen tragen grellfarbige Kopf- und Nackentücher mit Fransen. Die älteren Männer sind zum Teil noch in lange schwarze Kutten gekleidet; schwarz war ihnen früher als kennzeichnende Farbe vorgeschrieben.

Die Mellah besaß seit jeher ihre eigene Verwaltung, ihren Stadtrat, welcher dem muslimischen Stadtmeister von Fes verantwortlich war, und ein rabbinisches Gericht, das alle Streitfälle unter Juden eigenmächtig entschied und dem die muslimische Regierung nur den weltlichen Arm lieh. So lebten die Juden innerhalb der Mauern ihrer Stadt nach eigenen Gesetzen, dafür, daß sie dem Sultan die Kopfsteuer zahlten, die ihnen als nicht zum Heeresdienst verpflichteten «Schützlingen» auferlegt war. Solange Frieden herrschte, standen sie unter dem Schutze des Sultanates; bei Umstürzen aber waren sie die ersten Opfer von Gewalttaten und Plünderung.

Medresen, Stiftungen toter Hand und Koranschulen

Unter den Meriniden entstanden auch die verschiedenen Medresen von Fes, eine Art von Hochschulen, die zur Ausbildung späterer Staatsbeamten dienten. Ihr Vorbild stammt aus dem Osten, aus Chorasan, und erreichte Marokko über Bagdad, Kairo und Tunis. Die Medrese (Medersa) ist wie ein Wohnhaus um einen Innenhof herum angelegt, mit dem Unterschied, daß mindestens einer der vier Trakte als hohe, offene Halle gebaut ist, die dem Gebet und dem Unterrichte dient. Die übrigen Baukörper enthalten viele Zellen, wo die Studenten, die von auswärts kommen, wohnen. Bis vor kurzem waren die Feser

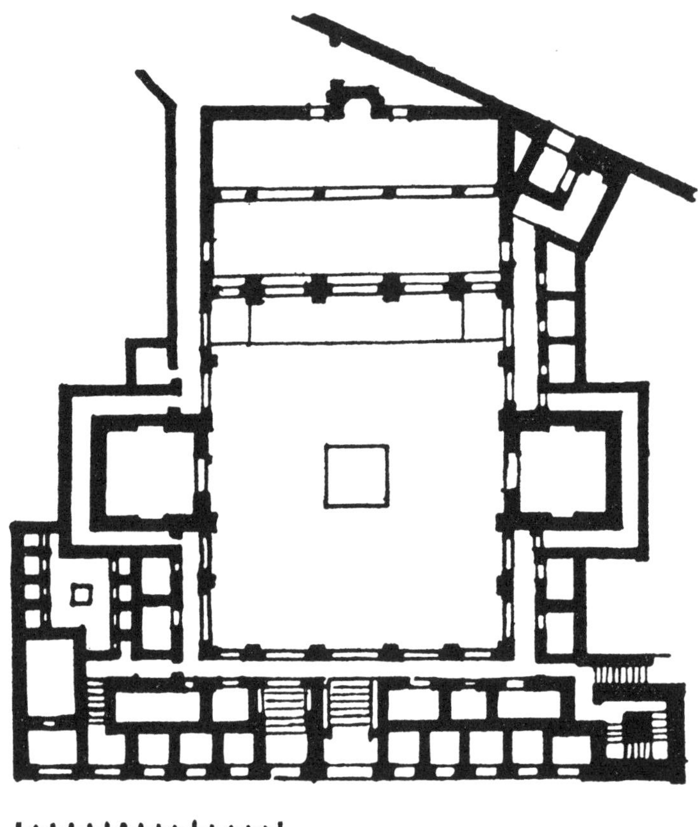

Grundriß der Medersa Bu 'Inaniya (1350). In der Mitte der Hof. Ein zweifach überbrückter Kanal trennt ihn von der Gebetshalle, deren Arkaden auf den Hof geöffnet sind. In der Rückwand der Halle die nach Mekka gerichtete Gebetsnische. Rechts und links vom Hof zwei Säle für den Unterricht. Die kleinen Räume sind Wohnzellen für die Studenten, und der Anbau links außen enthält Latrinen mit einem Wasserbecken.

Medresen noch von Studenten der Hochschule al-Qarawin bewohnt; jeden Tag erhielten sie ein Brot aus einer jener vielen Stiftungen toter Hand, die als namenlose Wohltätigkeit das städtische Leben beschirmen.

Die Stiftungen toter Hand (Habus), denen ein guter Teil der Stadt und der umliegenden Gärten gehört, sind meistens der Hochschule al-Qarawin, den Moscheen, dem Krankenhause (Maristan), den Koranschulen und den öffentlichen Bädern zugedacht. Es gibt aber auch Stiftungen zu ganz besonderen Zwecken, wie zum Beispiel jene, die dafür sorgt, daß während den Stunden zwischen Mitternacht und Frühlicht, wenn die Schwerkranken schlaflos liegen, die Muezzine auf den Minaretten singen.

In jedem Viertel findet man eine Koranschule, wo Kinder aller Altersstufen

Ein Mädchen trägt die ungebackenen Brotlaibe zum Ofen des Viertels.

das heilige Buch auswendig lernen. Das stellt eine hohe Anforderung an das Gedächtnis, und alle Anstrengung ist zunächst nur darauf gerichtet; der Lehrer gibt keine Erklärungen über den Sinn des Auswendiggelernten ab, und es ist der Einfühlung der Kinder überlassen, nach und nach die klassische Sprache zu erfassen, die sich von der vereinfachten Umgangssprache durch ihre Beugungen unterscheidet. Die Kinder lernen die Verse wie eine Art Lautmusik; erst allmählich erschließt sich ihnen der wörtliche Sinn und erst im Verlauf ihres Lebens, je nach Schicksal und geistiger Anregung, der Gehalt der koranischen Formeln.

Ein Mann von kabylischem Typus mit Kind.

Da die beruflichen Anforderungen der neuen Zeit auch eine Schulung nach europäischem Muster nötig machen, werden die Koranschulen immer mehr durch staatliche Lehranstalten ersetzt, in denen sowohl auf Arabisch als auch auf Französisch unterrichtet wird, wobei sich das Feld zugunsten des modernen Wissens verschiebt. Damit bereitet sich eine tiefgehende Umstellung der ganzen Denkart vor.

Die Verwaltung

Der moderne Geschichtsschreiber wundert sich darüber, daß eine solche Stadt, die selten unter hunderttausend Seelen zählte, durch ganz wenige Beamte verwaltet werden konnte. Ein Stadtmeister, den man heute Pascha nennt, regiert sie; ihm sind die Vorsteher (Moqaddimin) der einzelnen Viertel untergeben. Er ist selbst Richter für Verstöße wider die öffentliche Ordnung, doch steht ihm der oberste Richter (Qadi al-Quda) der Stadt zur Seite, der als das Oberhaupt der Hochschule und als Treuhänder aller Stiftungen toter Hand eine besondere, nicht minder mächtige Stellung besitzt: Er ist gleichsam der Wortführer der das Gesetz bewahrenden und auslegenden Versammlung der Schriftgelehrten.

Die islamische Rechtsprechung wird von dem Gedanken geleitet, daß offensichtliche Verbrechen rasch und streng bestraft werden müssen, um die gesellschaftliche Ordnung zu erhalten, während man Vergehen, deren Schaden nicht ersetzt werden kann, nicht mit allen Mitteln ergründen soll. In solchen Fällen wird weder auf Geständnis noch auf Zeugenschaft gedrungen; der Schuldige, sagt man sich, wird doch seine Rechnung mit Gott zu begleichen haben. Diese Regel, die der europäische Einfluß abgeschwächt hat, behütet das Gericht vor Justizirrtum und auch davor, durch eine stets unzulängliche, weil allzu menschliche Psychologie nach der letzten Schuld zu forschen.

Neben dem obersten Richter waltet der Marktaufseher (Mohtasib), der die Grundpreise festsetzt, die Streitigkeiten zwischen Händlern schlichtet und dem die Treuhänder (Umana) der einzelnen Zünfte Rechenschaft abzulegen haben.

Die Steuern sollten grundsätzlich vom Zehnten genommen werden, den jeder Muselman einmal jährlich aus Ernte, Herdenzuwachs oder Geldgewinn zugunsten der Armen, der Verschuldeten, der Obdachlosen und der «Kämpfer auf dem Wege Gottes» zu spenden hat. Der Sultan durfte diesen Zehnten für den Heiligen Krieg, das heißt ausschließlich für die Verteidigung der Glaubensgemeinschaft, einziehen lassen. Zusätzliche Abgaben, die manche Herrscher willkürlich oder notgedrungen dem Volke auferlegten, wurden stets als Unrecht empfunden und gaben am meisten Anlaß zu Aufständen.

Stadtmeister, Richter und Marktaufseher bedienten sich einiger Schreiber und befahlen einer kleinen Schar von Stadtwächtern; das war die ganze Beam-

Auf dem Ledermarkte in der Altstadt.

tenschaft. Und doch lebte die große Stadt, von gelegentlichen Unruhen abgesehen, meistens in Frieden. Das war nur möglich, weil sie nicht «organisiert» war, sondern aus wirklich organischen Einheiten bestand, weil jegliche Tätigkeit noch einen einfachen, offensichtlichen Sinn im Hinblick auf das Ganze besaß: Wie der Sand eines Flußbettes, der die Form der Wellen annimmt, ordnete sich die Menge nach jedem Wirbel wieder von selbst nach notwendigen, allgemein anerkannten Vorbildern.

Das Handwerk

Noch bewahrt in Fes das Handwerk etwas von seinem alten Sinn; es gehorcht der Notwendigkeit und ist zugleich eine Kunst. Die Vorsteher oder Treuhänder der einzelnen Zünfte achten darauf, daß die Arbeit eines jeden Meisters der geforderten Güte entspricht, daß die Rohstoffe echt und die Preise gerecht sind; auch sorgen sie für die Kranken oder notleidenden Glieder der beruflichen Gemeinschaft. Doch sind heute die Zünfte von der modernen Wirtschaft bedroht und von politischen Gewerkschaften in die Enge getrieben; wenn sie untergehen sollten, verlöre sich mit ihnen mehr als nur eine äußerliche Form gewerblichen Zusammenhaltes.

Ich kannte einen Kammacher in der Gasse seiner Zunft, der Mschatin. Er hieß 'Abd al-'Aziz (Knecht des Liebenswerten), trug stets eine schwarze Djellaba – das mit Ärmeln versehene, weite Kapuzenkleid – und einen weißen Turban mit dem Litham, dem Gesichtsschleier, der seine etwas schweren Züge umrahmte. Das Horn für seine Kämme gewann er von Ochsenschädeln, die er den Fleischern abkaufte. Die gehörnten Stirnen trocknete er an einem gemieteten Platz, nahm dann die Hörner ab, öffnete sie der Länge nach und entrollte sie über einem Feuer, was mit größter Sorgfalt geschehen mußte, damit sie nicht brachen. Aus diesem Stoff schnitt er Kämme und drechselte Dosen für Antimon als Augenschminke auf einer höchst einfachen Drehbank, indem er mit der linken Hand den Bogen führte, der um einen Keil gewickelt den Gegenstand zum Kreisen brachte, in der Rechten das Messer hielt und mit einem Fuß das Gegenlager anschob. Während seiner Arbeit pflegte er in summendem Tone koranische Suren zu singen. Ich fand heraus, daß er infolge eines Augenleidens, das in Afrika häufig vorkommt, schon halb erblindet war und sein Werk mehr aus Gewohnheit fühlte als sah. Eines Tages klagte er mir darüber, daß die Einfuhr von Kämmen aus Zellstoff seinen Erwerb verminderе: «Es ist nicht nur schade, daß heute um des Preises willen die schlechten Kämme aus der Fabrik den viel haltbareren Hornkämmen vorgezogen werden», sagte er; «es ist auch sinnlos, daß Menschen an einer Maschine stehen und gedankenlos immer wieder dieselbe Bewegung machen sollen, während ein altes Handwerk wie das meinige in Vergessenheit gerät. Mein Werk mag dir grob vorkommen; es birgt aber einen feinen Sinn, der sich nicht mit Worten erklären läßt. Mir

Zwei Gassen der Altstadt von Fes.

selbst ist er erst nach langen Jahren aufgegangen, und wenn ich es auch wollte, ich könnte ihn meinem eigenen Sohn nicht ohne weiteres mitteilen, wenn er nicht selbst darauf kommen mag – und ich glaube, er will lieber einen anderen Beruf erlernen. Dieses Handwerk geht von Lehrling zu Meister bis auf unseren Herrn Seth, den Sohn Adams, zurück. Er hat es erstmals den Menschen gelehrt, und was ein Prophet bringt – denn Seth war ein Prophet –, muß ja einen besonderen Nutzen in sich tragen, äußerlich sowohl als auch innerlich. Das hab' ich allmählich verstanden, daß nichts Zufälliges an diesem Handwerk ist, daß jeder Griff und jeder Vorgang eine Weisheit in sich birgt. Doch das kann nicht jeder verstehen. Aber auch wenn man das nicht weiß, ist es doch dumm und verwerflich, daß man den Menschen das Erbe der Propheten wegnehme und sie vor eine Maschine stelle, um tagaus, tagein eine sinnlose Arbeit zu tun.»

Demnach ist die Not, in welcher sich das marokkanische Handwerk befindet, nicht nur eine äußerliche Zwangslage, sondern auch eine seelische Bedrohung. Denkt auch nicht jeder arabische Handwerker so bewußt wie jener Kammacher über sein Gewerbe nach, so haben doch die meisten Berufe noch einen geistigen Gehalt, der mit den Neuerungen der modernen Industrie dahinfallen wird.

Selbst die Wasserträger, die nichts anderes tun, als an den öffentlichen Brunnen der Stadt ihre geteerten Ziegenschläuche zu füllen, um den Durstigen in den Bazaren einen frischen Trunk zuzutragen, gleichgültig, ob sie dafür eine freiwillige Gabe oder nichts erhalten, zeigen in ihrer ganzen Haltung eine menschliche Würde, wie sie in europäischen Landen noch der Sämann hat, der andächtig die Saat auswirft.

Sogar die Bettler, die vor den Moscheen und auf den Brücken kauern und mit hundertfach geflickten Röcken ihren Beruf beweisen, bitten nicht mit Scham, sondern rufen einen an: «Gib, was Gottes ist!» oder singen mit eintöniger Stimme einen gläubigen Kehrreim vor sich hin.

Denn beinah jeder, der nicht von den Wirbeln der modernen Welt angesogen wurde, lebt hier noch sein Leben wie eine vorläufige Rolle, die seine Seele nicht endgültig verpflichtet, die aber mit in die «Divina Comedia» dieses irdischen Daseins gehört.

Tritt man aus dem Gewimmel der Bazare hinaus in eine der vielen Gassenschluchten, über denen der Himmel schmal zwischen schwarzen Mauerfluhen hinzackt und wo wenige Menschen im Dämmerlicht gehen – etwa eine mit weißen Tüchern vermummte Frau, ernste Männer oder ein schönes Kind –, dann weht einen ein kühler und feiner Atem der Vergänglichkeit an, der jeder echt islamischen Stadt eigen ist. Überall, mitten im heilen Bauwerk, gibt es Ruinen, an denen niemand Anstoß nimmt, weil der Tod zum Leben gehört; selbst neue Bauten sehen unter ihrem weißen Kalkbewurfe zeitlos aus. Auf allem liegt das «Leichentuch des Islam», wie es Pierre Loti nennt; in Wahrheit liegt auf allem ein Widerschein des koranischen Wortes: *Alles auf ihr [der Erde] ist vergänglich; ewig bleibt nur das Antlitz deines Herrn, voll Majestät und Güte.*

So hat die islamische Stadt etwas von einem Kloster: Die Männer sind alle in die gleichen Kutten gehüllt und gehen nicht wie heimische Städter, sondern wie ewige Wanderer durch die Straßen. Die Frauen sind verschleiert, namenlos, der öffentlichen Neugierde entzogen. Die Häuser haben keine Schauseiten. Nirgends gibt es eine Schenke.

Die Moscheen

Ab und zu gewährt einem das sonst blinde Gemäuer Einblick in das Innere einer Moschee, in Hallen um einen Hof, dessen Maße Ruhe und Einheit bekunden. In der Mitte des Hofes quillt ein Springbrunnen aus flachem Becken und glitzert in der Sonne. Ringsherum an den Bogenreihen rieselt das Licht über die Arabesken und taut herab. In den Hallen, wo weithin honiggelbe Matten ausgebreitet sind, liegt der milde Widerschein des Hofes. Das ist der Ort, der dem «Sohn der Straße» Ruhe gewährt.

Während man durch die Gassen wandert, erhebt sich plötzlich über den Dächern der langgezogene Ruf des Muezzin, der zuerst voll anhebt und allmählich in helleren Tönen verhallt. Abwechselnd ertönt sein Ruf nach Osten, Norden, Westen und Süden: «Gott ist größer; Gott ist größer! Ich bezeuge, daß es keine Gottheit gibt außer Gott! Ich bezeuge, daß Mohammed Gottes Gesandter ist! Auf zum Gebet! Auf zum Heil! Gott ist größer; Gott ist größer!» In der Ferne geben andere Rufer Antwort, und die Luft ist wie von einem schwingenden Klagen erfüllt.

Alsbald eilen die Städter, ihre Arbeit verlassend und ihre Kaufbuden schließend, über die Schwellen der Moscheen.

Blick in den Innenhof der Grabmoschee von Idris II.

An den Brunnen im Hof der Moschee waschen die Gläubigen, die sich nicht schon vorher gereinigt haben, Gesicht, Hände und Füße und treten dann in Reihen hinter den Vorbeter, der in der Gebetsnische, dem Mihrab, mit dem Antlitz nach Mekka gewandt dasteht.

Er beginnt das Gebet, indem er beide Hände erhebt und mit den Worten «Gott ist größer!» wieder sinken läßt, und spricht dann die «öffnende» Sure des Korans:

Im Namen Gottes, des Allbarmherzigen, des Erbarmers:
Lob sei Gott, dem Herrn der Welten,
Dem Allbarmherzigen, dem Erbarmer,
Dem König am Tag des Gerichtes.
Dir dienen wir, und zu Dir nehmen wir Zuflucht.

Führe uns den geraden Pfad,
Den Pfad derer, denen Du gnädig bist,
Nicht jener, denen Du zürnest, noch der Irrenden.

Diesem hauptsächlichen muslimischen Gebet fügt er nach eigener Wahl eine kurze koranische Sure hinzu, wie zum Beispiel die folgende:

Beim Morgen!
Und der Nacht, wenn sie ruht!
Nicht verließ dich dein Herr, noch haßte Er dich.
Und das Jenseits ist besser für dich als das Diesseits.
Dein Herr wird dir geben, auf daß du dich freust.
Hat Er dich nicht als Waisen gefunden und dich aufgenommen?
Fand Er dich nicht als Irrenden und leitete dich?
Und fand dich arm und machte dich reich?
Darum, den Waisen bedrücke nicht,
Den Bittenden weise nicht ab,
Und die Gnade deines Herrn tue kund!

Darauf verneigt er sich mit den Worten «Gott ist größer!», richtet sich wieder auf und läßt sich dann zweimal auf die Erde nieder, den Boden mit der Stirne berührend. Von den Nachbetenden antwortet ihm einer laut, und die anderen folgen in stummer Bewegung seinen Huldigungen, deren Folge sich eine vorgeschriebene Zahl von Malen wiederholt. Am Ende sitzen die Betenden in Reihen, sprechen das Glaubensbekenntnis, den Gruß «Der Friede sei mit euch!» und erheben schließlich jeder für sich bittend die Hände.

Diese Handlung wiederholt sich fünfmal von der Morgenröte bis zur völligen Nacht, so daß sie den islamischen Tag ganz regelt und bestimmt. Wer nicht eine Moschee erreichen kann, der verrichtet seine Huldigungen zu Hause oder auf dem Felde, allein, in einer Schar oder als Vorbeter seiner eigenen Familie. Denn es gibt im Islam kein Priestertum, dem ein gewisser Gottesdienst vorbehalten wäre. Man verlangt von einem Vorbeter nur die Kenntnis der Riten und ein rechtschaffenes Leben.

Die Regelmäßigkeit der gottesdienstlichen Handlungen und ihre bis in jede Einzelheit festgelegte Form hat zur Folge, daß eine einzige seelische Schwingung, durch einen in Zeit und Raum endlos wiederholten Willensakt genährt, das Leben aller Gläubigen durchdringt und zugleich allen eine gewisse Haltung verleiht, die nicht zuletzt in der echten Höflichkeit zum Ausdruck kommt, welche Reichen und Armen, Gebildeten und Ungebildeten gleichermaßen eigen ist.

Das ist die Form, der geistige Stil, der auch das Elend, wie es in einer solchen Stadt vorkommt, erträglich macht und alle menschlichen Auswüchse im Zaum hält. Würde diese Form zerstört – und schon dringt das grelle, mit allen Mitteln der Technik wirkende Werbegeschrei der modernen Welt in ihren Bereich ein –, so bliebe in den Gassen der alten Stadt nur noch die Not und die Gemeinheit einer um ihr tägliches Brot kämpfenden Menge übrig.

Die Rassen

Für den Europäer, der zum erstenmal einer marokkanischen Volksmenge begegnet, tritt die Vielfalt der rassischen und psychologischen Typen zurück vor einer auffallenden Gleichartigkeit des Gesichtsausdruckes, den er zunächst als Maske empfindet. Bei näherer Bekanntschaft aber hat diese allgemeine seelische Haltung, die vom Islam herkommt und eine Mischung von Würde und Gelassenheit darstellt, durchaus nichts maskenhaftes, denn aus der entspannten, scheinbar schlafenden Ruhe der Gesichter treten sowohl kindlich spontane Regungen als auch waches Verständnis leicht zutage. Der Unterschied zur europäischen Haltung zeigt sich – von der anderen Seite gesehen – darin, daß einem Marokkaner alten Schlages die europäischen Gesichter in ihrer tätigen Gespanntheit und ichhaften Betonung bösartig vorkommen.

Mit der Rasse hat jene auf den ersten Blick so deutliche Verwandtschaft der Gesichter nichts zu tun, denn in der Bevölkerung einer Stadt wie Fes vermischt sich nicht nur das Blut der Araber, Berber und Mauren; aus dem Sudan eingeführte Sklaven und Sklavinnen haben auch etwas Negerblut der Mischung beigegeben; zum Islam übergetretene Juden sind in alten Feser Familien aufgegangen, und mit der Flucht der Morisken aus Spanien kam ein iberisches Element hinzu.

Der negroide Einschlag ist stets deutlich erkennbar. Dagegen sind die Araber und die Berber, die beide zur weißen Rasse gehören, nicht leicht zu unterscheiden, obwohl es eine Anzahl sogenannter Gautypen gibt, die ausgespro-

Gesicht von berberischem Typus.

chen arabisch oder berberisch sind. Als Semiten haben die Araber meist ovale Antlitze und beschwingte Züge; wenn sie hager sind, gleichen sie Sperbern; doch gibt es unter ihnen auch massige Assyrerköpfe. Dagegen ist der Menschenschlag mit ausgeprägten, kantigen Backenknochen, kurzem Nasenrükken und etwas vorstehendem Munde berberisch; er kommt bei den Rifkabylen besonders häufig vor. Die Bewohner des Atlas haben oft gerade, vollkommen ausgeglichene Züge. Im Vergleich zu den beweglicheren Semiten erscheinen sie wie versteinert, als seien ihre Köpfe aus Basalt geschnitten; vielleicht ist es nur die unerbittliche Landschaft des Gebirges, die sich in ihren Zügen spiegelt. Berberisch sind auch die langen Hinterköpfe, die manchmal an altägyptische Bildwerke erinnern. In der Stadt verbinden sich all diese verschiedenen Rassen, die Berber, Araber und Neger, mit den Mauren, einem arabisch sprechenden, weißhäutigen Mischvolk, in dem die überlebenden Phönizier, die Römer und Griechen der afrikanischen Kolonien und andere Völker aufgegangen sind und das man als eine Schicht von Händlern in allen größeren Städten des Maghreb wiederfindet.

Städter und Beduinen

Ganz abgesehen davon, daß die maghrebinische Stadtbevölkerung rassisch viel weniger rein ist als die des offenen Landes, unterscheidet sich der Beduine vom Städter durch seine eindeutige Haltung; er ist in jeder Hinsicht einheitlicher im Typus. Ibn Chaldun hat recht: In der Stadt gibt es alles, von den Erscheinungen des verfeinerten Gelehrten und des kunstfertigen Handwerkers bis hinab zum verfetteten Genießer und zum grotesken Narren, der vom Mitleid jener lebt, die er zum Lachen bringt; die Vielfalt der menschlichen Anlagen entfaltet sich bei den Städtern in einem viel breiteren Fächer als bei den Beduinen, im guten Sinne wie auch im schlechten: Das harte und natürliche Leben des Fellachen und des Nomaden läßt weder eine bestimmte Art von Verfeinerung noch eine Verkümmerung ursprünglicher Fähigkeiten zu.

Der Städter hat eine leise Verachtung für den unwissenden Landbewohner, und dieser bewundert jenen und verachtet ihn zugleich als einen Weichling und Händler, dem er mit abweisendem Mißtrauen begegnet. Männliche Würde und Schönheit findet man öfter bei den Beduinen als bei den Stadtbewohnern, und dieser Unterschied ist noch deutlicher geworden, seitdem die überlieferte männliche Tracht in den Städten immer mehr durch europäische Kleidung und Lumpen verdrängt wird.

Man findet in Fes kleine Händler von Spezereien, die durch ihre indigoblauen Gewänder auffallen. Sie kommen vom Antiatlas, dem Bergzuge, der den Sus gegen die Sahara abschirmt. Manche von ihnen gehören zu den Haratin, einem eigenartigen, feingliedrigen Menschenschlag, der sich durch olivbraune Haut und mongoloide Gesichtszüge auszeichnet; nach einigen Gelehrten stellt er eine sehr alte Mischung von Berbern und Negern, nach anderen ein von Asien nach der nördlichen Sahara ausgewandertes Volk dar. Diese Händler sammeln mit äußerster Sparsamkeit und großem Fleiß das Geld, mit dem sie ihre Familien im fernen Süden unterhalten und im vorgerückten Alter ein schönes Haus in ihrer kahlen, steinigen Heimat bauen.

Vom gleichen Schlag sind auch die wandernden Apotheker und Ärzte, die auf den Märkten ihre Kräuter, Erden und getrockneten Echsen vor sich ausbreiten und unbewegt der Kunden harren. Es ist vorgekommen, daß reisende Europäer, die sonst keine ärztliche Hilfe fanden, ihre Kunst in Anspruch nahmen und über deren raschen Erfolg erstaunt waren.

Die Lastträger und Boten, die man auf dem Plätzchen der Schreiner, an-Neddjarin, warten sieht, in grauen Burnussen, kommen aus dem mittleren Atlas; es sind Berber vom Stamme der Zerzai.

Die Stände

Wenn es auch im Islam keine erblichen Kasten gibt, so stellen doch die Nachkommen des Propheten, die Schorfa, etwas wie einen sakralen Adel dar, denn man betrachtet sie als die Träger eines besonderen Segens:

> Zu den Vorzügen der Stadt Fes, *schreibt al-Kettani,* gehört auch, daß in ihr so viele Stämme von Nachkommen des Propheten vertreten sind, wie man sie kaum in einer anderen Stadt findet ... Die Schorfa aber sind die Zierde der Welt und ihre Sterne; durch ihre Gegenwart werden Land und Leute vor schweren Prüfungen und Unglück bewahrt ... *(Salwat al-Anfas)*

Rein ist die Abstammung dieser Adeligen meist nur in der männlichen Linie, die entweder auf Hussain oder auf Hassan, die zwei Söhne von Fatima – Mohammeds Tochter – zurückgeht. Die Schorfa sind deshalb zahlreich und oft verarmt. Dennoch haben sie zu gewissen Zeiten, vor allem seit dem Niedergang des westlichen Kalifates, die Rolle einer wirklichen Elite gespielt. Das Fes des sechzehnten, siebzehnten und achtzehnten Jahrhunderts war geistig beherrscht von einigen Schorfa-Familien, den Idrisiden, den Wazzani, Seqalli, Fasi, Kettani und anderen, aus welchen zahlreiche Gelehrte, Richter und Sufi-Meister hervorgingen. Die Erben solcher Sippen erlagen um so leichter der Versuchung, auf dem Ruhm ihrer Vorfahren auszuruhen, als ihre äußere Macht zunahm, so daß sich die wirkliche geistige Nachfolge stets von den Haupt- auf die Nebenlinien verschob.

In jeder überlieferten Kultur gibt es für jede Art von Tätigkeit und Stand bestimmte Vorbilder, deren bildende Kraft so lange wirksam ist, als die ganze Kultur sich selber treu bleibt. Ein solches Vorbild ist innerhalb der islamischen Welt der Gelehrte, der das offenbarte Gesetz kennt; ein anderes ist der edle und freigebige Führer, und nicht minder wichtig ist das Vorbild des Patriarchen, des männlichen Greises, dessen Alter eine gewisse Weisheit und mit ihr eine echte Würde verbürgt. Man kann geradezu sagen, daß die islamisch-arabische Gesittung in dem Maße, als sie dieses Vorbild mißachtet, in Zerfall gerät.

Ibn Chaldun nennt das Handeltreiben eine unedle und unmännliche Beschäftigung, und das glaubt man ihm um so eher, als es in allen Städten längs der südlichen und östlichen Küste des Mittelmeeres eine gewisse Art von schlauen und gierigen Händlern gibt. Dennoch liegt auch im Handel, im «Kaufen und Verkaufen», wie der Araber sagt, der Ansatz zu einer dem Islam gemäßen geistigen Haltung, die darin besteht, Gewinn und Verlust mit demselben Gleichmut entgegenzunehmen – eine Haltung, die mit Betrug unvereinbar ist. Ich kannte in Fes einen reichen und wohltätigen Händler, der die Welt mit einer gewissen beschaulichen und überlegenen Verachtung betrachtete. Sein Geschäft bestand aus einem völlig leeren Laden an dem Plätzchen, auf dem allabendlich Decken und Gewänder versteigert werden. Er pflegte diesem lauten und bewegten Schauspiel mit der Miene eines Falken, der auf einem Aste ausruht, zuzuschauen. Nur hin und wieder gab er einem Knaben, der vor seinem Laden stand, einen leisen Wink, worauf dieser rasch in das Schauspiel eingriff, bot und kaufte.

Die Gräber

Eines der letzten Bücher, das vor der französischen Schutzherrschaft in Fes geschrieben und gedruckt wurde, trägt den Titel «Die Tröstung der Seelen und die wahrhaftigen Berichte über die Weisen und die Heiligen, die in Fes begraben liegen». Sein Verfasser, Mohammed ben Dja'far ben Idris al-Kettani, erzählt darin die kurzen Lebensgeschichten von über tausend Männern und Frauen, geordnet nach den Vierteln und den Straßen, in welchen ihre Gräber liegen. Fes erscheint so als eine große Gräberstadt. «Es gibt in Fes keine Elle Boden», sagt ein Sprichwort, «die nicht von einem Heiligen bewohnt wäre.» Das Reich der Toten ist größer als das der Lebenden.

Die von Gräbern besäten Hügel im Norden von Fes mit ihren kleinen Tälern, ihren Höhlen und Ruinen sind auch der Zufluchtsort für jenes bunte fahrende Volk von Gauklern, Wahrsagern, Narren, Bettlern und Dirnen, das in jeder mittelalterlichen Stadt sein Revier besaß.

Die Irren

Die überlieferungstreue Welt schließt seltsame und sogar bizarre Erscheinungen, die naturgegeben oder unvermeidlich sind, nicht aus. Auch läßt das marokkanische Volk harmlose Irre gern gewähren oder bringt ihnen sogar Ehrfurcht entgegen, im Hinblick darauf, daß sie manchmal gleich Kindern oder heiligen Tieren die Träger irgendwelcher geistiger Einflüsse sein können, ebenso wie die bösartigen Verrückten leicht zum Werkzeug teuflischer Kräfte werden. Gutartige Irre sind oft von heiligen Stätten angezogen, gleich Medien, die den besonderen Segen, der von diesen ausgeht, leibhaftig erleben und sich in seinen Schutz stellen.

Die Gottesnarren

Man rechnet auch damit, daß ein scheinbar Irrer in Wirklichkeit ein Madjdhub, das heißt ein «von Gott Angezogener» sein könne, dessen Verstand gewissermaßen von einem geistigen Rausche überwältigt ist, so daß er seine Umwelt vergißt und «weder heiß noch kalt empfindet».

Es gibt auch Derwische, welche die Narrheit als Maske benutzen, um inmitten der Welt einsam und aller gesellschaftlichen Fesseln entbunden zu leben. Zu ihnen gehörte der ungefähr um 1939 verstorbene Mulay as-Siddiq. Er stammte aus einer vornehmen Feser Familie und hatte als junger Mann eine vielversprechende Laufbahn als Rechtsgelehrter begonnen, als er einem Meister der Mystik begegnete, der als Gottesnarr das Land durchwanderte. Er wurde sein Schüler und nahm selbst seine Lebensweise an. Als er vernahm, daß sein Bruder mit Empörung und Abscheu von ihm gesprochen hatte, besuchte er dessen Haus, als gerade niemand darin war, und wusch dessen Böden mit eigener Hand. Daraufhin ließ ihn seine Verwandtschaft in Ruh.

Er war die meiste Zeit unterwegs. Wenn er sich aber in Fes aufhielt, bezog er einen kleinen Friedhof, der gerade neben dem Hause lag, das ich damals bewohnte. Der Hof war ganz mit Grabplatten ausgelegt und rings mit Mauern geschlossen. Eine hohe, einsame Palme stieg aus einem Winkel empor, und auf der einen Seite stand ein halb zerfallener Säulengang, vor dem der seltsame

Mann eine Matte ausspannte, um seine Frau und seine Kinder zu beschirmen. In dieser Umgebung, die mich an altmeisterliche Bilder von der Anbetung der Heiligen Drei Könige erinnerte, empfing er seine Anhänger, meist ganz ungebildete, arme Leute, denen sich aber hin und wieder auch Männer gehobenen Standes beigesellten.

Jeden Vormittag pflegte er mit seinen treuesten Schülern laut das Bekenntnis «Es gibt keine Gottheit außer Gott» singend die Bazare zu durchwandern, um Almosen einzusammeln. Er trug einen ungeheuren Rosenkranz mit apfelgroßen Holzperlen, der zweimal um seinen Hals gewunden war und auf seinen schweren, runden Leib herabfiel. Er stützte sich auf einen Stab. Sein irgendwie mongoloides, undurchdringliches Gesicht war von einem gewaltigen blaugrünen Turban bekrönt. Hinter ihm ging stets ein herkulischer, einäugiger Wüstensohn, der nur in lose zusammengenähte, kaum seine braunen Muskeln bedeckende Lederstücke gekleidet war. Man hätte ihn für einen Wegelagerer gehalten, wäre sein eines Auge nicht von einem so kindlich gütigen Glanz gewesen. Dieser trug die Almosentasche.

Manchmal trat die Schar in ein Haus ein, wo gerade ein Fest, eine Hochzeit oder eine Beschneidung gefeiert wurde. Im Hofe ließen sich die Männer im Kreise nieder; und wenn der Hausherr wie üblich den Tee anbieten ließ, ergriff Mulay as-Siddiq die kupferne Platte, auf der man die Gläser herbeiträgt, und den Hammer, mit dem man den Zucker zerschlägt, und benutzte sie, während er ein mystisches Lied zu singen begann, als ohrenbetäubende Zimbel. Dann standen seine Schüler auf, reichten sich die Hände und schwangen sich, den Namen Gottes röchelnd, im Tanz. Ich war einmal Zeuge, wie gichtbrüchige Greise, die mühsam dem närrischen Meister nachgegangen waren, plötzlich ihre Krücken fahren ließen und begeistert mittanzten. Wenn dann Mulay as-Siddiq den Tanz abbrach und alle sich setzten, warfen die Frauen, die vom flachen Dache aus zugeschaut hatten, mit jubelnden Trillern Geld und Schmucksachen herab.

War die Almosentasche gefüllt, so wurde Kuskusmehl, Fleisch und Gemüse eingekauft und in dem Friedhof, welcher der Schar als Versammlungsort diente, auf offenem Feuer ein großes Mahl gekocht, zu dem alle Armen des Viertels eingeladen waren.

Mulay as-Siddiq nahm niemanden als Schüler an, der nicht alles, was er besaß, in seine Hände legte. Manchmal gab ihm der Meister einen Teil davon zurück, damit er seinen Verpflichtungen nachkommen möge; alles andere wurde an die Armen verteilt.

Den Gelehrten war dieser Gottesnarr ein Ärgernis; die Bürger betrachteten ihn halb wohlwollend, halb belustigt; viele Arme jedoch, Lastträger, Taglöhner und Eseltreiber, auch nicht wenige Handwerker und selbst einige gebildete Männer und Frauen verehrten ihn so sehr, daß sie in seiner Gegenwart zu zagen Kindern wurden.

Die Grabmoschee von Idris II.

So wie die Grabmoschee von Idris I. auf dem Berge Serhun das Herz von ganz Marokko darstellt, so ist das Heiligtum, welches das Grab von Idris II. birgt, sowohl seiner Lage wie auch seiner Bedeutung nach das Herz von Fes. Hier, in den Säulenhallen um den hellen Hof, ruhen die Reisenden und die Pilger aus, und in dem großen Saale, der das Grabmal enthält, versammeln sich abends die Ältesten der verschiedenen Sippen. Es gibt moderne Geschichtsforscher, die bezweifeln, daß Idris II. hier begraben liege; man habe erst im vierzehnten Jahrhundert, als der Boden der Moschee erneuert wurde, einen völlig unverwesten Leichnam gefunden und ihn dem Gründer der Stadt zugeschrieben. Die Feser jedoch zweifeln nicht an der Echtheit des Grabes; sie ist für sie durch tausend Wunder bestätigt und ganz deutlich fühlbar an der geistigen Kraft, die immerzu von der verehrten Stätte ausstrahlt. Ein Mystiker des achtzehnten Jahrhunderts, Hammu ben Rahmun, hat gesagt: *Ich bin noch nie an seiner Stätte vorübergegangen, ohne daß ich jene schmerzliche Sehnsucht verspürt hätte, die von seinem Grabe ausgeht und die mich berührt wie ein Tod aus Ehrfurcht vor seiner schrecklichen Größe.* (Salwat al-Anfas)

Einmal im Jahr bringen die Zünfte und die Bruderschaften Mulay Idris ihre Huldigung dar. Den festlichen Zug eröffnen die Seidenweber, die als Umhang für den Grabschrein ein neues, mit koranischen Sprüchen durchwobenes Brokattuch hergestellt haben. Die Kupferschmiede bringen ein mächtiges Räucherbecken. Die aus der Sahara eingewanderten Händler und Maurer ziehen beim Klange dumpfer Trommeln vor das Heiligtum, um einen Stier zu opfern, dessen Fleisch an die armen Nachkommen des Heiligen verteilt wird. Früher, vor 1930, zogen noch die Mitglieder der 'Issawa-Bruderschaft in ekstatischem

Im Sacratum (Horm) der Grabmoschee von Idris II. Man sieht die Außenmauer des Heiligtums mit einem vergitterten Fensterchen, das sich auf den Grabraum öffnet. Davor kauern drei Bettler und eine Bettlerin mit ihrem Kind.

Tanze durch die Hauptstraßen bis vor die Grabmoschee, und der beschwörende Ton ihrer Flöten vermischte sich mit dem Jubel der Frauen, die sich am Rand der Dächer drängten.

Zum Abschluß dieses Kapitels sei hier eine Inschrift wiedergegeben, die ich in einem Feser Hause fand. Sie drückt sehr gut jene islamische Haltung aus, die man oft als Fatalismus bezeichnet hat, als ob das Bewußtsein von der Bedingtheit alles mensch-

Ein junger Berber in einem Funduq in Fes.

lichen Trachtens einem tätigen Streben hinderlich wäre. Ein Mann aus dem Volke sagte mir, der Urtext dieser Inschrift sei von der Hand eines Engels auf einen Felsen bei Jerusalem geschrieben worden:

> Im Namen Gottes, des Allbarmherzigen, des Erbarmers: Denk an Meine Güte zu dir, als du noch ein Tropfen warst, und vergiß nicht, wie Ich deine Gestalt aufbaute im Mutterschoß. Du kamst zur Welt ohne Wehr und ohne Arg, und Ich ernährte dich von wannen du es nicht versahst. So verlaß dich auf Mich in deinem Tun und Lassen ganz, Ich will dir genug sein, was du auch fürchtest und sorgst. Und übergib Mir deine Taten und wisse, daß Ich Meine Gesetze erlasse und tue, was Ich will.

DAS HAUS

Wer Fes nur von der Straße her kennt, wer nur seine Marktgassen und die grauen Außenmauern der Häuser gesehen hat, dem blieb sein eigentliches, unverschleiertes Antlitz verborgen. Das Innere der Häuser ist das streng behütete Reich der Frauen. Der Ausdruck «Harem» (Haram), der in unsere Sprache übergegangen ist, bedeutet nichts anderes als «Heiligtum».

Wenn man in einem Feser Hause zu Gast geladen ist, geht der Hausherr, nachdem er einen durch die kleine Pforte in den dunklen Hausgang geführt hat, ein paar Schritte voraus und macht den im Hause anwesenden Frauen ein Zeichen, damit sie sich zurückziehen können. Sie geben dann den Innenhof frei, auf den der Gang mündet und von dem aus man die ringsum gelegenen Kammern betritt. Sobald sich die Gäste in einem der Gemächer niedergelassen haben, zieht eine dienende Hand den Vorhang der Pforte so weit vor, daß den fremden Männern nur ein kleiner Ausschnitt des Hofes sichtbar bleibt und das Hin- und Hergehen der Frauen, ihr Zudienen und ihr Spiel nur am Klirren ihrer Spangen und ihrem Schritt auf den Fliesen wahrnehmbar ist. Nur Anverwandte oder nahe Freunde des Hauses bekommen seine weiblichen Bewohner zu sehen, wenn sich auch die Strenge dieser Sitte allmählich zu lockern beginnt.

Im Empfangsgemach sind gewöhnlich den drei Wänden entlang, die dem Hof gegenüberliegen, niedere Polster ausgebreitet, und der Boden ist mit Matten oder mit Teppichen bedeckt. Die Zimmer sind hoch, damit sie Kühlung gewähren. In ihrer dämmerigen Höhe lastet die Decke aus schwarzen Zedernbalken. Alles Licht kommt von der Hofseite herein. Selten besitzt ein höher gelegenes Gemach Fenster nach der Außenseite des Hauses.

Außer den Polstern und einigen Wandschäften enthalten die Zimmer kaum Möbel. Diese erübrigen sich zum größten Teil schon dadurch, daß man beim Betreten der Zimmer die Schuhe oder Pantoffeln auszieht und auf der Schwelle läßt und daß man das Mahl mit gereinigten Händen aus der gemeinsamen

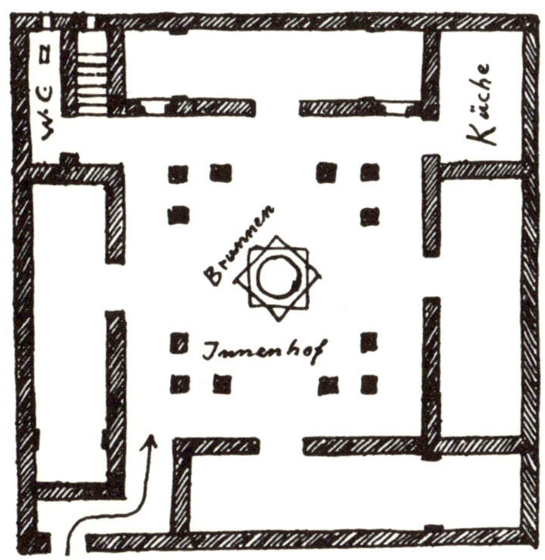

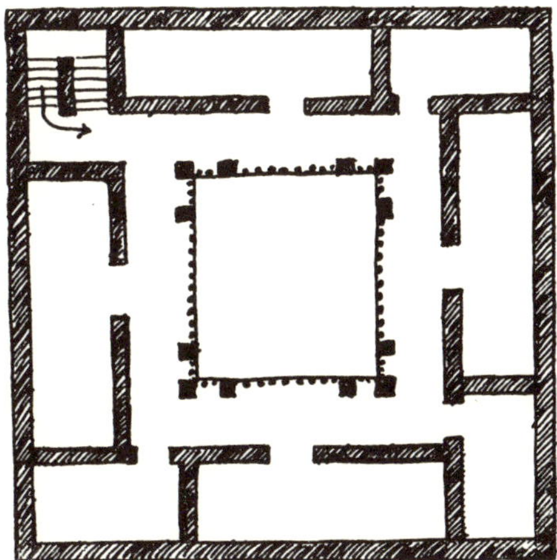

Grundriß des Erdgeschosses und des Stockwerkes eines typischen Hauses.

Schüssel ißt. Durch diese Einfachheit des Lebens wie durch die bescheidene Würde, die eine Frucht des vorgeschriebenen Gottesdienstes ist, tritt der Unterschied der Stände stark zurück. Im Hause eines Feser Gelehrten oder eines wohlhabenden Städters kann man am Tische Menschen der verschiedensten Stände finden. Der Maurermeister, der das Dach geflickt hat, ein Pächter, der eine Saumlast Korn vom Landgute herbrachte, ja selbst der Bettler, der die Gunst des Hauses besitzt, benehmen sich mit dem gleichen Takte wie einer der gebildeten Freunde des Hausherrn.

Auch die Küche, in der die Frauen das Mahl zubereiten, ist denkbar einfach: Meistens besteht der Kochherd nur aus einem kleinen Becken von Lehm, das man mit Holzkohlen füllt und das sich überall aufstellen läßt. Die Schlafstätten sind die flachen Polster längs den Wänden; man kann an der Stelle, wo man des Tages saß, in seinen Mantel gehüllt einschlafen. In allen Lebensformen bleibt, soweit sich der europäische Einfluß noch nicht geltend gemacht hat, etwas von der Art des Nomaden, der jederzeit seinen Haushalt auf ein Saumtier laden und die Gegend verlassen kann.

Dennoch haben die Feser einen gewissen Luxus im Wohnen gekannt. Leo Africanus, ein Marokkaner, der im sechzehnten Jahrhundert als Gefangener nach Rom gelangte, schrieb über Fes:

Ein Berberteppich aus der Umgebung von Fes.

Die Häuser dieser Stadt sind aus Ziegeln oder wohl zugehauenen Steinen erbaut, die meisten davon sehr schön und mit Mosaiken ausgeschmückt. Die nicht überdachten Höfe oder Hallen sind mit gewissen nach altem Brauch glasierten und wie Majoliken bunt gefärbten Fliesen gepflastert. Die Bewohner pflegen auch die Decken der Zimmer mit schönen Verzierungen in reichen Farben wie Gold und Silber zu bemalen ... Gewöhnlich haben die Gebäude zwei oder gar drei Stockwerke, vor welchen sich Balkone oder Lauben befinden, über welche man leicht von einer Kammer zur anderen gelangen kann, denn die Mitte des Hauses ist offen, so daß die Wohnräume einander gegenüber liegen. Die Türen sind sehr breit und hoch, und die, welche es vermögen, lassen sie aus geschnitztem Holze machen und statten auch die Zimmer mit Schränken von feinstem Holze aus, die von einer Wand zur anderen reichen, um die kostbarsten Dinge darin zu versorgen ... Die Lauben der Häuser ruhen auf Säulen aus Ziegelsteinen, die zur Hälfte mit Majoliken verkleidet sind, oder auch auf marmornen Pfeilern, zwischen welchen sich Bogen spannen und die mit Mosaiken geschmückt sind. Die Balken, die auf den Kapitellen der Säulen ruhen und die Stockwerke tragen, sind aus Holz und mit bunt bemalten Schnitzereien sorgfältig und kunstvoll verziert.

In vielen Häusern findet man offene Becken von viereckiger Form, fünf bis sechs Ellen breit, zehn bis zwölf lang und etwa drei oder vier Fuß tief, die an ihren Rändern mit Majoliken verkleidet sind und auf jeder Schmalseite durch niedere, ebenso verzierte Brunnen gespiesen werden. Diese Becken werden sehr sauber gehalten; doch dienen sie nur im Sommer, denn dann pflegen die Frauen und Kinder darin zu baden und zu schwimmen.

Man hat auch den Brauch, auf dem Dach des Hauses einen Aussichtsturm mit einem bequemen Zimmer zu errichten, wo sich die Frauen, wenn sie des Nähens und Stickens müde sind, vergnügen können, denn wegen der Höhe der Türme kann man von dort den ganzen Umkreis der Stadt überblicken, die etwa siebenhundert kleinere Gebetshäuser und an die fünfzig große Moscheen besitzt ... *(Leo Africanus)*

Der Hausbau

Wenn ein Haus gebaut wird, so erstellt der Baumeister nur die Mauern, die Kammern um den Hof herum, auch die Lauben, welche sich den oberen Stockwerken entlang ziehen, und die zu ihnen hinaufführenden Treppen. Dann erst, wenn sein Werk vollendet ist, kommen die verschiedenen Handwerker, um die Fußböden und die Wandsockel mit farbigen Tonplatten zu bekleiden, die Türnischen und Bogenlaibungen mit Waben und Arabesken von Stuck zu überziehen und das Holzwerk zu beschnitzen und zu bemalen. In dieser Aufteilung der Arbeit verrät sich jener Ausgleich von seßhafter Kultur und nomadischem Erbe, der nach Ibn Chaldun für den Maghreb und für die ganze islamische Welt bezeichnend ist: Der Schmuck eines Gebäudes erinnert an die Wandteppiche und Vorhänge, die das Zelt eines Nomadenfürsten zieren; sie verbinden sich mit dem Bau dank ihrem geometrischen Stil, der sowohl dem kristallinen Charakter der Architektur als auch der archaischen Zierkunst der Beduinen entspricht. Die städtische Kunst hat das beduinische

Ein kleiner Innenhof mit Brunnenbecken im ehemaligen Wezir-Palaste Dar al-Batha. Die mit einem geometrischen «Spinngewebe» bemalte Zimmertüre kann sowohl in ganzer Höhe als auch in beiden unteren Teilen geöffnet werden.

Erbe aufgesogen und geistig geklärt: Die streng geometrischen Netze und Rosetten, welche sich wie Eisblumen oder wie Sternenwelten an den Wänden entfalten, sind für den maurischen Künstler ein Sinnbild der überall sich kundgebenden Einheit Gottes.

Die Zierkunst

Der Künstler oder Handwerker, der die Wandmosaike herstellt, pflegt zuerst sein Muster auf ein großes Papier zu zeichnen. Dann schneidet er mit dem Spitzhammer die einzelnen Elemente aus farbigen Steingutplatten aus, legt sie auf seiner Zeichnung am Boden zurecht und drückt sie schließlich der frisch mit Mörtel beworfenen Wand an. In diesen Mosaiken herrscht die blaue Farbe vor, um dem Raum einen Eindruck von Frische und Kühle zu verleihen, gleich einer schattigen Oase: Pflaumenblau und Smaragdgrün, etwas Kirschrot und Ocker, das sind die gebräuchlichsten Farben. Das beliebteste Muster ist das «Spinngewebe Gottes», dessen Namen an das «Wunder mit der Spinne» erinnert: Als der Prophet vor seinen Verfolgern aus Mekka floh, verbarg er sich während drei Tagen und drei Nächten mit seinem Gefährten Abu Bekr in einer Höhle. Die feindlichen Mekkaner fahndeten nach ihm und kamen am ersten Morgen zum Eingang der Höhle. Doch eine Spinne hatte ihr Netz davor ausgebreitet, eine Taube ihre Eier auf die Schwelle gelegt und ein wilder Rosenbusch seine blühenden Zweige ausgestreckt, so daß die Verfolger meinten, niemand könne vor kurzem in diese Höhle eingedrungen sein. Das Spinngewebe aus Mosaik gleicht aber nur fern seinem Vorbild; es ist eine geometrische Rose, die von einem Stern ausgeht und sich mit gesetzmäßig ausstrahlenden und sich überkreuzenden Bändern zu einem reichen Rad entfaltet. Mehrere solcher Rosen können sich auf einer Fläche gegenseitig durchdringen und bilden dann, besonders wenn sie von Sternen mit verschiedener Strahlenzahl ausgehen, ein fast nur mathematisch erfaßbares, schimmerndes Planetarium. Jede einzelne Linie entspringt einer Mitte und strebt einer Mitte zu, den islamischen Gedanken der überall gegenwärtigen Einheit verkündend.

> Im Anblick der göttlichen Alleinheit, *schreibt der arabische Mystiker 'Abd al-Karim al-Djili,* sind die Möglichkeiten, aus welchen die Welt besteht, wie lauter Spiegel, die sich gegenseitig widerscheinen, so daß in jedem einzelnen Spiegel all das, was in allen anderen enthalten ist, in der besonderen Weise wiederkehrt, die der Stellung des betreffenden Spiegels entspricht. *(al-Djili)*

Geometrisches «Spinngewebe» aus Mosaik mit Ranken und einem verzierten Schriftbande, das in einer Steingutplatte ausgemeißelt ist, so daß der Grund aus dem unglasierten Ton besteht. Medersa al-'Attarin.

Dieselben geometrischen Netze können auch in Stuck ausgeführt werden. In der Absicht, die maurische Kunst der Stukkatur zu erlernen, bot ich mich einst einem Feser Meister als Geselle an. Ich berief mich darauf, daß ich schon eine sichere Hand in der Bearbeitung des Gipses und eine Leichtigkeit im Wiedergeben von Formen besitze. Er frug mich prüfend, was ich denn gestalten würde, wenn er mir zum Beispiel ein so großes, rechteckiges Stück Wand zur Verzierung übertrage. Ich

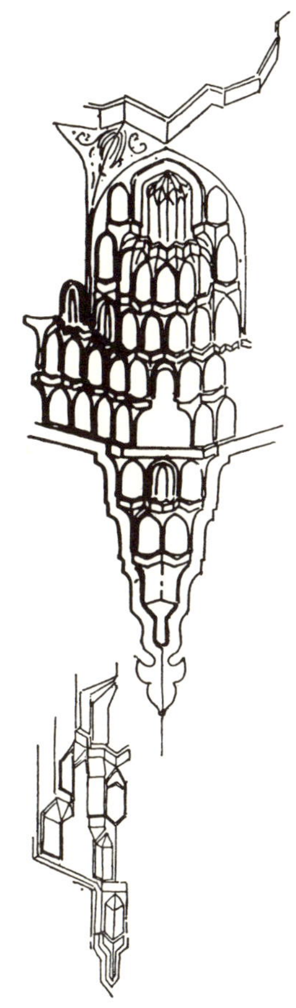

Beispiele von Nischen mit einem Wabenwerk von Trompen.

schilderte, wie ich eine Ranke durch die Fläche legen und die freien Zwickel mit springenden Tieren, mit Gazellen, Vögeln und andern Lebewesen, füllen würde. «Nein», sagte er, «das ist nicht viel wert. Vögel, Pferde, Wiesel und andere Vierfüßler gibt es überall. Da braucht man sich nur umzusehen und nachzuahmen. Das erfordert kein Wissen. Etwas anderes aber ist es, wenn ich dir sage, vier ‹Tasatir›, vier Rosetten von je einem Achterstern und einem Zehnerstern ausgehend, lückenlos nebeneinander in der gegebenen Fläche anzuordnen. Das ist Kunst!»

Die Künstler, welche die Bauten mit Arabesken aus Stuck verzieren, schneiden diese in den frisch aufgetragenen Gips, der dann durch Kalkwasser gehärtet wird, so daß er jahrhundertelang der Witterung standzuhalten vermag. Die wa-

Zierate aus Stuck und Zedernholz in der Medersa al-'Attarin.

benartigen Formen, mit denen man einen vielfach gewölbten Übergang von einer Fläche zur anderen erzielen kann und aus welchen auch die Stalaktiten an Nischen und Bogen bestehen, werden zuerst in einzelnen Stücken gegossen und dann zusammengefügt. Ihr Grundelement ist die Trompe oder der Zwickel, der dazu dient, die Ecken einer auf viereckiger Basis ruhenden Kuppel zu stützen. Indem man mehrere solcher Zwickel aufeinanderfügt, entsteht eine Art Wabe, die aus der flachen Wand

Flechtwerk aus Steingut am Fuße eines Pfeilers und Fayenceteller aus Fes.

herauswächst und einen vorkragenden Bauteil zu tragen scheint. Läßt man die Kanten einzelner Trompen freistehen, so hängen sie wie Stalaktiten in den überwölbten Raum herab. Durch das Spiel des Lichtes, das an den vielfach geneigten Flächen herabfließt, wirkt der Stuck kostbar und beinahe durchsichtig.

Seit der Zeit der Meriniden, als viele andalusische Künstler nach Marokko übersiedelten, begann man, ganze Mauern mit Stuck zu überdecken und ihn in verschiedenen Tiefen zu behauen, als lägen die Zierate in mehreren Netzen übereinander; die Mauer verliert dadurch ihre Schwere; sie wird leicht wie ein Zelt und ist doch wie aus Bergkristall gemacht.

Unter den Saadiern, die das Erbe Granadas übernahmen, wurden solche wie aus Licht gewobene Wände auf feinste Pfeiler gestützt, so daß sie nicht mehr auf der Erde zu lasten, sondern wie ein Vorhang aus Perlen herabzuhängen scheinen. Der Gegensatz von dem weißen Stuck und den dunkeln Zedernbalken, die als Architrave oder Kranzgesimse dienen und der marokkanischen Baukunst einen besonderen Reiz verleihen, wurde bewußt dazu benutzt, eine lichtvolle Kühle, wie Schnee im Mondschein hervorzurufen.

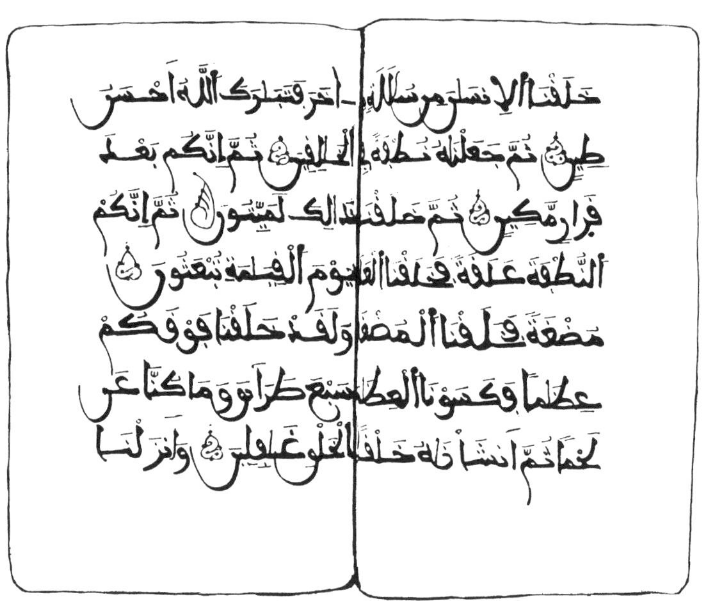

Beispiel einer maghrebinischen Schrift.

Die in Stuck geschnittenen Ornamente sind nicht alle rein geometrisch; es gibt auch die Ranke, die pflanzliche Arabeske, die aber keinem natürlichen Vorbilde mehr, sondern allein ihrem eigenen, rein rhythmischen Gesetze gehorcht.

Von höchster Vollkommenheit sind die in Stuck gravierten, in Holz geschnitzten oder in einer Steingutplatte ausgehauenen Schriftbänder, denn die Schönschreibekunst gehört nicht nur dem Handwerk an; sie wurde von vielen Gebildeten und selbst von Sultanen ausgeübt. Etwas von der Heiligkeit, die dem Wortlaute des Korans eigen ist, geht auf die Schrift über, die ihn verkörpert. Ähnlich wie bei den Juden und wie einst bei den christlichen Mönchen ist das Abschreiben des offenbarten Buches ein heiligendes Werk. Die maghrebinische Handschrift hat einen verhältnismäßig frühen Stil bewahrt; er ist hieratischer als der sogenannte «östliche» Stil. Aber die Zierkünstler verfügen nicht nur über einen, sondern über zahlreiche Stile, je nachdem, ob ein Schriftbild statisch oder im Gegenteil fließend erscheinen soll.

An Stelle von gemauerten Kuppeln findet man in Marokko oft aus Zedernholz gefügte, wie ein von innen gesehener Vielflächer gebildete Decken, die außen von einem Zeltdach mit grünglasierten Ziegeln überdeckt sind.

Die Bemalung von Decken, Türen und Truhen gebraucht dieselben geome-

trischen Figuren wie die übrige Zierkunst, daneben aber auch lockere Blumenranken, in denen sich manchmal ein türkischer Einfluß verrät. Die Kunst der farbigen Töpfereien, die bis vor kurzem in Fes blühte, übersetzt die geometrischen Flechtmuster, der runden Form von Tellern und Schalen gehorchend, in kreis- und wellenförmige Gebilde.

Betender Mann im Hofe der Medersa Bu 'Inaniya. Die Pfeiler im Hintergrunde sind am Fuße mit Mosaiken aus Steingut und in der Höhe mit Stuck verziert. Die Schranken vor dem Umgang sind aus geschnitztem Zedernholz, ebenso wie das Balkenwerk unter den Fenstern.

Die Abwesenheit von eigentlichen Bildern in der maurischen Kunst bedeutet nicht, daß die natürlichen Erscheinungen als Sinnbilder mißachtet würden; im Gegenteil, sie sind alle «Zeichen» Gottes, und gerade deshalb soll sie der Mensch nicht nachahmen wollen. Die Kunst hat sich auf ihrer eigenen Ebene zu halten; nur dann entspricht sie dem göttlichen Gesetz.

Als ich einmal, um die verschiedenen rassischen Typen, die ich in Fes beobachten konnte, plastisch festzuhalten, eine Anzahl Köpfe modellierte und sie bei einem Töpfer brennen lassen wollte, sah sie der Handwerksmeister der Reihe nach mißbilligend an und sagte: «Gott hat uns aus demselben Ton gemacht wie diese Töpfe da; aber der Mensch macht Geschirr, und nur Gott schöpft Menschen. Willst du denn Gott nachahmen und sein Werk lächerlich machen?»

Der maurische Bogen

Es gibt Bauten – und sie gehören zu den schönsten –, deren einziger Schmuck in den Bogenreihen an ihren Hofseiten besteht. Die islamische Kunst ist für den Adel eines Bogens überaus empfindlich. Der Ausdruck des maurischen

Beispiele einfacher maurischer Bogen.

Der Innengarten des ehemaligen Wezir-Palastes Dar al-Batha.

Bogens liegt weniger in seinem leichten Tragen als in dem Ausschnitt, den er bildet: Er verleiht dem leeren Raum, den er umspannt, eine besondere Eigenschaft; ja, man könnte sagen, daß erst durch den Bogen der an sich endlose und eigenschaftslose Raum seine Güte erhält. Der Kreis, den die Hufeisenform andeutet, macht den Raum zur Mitte; der spitz zulaufende Scheitel gibt ihm seine aufstrebende Richtung gleich einer Kerzenflamme, und die viereckige Lisene, die manchmal den Bogen umrahmt, stellt das Gleichgewicht zwischen der sich ausdehnenden Bucht und dem Würfel des Baues her. Ein solches Werk ist frei von allen menschlichen Zufälligkeiten, und deshalb befriedigt es auch den beschaulichen Geist; es ist wie eine heilige Formel, deren Gehalt sich niemals erschöpft, oder wie der

Hofseite eines Hauses in Fes.

erquickende Anblick des Wasserstrahls, der aus der Brunnenschale des Hofes emporsteigt. Denn zu einer solchen strengen Architektur gehört das Spiel des Wassers und der freie Wuchs von Bäumen und blühenden Sträuchern im geborgenen Geviert des Hofes, damit sie ganz zur kühlen Oase werde.

Manchmal erweitert sich der Innenhof zum Raud, zum geschlossenen Garten, der nur an einer oder zwei Schmalseiten von Wohngebäuden, an den anderen Seiten aber von hohen Mauern begrenzt ist. Oft liegen, wie bei mittelalterlichen Klostergärten, Wandelgänge um den Hof herum. Der Innengarten ist gebaut: Die Erde wird zwischen den erhöhten Wegen in geometrisch geformte Becken gefüllt. Im Gegensatz zu dieser geordneten Umgebung dürfen die Büsche und Bäume ohne Beschnitt wuchern. Mit Vorliebe werden von allen Arten eine oder wenige Pflanzen eingesetzt, so wie auf persischen Miniaturen jegliche Gattung vom Reich der Natur durch ein Beispiel vertreten ist. Mitten durch den Garten fließen eingehegte Bäche und Wasserspiele.

Die Ehe

Die viereckige Form, die den meisten arabischen Häusern eigen ist, wobei je eine Kammer eine Seite bildet, entspricht auch dem islamischen Eherecht, nach dem jeder Mann vier freie Frauen haben darf. Darüber hinaus sind ihm seine Sklavinnen erlaubt. Jeder Frau hat der Mann eine Wohnstätte zu geben, und allen soll er gleich viel Unterhalt gewähren. Er selber ist der Gast seiner Frauen und muß sich der Reihe nach jede Nacht von einer anderen beherbergen lassen, es sei denn, die Frauen gewährten ihm nach eigener Übereinkunft eine besondere Gunst. Die Vielehe ist ein Erbe des semitischen Nomadentums und ursprünglich dadurch bedingt, daß in kriegerisch lebenden Stämmen die Frauen stets zahlreicher als die Männer und auch des ständigen Schutzes bedürftig sind. Die Beschränkung auf vier Frauen war im Vergleich zum vorislamischen Brauche der Araber schon ein Opfer.

Weil es nicht leicht ist, mehreren Frauen gerecht zu werden, was zum mindesten ausreichende Güter erfordert, haben die meisten Marokkaner nur eine Frau, seltener zwei und noch seltener mehrere. Hingegen sind unverheiratete Männer über dem Jünglingsalter eine Ausnahme, welcher beinahe der Tadel der Regellosigkeit anhaftet; nach einem Worte des Propheten ist die Ehe «die Hälfte der Religion». Die Gemeinschaften sind deshalb bemüht, jungen Leuten das Heiraten in jeder Weise zu erleichtern, sei es, daß man für sie werbe, sei es, daß man die Summe zusammenlege, die der Bräutigam dem Vater der Braut geben muß, dafür, daß dieser seine Tochter mit einer Mitgift ausstattet.

Die Europäer neigen dazu, die islamische Ehe um der Vielweiberei willen als geschlechtliche Ungebundenheit zu bewerten. Sie vergessen dabei, daß die Ungebundenheit durch die klösterliche Abgeschlossenheit des Ehelebens weitgehend aufgewogen wird. Entscheidend aber ist, daß die islamische Ehe ein anderes geistiges Vorbild als die christliche voraussetzt: Die christliche Einehe spiegelt den Treuebund der Kirche oder der Seele mit Christus, und dieser Bund beruht auf persönlicher, unübertragbarer Liebe; die islamische Vielehe dagegen nimmt ihre Berechtigung aus dem Verhältnis der einen Wahrheit (al-Haqq) zu ihren vielfachen seelischen «Gefäßen»: Der Mann, als der Vorbeter (Imam) seiner Familie, vertritt die eine Wahrheit; seine Rolle entspricht dem tätigen Geiste, während die Frau dem duldigen «Gefäße» der Seele gleicht. Darum darf auch ein Muselman eine Christin oder eine Jüdin freien, wogegen eine Muslimin nur einen Mann gleichen Glaubens heiraten soll. Diese geistigen Vorbilder sind weder im einen noch im anderen Falle etwas von außen her der Ehe Vorgeschriebenes; sie liegen im inneren Wesen einer Überlieferung und sind deshalb auch in das Gefüge der entsprechenden Kultur und in die seelische Erbschaft eingegangen.

In den Augen der Christen wird Mohammed durch seine sinnliche Beziehung zu Frauen vermindert; in den Augen der Muselmanen aber ist die sinnliche Vereinigung in der Ehe durch das Beispiel des Propheten geadelt und gewissermaßen geheiligt.

Frauen im Islam

Die bei Europäern weit verbreitete Meinung, die Frau sei im Islam verachtet, steht im Widerspruch zu der großen Verehrung, welche in islamischen Ländern die Söhne ihrer Mutter entgegenbringen. Jeder Mann aber hat eine Mutter und sieht in seiner Frau die Mutter seiner Kinder.

Die Frau steht vor dem Mann zurück im Recht; so gilt das Zeugnis von zwei Frauen so viel wie das von einem Manne.

Wenn der Mann die Frau selten vor der Ehe zu sehen bekommt, so sind dafür Scheidungen verhältnismäßig leicht, obwohl der Prophet gesagt hat: *Unter den Dingen, die Gott erlaubt hat, gibt es nichts, was Er mehr haßt als die Scheidung.* Der Mann muß bei der Scheidung der Frau alles zurückgeben, was sie mit in die Ehe brachte, und für die Kinder sorgen.

Außer ihrer Begegnung in der Ehe ist die Welt des Mannes von der Welt der Frau getrennt. Der Mann vermeidet es, seine Frau in seine berufliche Tätigkeit einzubeziehen oder sie fremden Männern gegenüber auch nur zu erwähnen; ja,

Zwei nach altem Brauch verschleierte Frauen.

es gilt als goldene Regel, daß der Mann während seiner Arbeit nicht an seine Frau denke, um dafür alle Gedanken an berufliche Dinge beiseite zu legen, wenn er bei ihr weilt. Durch diese Unvermischtheit des Lebens werden die ausgesprochen männlichen oder weiblichen Fähigkeiten verstärkt.

Der Koran verbietet, eine Frau, die ledig bleiben will, um sich ganz dem Gottesdienst zu widmen, zur Ehe zu zwingen. Andrerseits sieht die islamische Überlieferung – in Übereinstimmung mit Paulus – in der ehelichen Rolle der Frau einen Weg zu ihrem Heil. Im siebzehnten Jahrhundert lebte in Fes eine Frau namens Fatima, von der al-Kettani erzählt:

> Der Scheich Ibrahim as-Suari von Tunis erkrankte einst auf der Wanderschaft an einem einsamen Orte, ohne sich von der Stelle bewegen zu können. Da sah er eine Taube, die auf ihn zuflog. Als sie bei ihm war, verwan-

delte sie sich in eine Frau, die ihm ein Gericht aus gegorenen Weizenkörnern, das man Harira nennt, und alles, was er zur Stunde brauchte, zutrug. Sie kam so oft wieder, bis er geheilt war. Da frug er sie, wer sie sei. Sie antwortete ihm: «Mein Name ist Fatima, Tochter des so und so (den Namen ihres Vaters habe ich vergessen) aus Fes. Wenn du dahin gelangst, so frage nach mir in der Gasse der Bader, im Hause des so und so; dort wirst du mich finden.» Als nun später der Scheich nach Marokko und nach Fes kam, um den Meister Abul-'Abbas as-Sebti zu besuchen, frug er nach dem Hause und fand es. Er klopfte an die Türe; sie trat heraus und hieß ihn willkommen. Er blieb bei ihr zu Gast. Abends kam ein Mann in betrunkenem Zustande und mit Lehm beschmutzten Kleidern heim. Die Frau wusch seine Füße, reinigte seine Gewänder, bereitete sein Lager und tat alles, was eine Frau für ihren Mann tun kann. Der Scheich blieb bei den beiden drei Tage lang zu Gast. Er beobachtete das Tun der Frau in Haushalt und Gottesdienst und fand dabei, daß sie in der Erfüllung ihrer Glaubenspflichten nicht mehr tat, als was unerläßlich ist, und sich ebenso schmückte und benahm wie alle Frauen. Da wunderte er sich sehr und frug sie, wie sie denn jenen außerordentlichen Zustand erlangt habe, den er früher an ihr wahrgenommen hatte. Sie gab ihm zur Antwort: «Dadurch, daß ich um Gottes willen die Pflichten erfüllte, die er mir meinem Gatten gegenüber auferlegt hat.» ... *(Salwat al-Anfas)*

Wie alle morgenländischen Frauen sind die Marokkanerinnen sehr weiblich und zugleich kindlich. Ihr Verhältnis zu geistigen Dingen ist meist in dichterische und märchenhafte Vorstellungen gekleidet. Deshalb wirkt auch der Zerfall der überlieferungstreuen Welt, in der sie leben, das allmähliche Erlöschen der feineren weiblichen Künste und das Eindringen häßlicher Erzeugnisse der modernen Industrie in ihre Heime so nachteilig auf sie; rascher als die Männer verlieren sie den Zusammenhang mit der geistigen Überlieferung. Vielleicht ist daran auch ein gewisser Mangel der städtischen Kultur schuld; schon Averroes warf den Maghrebinern vor, daß sie sich zuwenig um die Bildung ihrer Frauen kümmerten. Der strengen Abgeschlossenheit der städtischen Araberin von der äußeren Welt entsprach nicht genug geistige Anregung.

Die erwachsenen Mädchen und die Frauen betreten die Straße nur verschleiert, so daß bloß die Augen unbedeckt bleiben. Diese Sitte wird um so strenger eingehalten, je städtischer eine Familie ist; die Araberinnen vom Lande begnügen sich damit, ihren Überwurf, den Haik, mit einer Hand vor der Wange zu

Hof eines Palastes.

halten, und die Berberinnen des Atlas zeigen ihr Gesicht. Der Koran verlangt nur, daß eine Frau ihre Reize vor fremden, nicht blutsverwandten Männern verhülle. Die Beduinin, die sich frei bewegen muß, legt dieses Gebot anders aus als die Städterin, die gern ihre Unnahbarkeit betont. Die städtische Gesittung hat auch hierin zu einer Übertreibung und Einseitigkeit geführt, die sich heute, unter dem Einfluß der modernen Welt, in ihr Gegenteil zu verkehren droht.

Sklaven und Sklavinnen

Die reicheren Familien besaßen noch bis vor kurzem ihre schwarzen Sklaven und Sklavinnen, die wie Glieder der Familie gehalten wurden. Trotzdem die Franzosen die Sklaverei aufgehoben hatten, sind die meisten dieser Neger bei ihren alten Herren geblieben. Wenn der Sklave auch gesellschaftlich einen niederen Rang einnahm, wurde ihm doch als Muselman dieselbe Würde zuerkannt, die jedem Gläubigen eigen ist. Geschichtlich erklärt sich die Sklaverei aus dem Kriegsgesetz der nomadischen und halbnomadischen Völker, für die es nicht möglich war, gefangene Feinde in Lagern zu halten: Wenn die Gefangenen nicht von ihren Verwandten losgekauft wurden, blieben sie so lange Sklaven ihres Beuteherrn, bis sie sich durch ihre eigene Arbeit auslösen konnten oder bis ihnen ihr Herr die Freiheit schenkte, was Koran und Sunna als besonders gottgefällige Tat und als Sühnopfer für verschiedene Unterlassungen bezeichnen. Erst mit der Zeit und durch die Entwicklung der städtischen Kultur wurde die Erbeutung von Sklaven im schwarzen Afrika zum Selbstzweck, wenn auch der Glaubenskampf zum Vorwand diente. Weil aber die islamische Denkart keine Verachtung irgendeiner Rasse zuläßt, nahm die Sklaverei in islamischen Ländern nie jenen brutalen Charakter an, den sie im alten Rom und noch im letzten Jahrhundert in den Südstaaten von Nordamerika besaß. Der Sklave galt nie als bloße «Sache»; wenn er ungerecht behandelt wurde, konnte er vom Richter verlangen, daß ihn sein Herr verkaufe. Er war als Mensch zu achten; daß er unfrei war, widersprach dem Mensch-Sein nicht, da ja alle Menschen «Sklaven Gottes» sind.

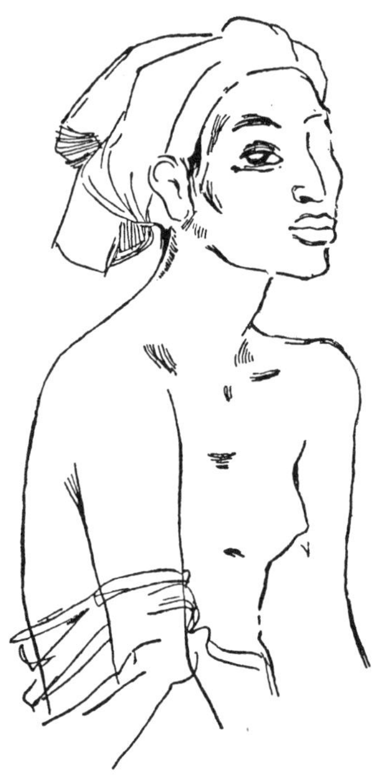

Beim Sinken der Sonne pflegen die Frauen und Mädchen auf die flachen Dächer zu steigen, sich über schwindelerregende Mauerkanten wie auf Brücken von Haus zu Haus zu besuchen oder knapp an der Dachkante wiegenden Schrittes zu gehen, die weiten Gewänder im Abendwind entfaltet. Männern ist es dann nicht erlaubt, auf die Dächer zu gehen, sie sehen die Frauen nur von ferne wie Blumen in der Dämmerung ragen. Mitunter klatschen ein paar Mädchen in die Hände, und ein anderes versucht mit kleinen Schritten und schwingenden Hüften einen Tanz.

Ein Kristall gewordenes Weltall

Das islamische Haus ist nicht nur eine Welt für sich, es ist ein zum Kristall gewordenes Weltall, wie es in den morgenländischen Sagen sinnbildlich beschrieben ist, mit seinen vier Richtungen, dem Himmel als Kuppel und dem Born in seiner Tiefe.

Das Licht der Sonne macht den Tag über seine Runde entlang den Zedernbalken, welche die Kante des Daches nach dem Hofe bilden und die in manchen Häusern, wechselnd übereinander geschrägt, den Himmelsausschnitt zu einem achteckigen Auge verengern.

Die Zierate am Balkenwerk fangen das Licht auf, wie Waben, die kostbaren Honig sammeln, und lassen es dämmerig niedertraufen. Nur um Mittag prasselt das Sonnenlicht grell auf die Fliesen herab, so daß der Hof voll bebender Glut ist. Gegen Abend durchfliegen rosafarbige Wolken das achtseitige Himmelsauge. Des Nachts schiebt sich langsam wie ein Uhrwerk die Pracht des afrikanischen Sternenhimmels darüber hinweg, mit seinen schwarzen Tiefen und silbernen Furten. Wenn der Morgen kommt, senken sich Tauben von den Dächern herab. Die Stadt selber mit ihrem Getriebe ist von dieser Welt ausgeschlossen. Man vernimmt höchstens den Puls einer Trommel, die fern geschlagen wird; und nach dem Maß der fünf Zeiten ertönt der Ruf des Muezzin durch die Luft. So ist das Haus in sich selber gekehrt und zugleich dem Größten geöffnet.

DAS ÜBERLIEFERTE WISSEN

Im maurischen Spanien hatte das Wissen einen so hohen Stand erreicht, daß es nicht nur auf den Maghreb, sondern auch auf die ganze lateinische Christenheit jener Zeit ausstrahlte. Christliche Gelehrte bezogen sich in ihren Werken ausdrücklich auf ihre arabischen Vorgänger, und der Benediktiner Adelhard von Bath schrieb zu Beginn des zwölften Jahrhunderts:

> Auf daß man nicht meine, daß ich, der Unwissende, diese Gedanken aus mir geschöpft habe, sorg' ich dafür, daß man sie meinen arabischen Studien zuschreibe. Ich will nicht – falls das, was ich sage, gewissen rückständigen Geistern mißfällt –, daß ich es sei, der ihnen mißfalle. Ich weiß wohl, was die echten Gelehrten vom gemeinen Volke zu erwarten haben. Deshalb hüt' ich mich auch davor, für mich selbst zu sprechen; ich spreche nur für die Araber.
>
> *(Adelhard von Bath)*

Als die christlichen Könige Toledo und später Cordoba zurückeroberten, war die höchste Blüte der maurischen Bildung schon am Welken. Dennoch hat die Beute von Büchern, die sie einbrachten, die Entstehung der europäischen Hochschulen entscheidend beeinflußt. Einen nicht geringeren Schatz übertrugen die nach Nordafrika zurückflutenden Mauren auf die dort schon vorhandenen Bildungsstätten. In den Augen eines Ibn Chaldun, der selbst aus einer von Sevilla nach dem Maghreb geflüchteten Familie von Gelehrten und Diplomaten stammte und von den Meriniden aus Tunis nach Fes berufen wurde, war jedoch das gerettete Gut an Wissenschaften wenig im Vergleich zu dem, was verlorenging:

> Die Mittelpunkte der seßhaften Kultur im [islamischen] Westen waren Kairuan im Maghreb und Cordoba in Spanien. Als diese zerfielen, hörte die Pflege der wissenschaftlichen Bildung im Westen auf. Ein Rest davon lebte unter den

> Almohaden in Marrakesch weiter. Aber die seßhafte Kultur hatte dort wegen des ursprünglich beduinischen Charakters der Almohaden und wegen der geringen Dauer ihrer Dynastie keine tiefen Wurzeln ... Fes und die anderen Städte des Maghreb blieben seit der Zerstörung der wissenschaftlichen Überlieferung in Cordoba und Kairuan ohne gute Schulung ... *(Muqaddima VI.7)*

Im Gegensatz dazu schrieb gegen Ende des fünfzehnten Jahrhunderts ein Gelehrter namens Abul-Hassan 'Ali ben Maimun über Fes:

> Ich habe in meinem Leben noch nie seinesgleichen gesehen noch irgendwelche andere Gelehrte, die ebenso wie die von Fes das heilige Gesetz in Wort und Tat bewahrten und sowohl die Schriften ihres Lehrers, des Imam Malik, als auch die übrigen äußeren Wissenschaften wie die Rechtskunde, die Überlieferung der Aussagen des Propheten und die Auslegung des Korans gleich gut beherrschten. In Fes findet man Kenner aller verstandesmäßigen Wissenszweige wie Grammatik, Erbrecht, Mathematik, Zeitbestimmung, Geometrie, Einheitslehre, Logik, Rhetorik, Musik und so weiter, die alle die einschlägigen Texte auswendig wissen. Wer nicht den grundlegenden Text zu irgendeiner Wissenschaft, über die er spricht, gegenwärtig hat, so daß er ihn bei jeder Frage auswendig zitieren kann, auf den hört man nicht; er wird als Gelehrter nicht ernst genommen. Seitdem ich von dort weggereist bin – es war das im Jahre 901 [1495] –, habe ich nichts gesehen, was sich Fes und seinen Gelehrten vergleichen ließe, weder in den übrigen Städten des Maghreb wie Tlemsen, Budjaya oder Tunis noch in irgendeiner Gegend Syriens oder des Hedschas ...
> *(Salwat al-Anfas)*

Der scheinbare Widerspruch zwischen den beiden erwähnten Urteilen erklärt sich daraus, daß die aristotelische Philosophie und die Naturwissenschaften, die im alten Andalusien geblüht hatten, kaum eine Fortsetzung im Maghreb fanden; das christliche Abendland sollte dieses Erbe übernehmen und weiterentwickeln; dafür eignete sich der Maghreb die islamischen Wissenschaften an, indem er mit jenem Sinn für das Notwendige, der im nordafrikanischen Wesen liegt, das weitverzweigte Wissen auf seine hauptsächlichen Zweige zurückführte und schließlich der koranischen Gesetzeskunde (al-Fiqh) vor allem anderen den Vorzug gab. Vom Baum des Wissens fiel so manche Blüte ab; doch seine Äste und sein Stamm, der in der koranischen Lehre wurzelt, blieben bestehen und nehmen sich innerhalb einer modernen Welt, wo die Wissenschaft in tausenderlei, auf Vermutungen und wechselnden Erfahrungen fußende Bereiche auseinanderfällt, wie ein klares Kunstwerk aus.

Mulay 'Ali

Man hatte mir von Mulay 'Ali als einem Manne gesprochen, der sowohl das «äußere» als auch das «innere» Wissen besitze. Aber niemand hatte mich zu ihm führen wollen, wohl wissend, daß er jede Begegnung vermied, welche die öffentliche Neugierde wecken konnte. Viele betrachteten ihn als den geistigen Nachfolger seines Großvaters Mulay al-'Arabi ad-Derqawi, der zu Beginn des neunzehnten Jahrhunderts die islamische Mystik in ihrer reinsten Form wieder erweckt hatte, und seines Vaters Mulay Tayeb, des Großmeisters des Ordens der Derqawa. Doch hatte er selbst, seitdem die französische Schutzherrschaft sich allzusehr um das Schicksal des Ordens kümmerte, jegliche Würde in dessen Kreis abgelehnt und lebte als einfacher Gelehrter, der an der koranischen Hochschule al-Qarawin über Sprache und Recht las.

Im Frühjahr 1933 wagte ich es, ihn unvermittelt in seinem Hause in Fes zu besuchen. Er empfing mich ohne viel Fragen, wies mir ein flaches Polster in seinem großen, kahlen Zimmer als Platz an, nahm ein altes arabisches Buch zur Hand und begann, mir daraus über die Wiederkunft Christi am Ende der Zeiten vorzulesen. Da ich ihm schräg gegenübersaß und er seine Kapuze zurückgeschlagen hatte, konnte ich ohne Scheu sein edles, schon greises Antlitz betrachten. Ein doppelter Adel drückte sich darin aus: Seine Herkunft vom Propheten – oder doch seine Abstammung aus bestem arabischem Blute – verriet sich in der klaren, kühnen Linie von Stirn und Nase und der überaus feinen Schwingung, die das vom Innenhofe hereinfallende Licht um Schläfe und Wange zeichnete; ich mußte an die edelsten Gesichter in Grecos «Beerdigung des Grafen von Orgaz» denken. Zugleich aber waren seine Züge durch eine geistige Zucht, dem bewußten Erbe seiner berühmten Vorfahren geprägt, die sie bei aller Feinheit einfach und herb machte.

Während ich so dieses menschliche Gefäß bewunderte, das von einer ehrwürdigen Überlieferung geformt worden war, ermaß ich noch nicht die geistige Überlegenheit, die mich manchmal plötzlich, unter halb gesenkten Lidern hervor mit prüfendem, ja kühlem Blicke traf, um sich allsogleich wieder in schlichte Güte zu hüllen.

Der Text, den er mir vorlas und den er ab und zu mit ein paar Worten in marokkanischer Mundart erläuterte, war eine Sammlung teils sinnbildlicher, teils geschichtlich anmutender Voraussagen, die der Prophet und gewisse seiner nächsten Nachfolger im Hinblick auf das Ende des gegenwärtigen Zeitalters getan haben sollen. Offenbar hatte Mulay 'Ali diesen Text gewählt, um mir zu zeigen, was Christus für ihn bedeute. In der Tat sprach er von dessen Wiederkunft so, als stehe sie unmittelbar bevor, und einmal wies er auf sich und sagte mit Nachdruck: «Sollte unser Herr 'Issa wiederkommen, bevor ich sterbe, so werde ich gleich aufstehen und ihm nachfolgen!»

Der Glaube an die Wiederkunft Christi ist in der islamischen Überlieferung verankert: Er werde vor dem Ende der Zeiten nochmals auf die Erde herabkommen, um die Menschen «mit dem Schwerte Mohammeds» zu richten, den Antichrist – ad-Daddjal – zu töten und die Auserwählten in eine neue, aus dem Untergang der alten hervorgehende Welt hinüberzuführen. Nur die wahrhaft Gläubigen könnten den Blick Christi ertragen; alle Ungläubigen würden durch Ihn getötet. Vor dem Erscheinen dieses Richters werde jedoch der Antichrist auftreten, um die Menschen durch seine falschen Verheißungen und scheinbaren Wunder irrezuführen. Er werde das Böse als gut und das Gute als bös darstellen: Ein Strom von Wasser und ein Strom von Feuer werden ihn begleiten; wer von dem Wasser trinke, werde Feuer kosten, und wer das Feuer berühre, werde kühles Wasser finden. Nach einem Worte des Propheten ist der Antichrist nicht nur einer; eine ganze Reihe lügenhafter Propheten werden auftreten. Man könne also nicht wissen, was von all den vorausgesagten Zeichen für den einen oder für alle gelte; überhaupt werden erst die, welche jene Ereignisse erleben, wirklich erkennen, was in den Weissagungen wörtlich oder sinnbildlich gemeint sei.

Ehe das Ende des Zeitalters anbricht und bevor der eigentliche Antichrist erscheint, soll sich der Mahdi, der «Rechtgeleitete» aus dem Samen Mohammeds kundgeben, die Treuen von dessen Gemeinde sammeln und sie zum Kampfe wider die Mächte der Finsternis führen. Wenn die Gläubigen «beim weißen Minarett von Damaskus» zu gemeinsamem Gebete vor der Schlacht versammelt sind, wird Christus auf Wolken herabkommen. Unter seiner Herrschaft wird eine neue, bessere Zeit anbrechen, die aber dadurch aufgehalten wird, daß Gog und Magog, zwei ungeheuerliche Völker, durch die Mauer brechen, die einst Alexander der Große auf Gottes Befehl wider sie errichtet hat, und die Erde erobern. Christus wird sich mit den Auserwählten auf den Berg Sinai zurückziehen, bis durch sein und seiner Getreuen Gebet die Heere der Finsternis vernichtet sind und eine Flut die Erde gereinigt hat. Dann erst wird auf der verjüngten Erde das tausendjährige Reich beginnen, nach dessen Ablauf abermals eine allmähliche Verderbnis einsetzt, bis der Tag des Jüngsten Gerichtes anhebt. «Doch Gott weiß es besser», sagte Mulay 'Ali, «wann und wie das alles geschehen wird.» Er nannte daraufhin die Zeichen, die nach einem wohlbekannten Worte des Propheten das Ende des gegenwärtigen Zeitalters ankünden sollen: *Die Magd wird ihre Herrin gebären, und die barfüßigen Schafhirten werden sich mit großen Bauten brüsten.* Das, meinte er, geschehe schon heute; denn daß die Magd ihre Herrin gebäre, weise auf eine Umwälzung der gesellschaftlichen Ordnung hin, und daß arme Hirten große Gebäude zu errichten begännen, komme auch schon vor. Die Mystiker (Sufi) deuteten diese Worte noch in einem anderen, innerlichen Sinne, doch schließe der eine Sinn den anderen nicht aus. Auf einmal sah er mich geradenwegs an, so daß mich die strenge Achse seines Antlitzes überraschte, und sagte ernst: «Der Antichrist ist schon geboren.»

Das war meine erste Begegnung mit diesem ehrwürdigen Greise, der sich wider mein Erwarten bereit erklärte, mich in die Grundlagen des arabischen Wissens einzuführen.

Die Hochschule al-Qarawin

Jeden Morgen stieg Mulay 'Ali zu Fuß von dem hoch gelegenen Viertel, in dem er wohnte, zur Hochschule al-Qarawin hinab, wobei er im Getümmel der Saumtiere, die schweißtriefend bergan trotteten, und der Träger, die laut freie Bahn heischten, sein makellos weißes Gewand sorgsam raffte. Er trug über seiner Djellaba und seinem Turban den weiten Burnus, aber keinerlei Abzeichen seiner Würde. Und doch kam es oft vor, daß irgendein fremder Bauer, der seines Weges zum Markt ging, scheu auf ihn zutrat, um seine Hand oder den Saum seines Mantels zu küssen. Mittags legte er den beschwerlichen Weg

Blick in den Hof der Moschee und Hochschule al-Qarawin.

bergan auf einem rot gesattelten Maultier zurück, das sein Bursche am Tor der Qarawin bereithielt.

Die Hochschule und Moschee al-Qarawin besteht aus weiten, von vielen Pfeilern gestützten Hallen um einen länglichen Hof, wo Brunnen in der Sonne glitzern. Das Licht scheint vom Hof in die Hallen herein, ergießt sich über die geflochtenen Matten, die den Boden bedecken, und tastet sich an den Bogen empor, die sich von Pfeiler zu Pfeiler schwingen. Jeder der Gelehrten pflegt sich an einem bestimmten Pfeiler niederzulassen, mit dem Rücken daran gelehnt, während seine Schüler auf den Matten kauernd einen Halbkreis vor ihm bilden. Männer aus dem Volke, oft auch Bauern vom Lande, welche die Moschee besuchen, setzen sich bisweilen in ehrfurchtsvoller Entfernung dazu, um etwas von der heiligen Wissenschaft zu erhaschen. Der Unterricht hat die Form eines Gespräches: Einer der Schüler liest aus einem klassischen Werke vor, der Lehrer unterbricht ihn hin und wieder, um Erklärungen einzuflechten, oder Schüler stellen Fragen und machen Einwände, auf die der Lehrer für und für Antwort gibt. Manchmal spielt sich dieses Lehrgespräch rasch und heftig wie ein Wortstreit ab; es gleicht dann dem, was man im Mittelalter eine «disputatio» nannte. Mulay 'Ali jedoch wehrte jeglicher Hast. Er litt es nicht, daß man einen Verfasser kurzatmig und ohne ihm Gottes Gnade zu wünschen erwähnte, noch ließ er es zu, daß einer der logischen Abwicklung eines Gedankens vorgreife; jeder Baustein einer Lehre mußte zuerst scharf umkantet und geglättet werden, ehe man den nächsten an ihn fügte. Und obwohl die jungen Männer, die ihm zuhörten, voll innerer Unruhe waren und heimlich nach neuen, aufregenden Horizonten des Wissens trachteten, gehorchten sie doch, von seinem Blick besiegt, der gemachen, vorsichtigen Lenkung.

Wenn die Zuhörer weggegangen waren, blieb er manchmal allein eine Weile mit dem Gesicht nach der Richtung von Mekka gewandt sitzen. Dann versank sein Ausdruck nach innen; seine Haut wurde glatt und hell wie Wachs; die Kanten seiner Knochen zeichneten sich schärfer ab. Dunkel geweitet, wie von einer verdeckten Glut, blickten seine Augen in die Ferne. Er war jetzt sichtlich dem Tode näher als der Umwelt. Er saß aufrecht da, fast unbeweglich, nur ein kaum sichtbares, rasches Schwingen war in seinem Rumpfe, als antworte dieser einer bebenden Säule von Licht, die um ihn herum gen Himmel anstieg.

Mulay 'Ali empfing mich von Zeit zu Zeit im Obstgarten eines seiner Freunde, um mit mir arabische Schriften zu lesen. Er hatte sie so ausgewählt, daß sie mir nicht nur sprachlich von Nutzen waren, sondern mir zugleich den einen oder anderen wesentlichen Anblick der Überlieferung zeigten. Wenn ich in dem Garten anlangte, der innerhalb der Stadtmauer zwischen hohen Bambushecken lag, und auf einem schmalen Damm die zur Wässerung vertieften Beete voll Minze und Melonen durchquerte, saß er schon unter einem alten Feigenbaum auf dem roten Filzteppich, den er immer bei sich trug.

Nach einer berühmten Aussage des Propheten hat die islamische Überlieferung drei Grundlagen, nämlich die Ergebung (al-Islam) in den göttlichen Wil-

Hof der Moschee und Hochschule al-Qarawin mit dem Minarett.

len, den Glauben (al-Iman) und die geistige Tugend (al-Ihsan). Der göttliche Wille gibt sich kund im offenbarten Gesetz (Schari'a) und im Schicksal. Der Glaube hat zum Gegenstand die Lehre von der Einheit und der Allmacht Gottes, von der göttlichen Sendung aller Propheten – einschließlich Christus – bis auf Mohammed und vom Leben nach dem Tode. Die geistige Tugend, durch welche der ahnende Glaube zur inneren Gewißheit und die äußerliche Befolgung des Gesetzes zur restlosen

Hingabe an den göttlichen Willen wird, ist in diesem Worte des Propheten angedeutet: «Diene Gott so, als sähest du Ihn; wenn du Ihn nicht siehst, so sieht doch Er dich.»

Die wissenschaftliche Bildung, wie sie an den koranischen Hochschulen vermittelt wird, bezieht sich auf die beiden ersten Grundlagen, das heißt auf die Inhalte des Glaubens, welche durch die Dogmen umschrieben werden, und auf das Gesetz, das einerseits den Gottesdienst, die Riten, und andrerseits die gesellschaftliche Ordnung bestimmt. Die genaue Kenntnis der dritten Grundlage aber, der geistigen Tugend, entzieht sich der schulmäßigen Bildung, die man als das «äußere Wissen» bezeichnet hat; sie ist das Vorrecht des beschaulichen Weisen, des Mystikers oder Sufi, der allein das «innere Wissen» erlangen kann. Die Mystik gilt in der islamischen Welt als eine Art Wissenschaft, die ebenso von Meister zu Schüler überliefert wird wie die Gesetzeskunde, mit dem Unterschied, daß vom Schüler eine besondere Begabung, oder genauer gesagt, eine innere Berufung verlangt wird; auch muß das Lernen Hand in Hand gehen mit einer geistigen Übung, durch welche sich erst der Gehalt der übermittelten Hinweise und Sinnbilder erschließt.

Die arabische Sprache

Die meisten Studenten der Qarawin bereiten sich zum Berufe eines Richters oder Fürsprechs vor. Da das Gesetz auf dem Koran beruht, dieser aber wegen seiner vieldeutigen Sprache nur unvollkommen übersetzt werden kann, ist die Kenntnis des klassischen Arabisch die Grundlage aller Studien und noch viel mehr: Sie ist der Schlüssel zu einer ganzen Welt des Geistes. «Die Weisheit», sagt ein arabisches Sprichwort, «gibt sich kund in der Vernunft der Griechen, den Händen der Chinesen und der Sprache der Araber.» In der Tat vereint die klassische arabische Sprache einen streng logischen, gleichsam algebraischen Aufbau mit einer schier unbegrenzten Fähigkeit, Wörter zu schöpfen. So lassen sich fast alle arabischen Ausdrücke auf einfache, dreisilbige Wurzeln zurückführen, aus welchen durch Verdoppelung, Verschiebung und Hinzufügung von Lauten in gesetzmäßiger Weise ein ganzer Baum von sinnverwandten Zeit-, Haupt- und Eigenschaftswörtern erwächst. «Die arabische Sprache», hat ein europäischer Forscher gesagt, «wäre von einer unerhörten geistigen Durchsichtigkeit, wenn die Wahl der Wurzellaute, aus denen jeweils Hunderte von Wörtern abstammen, nicht so ganz und gar willkürlich erschiene.» Nach der sufischen Überlieferung ist der Sinn dieser Laute, wenn auch nicht vernunftmäßig erklärbar, so doch einfühlungsmäßig erkennbar.

Man hat heute herausgefunden, daß unter allen lebenden semitischen Sprachen Arabisch den reichsten und daher ältesten Wortschatz besitzt. Es ist der Sprache Hammurabis und deshalb auch der Sprache Abrahams nah verwandt. Daß eine alte Sprache so feine Abstufungen an Bedeutung aufweist, ist nicht seltsam, denn je jünger eine Sprache, desto abgeschliffener sind ihre Formen. Was jedoch die Forscher überrascht, ist der Umstand, daß eine Sprache, die erst so spät, nämlich erst im siebten Jahrhundert, in die schriftliche Überlieferung eintrat, ein so frühes Erbe bewahrt hat. Die Erklärung dafür liegt in der zeitlosen Denkart der Nomaden und darin, daß der Nomade seine Sprache als seinen einzigen unverlierbaren Besitz eifersüchtig hütet und pflegt. Also hat die arabische Wüste diese ursemitische Sprache erhalten; und das zeigt auf einmal den geistigen Reichtum des Nomadentums, den kein äußeres, sichtbares Zeichen, kein Bild und kein Bau, keine Schrift und kein Handwerk verrät.

Die einfachste Form des arabischen Wortes, seine Wurzelform, ist das Zeitwort, das Verbum oder «Wort» an sich, und darin liegt ein tiefer Sinn, ein Hinweis darauf, daß jegliche Erscheinung nichts anderes ist als ein Geschehen, eine in der Zeit sich abrollende Kundgebung, so wie auch die Sprache alles in ein klangliches Geschehen übersetzt. Eines Tages sah mich Mulay 'Ali unvermittelt an, oder vielmehr, er sah durch mich hindurch, mit einem jenseitigen Blicke, und bemerkte: «Alle Dinge außer Gott sind vergehend – ich sage nicht, daß sie vergänglich sind, weil sie einmal nicht mehr da sein werden, sondern daß sie jetzt und immerzu vergehen und nie anders als vergehend waren!»

Die islamische Überlieferung macht es jedem Gläubigen zur Pflicht, die Inhalte seines Glaubens im Maße seiner geistigen Fähigkeit zu Ende zu denken: *Suchet das Wissen*, ermahnt ein Ausspruch des Propheten, *und wär' es in China;* und ein anderer lautet: *Eine Stunde Besinnung ist besser als zwei Jahre Gottesdienst.* Das Denken aber hat eine obere Grenze: *Denket nach über die Eigenschaften und die Taten Gottes, nicht über Seine Wesenheit.*

Die Gotteslehre

Die islamische Gotteslehre ist eine verstandesmäßige Wissenschaft, die sich stets bewußt bleibt, daß sich ihr Gegenstand, die göttliche Wirklichkeit, nicht gedanklich erfassen läßt; und darin liegt kein Widerspruch: Indem der Verstand seine eigenen Schranken wahrnimmt, übersteigt er sie in gewisser Weise; er verhält sich wie der Geometer, der von verschiedenen Standorten her auf einen ihm unerreichbaren Punkt hinzielt. In solcher Sicht ist es möglich, einerseits alle Grenzen, Kennzeichen und Formen in Hinblick auf Gott zu verneinen und andrerseits alle vollkommenen Anblicke des Daseins wie die Schönheit, die Güte und die Macht auf Ihn zu beziehen, ohne deshalb unlogisch zu sein. Und dasselbe gilt auch für solche, scheinbar sich widersprechende Aussagen wie die, daß der Mensch frei wähle und daß er nichts tun könne, was Gott nicht schon vorausgesehen und vorausbestimmt habe: Daß Notwendigkeit und Freiheit in Gott sich begegnen, kann man zwar nicht fassen, wohl aber einsehen, ebenso wie das Zusammenfallen von Vergangenheit, Gegenwart und Zukunft in Ihm.

Ähnlich verhält es sich mit der Idee der göttlichen Einheit, dem Tawhid, welche den Schlüssel des ganzen Lehrgewölbes darstellt: Der höchste Sinn der Einheit läßt sich nicht gedanklich umschreiben; er öffnet sich auf das Unendliche; und doch kann man die Einheit auf allen Stufen geistiger Einsicht verstehen. Daß Gott einer ist, leuchtet grundsätzlich jedem Menschen ein, und darauf beruht die unerschütterliche Geschlossenheit des islamischen Denkens.

Die Rechtskunde

Die islamische Rechtskunde (al-Fiqh) umfaßt einerseits die Vorschriften des eigentlichen Gottesdienstes – Bekenntnis, Reinigung, Gebet, Fasten, Zehnten, Pilgerfahrt – und andrerseits die gesellschaftlichen Einrichtungen vom Erbrecht bis zur Regelung von Kauf und Verkauf.

Die beiden Stützen der Rechtskunde sind die Überlieferung und die logischen Grundsätze, kraft welcher man die im Koran erwähnten Gesetze auf den einzelnen Fall anzuwenden vermag.

Was im Koran selbst nur knapp und allgemein erwähnt ist, wird ergänzt durch die ursprünglich mündliche und später schriftliche Überlieferung der Äußerungen (Hadith) und des Brauches (Sunna) des Propheten. Die Prüfung jeder einzelnen Überlieferung auf ihre Echtheit, im Hinblick auf die mehr oder weniger große Zuverlässigkeit der Übermittler, ist eine weit verzweigte Wissenschaft, die eine außerordentliche Anforderung an das Gedächtnis stellt, handelt es sich doch darum, nicht nur alle verbürgten Aussagen des Propheten – und es sind ihrer Tausende –, sondern auch die zu jeder einzelnen Aussage gehörende Kette von Übermittlern zu kennen.

Es gibt innerhalb des sunnitischen Islam vier klassische Gesetzesschulen, die sich darin voneinander unterscheiden, daß sie in einem mehr oder minder hohen Maße auf dem Brauche fußen, wie er sich durch die ersten islamischen Jahrhunderte hindurch in Medina erhalten hat, und mehr oder weniger ausgiebig vom Analogieschluß Gebrauch machen, um von bekannten auf unbekannte Fälle zu schließen. Die Maghrebiner gehören zur Schule des Malik ben Anas, der mehr als andere Lehrer am medinensischen Brauche festhält. Da es heute nicht möglich ist, Zeugnisse zu entdecken, welche die Begründer der vier Gesetzesschulen nicht schon gekannt hätten, kann jede Neuerung nur eine Abweichung von der Gesamtüberlieferung darstellen, und das ist auch der Grund, weshalb sich die Vertreter der überlieferten Rechtskunde gegen alle von den arabischen Nationalisten vorgeschlagenen «Reformen» wehren.

Der Koran

Der Koran ist für einen Europäer, der seine Vorstellung von einem heiligen Buche der Bibel entnimmt oder auch an östlichen Schriften wie die Bhagavadgita oder die Reden Buddhas mißt, zunächst enttäuschend; ist der Koran doch weder ein Bericht wie die Evangelien, in welchen das Göttliche in einer menschlich ergreifenden Gestalt erscheint, noch eine klar aufgebaute metaphysische Lehre; seine Form scheint willkürlich zu sein und ist in der Tat eine Sammlung vieler einzelner Offenbarungen, die meistens Antwort geben auf die Fragen und Nöte der ersten muslimischen Gemeinde, im Inhalt sprunghaft wechselnd, so daß nebeneinander von göttlichen und von sehr menschlichen Dingen die Rede ist. Endlich sind die biblischen Geschichten, die der Koran wieder aufnimmt, in einer unerwarteten, knappen und trockenen, den Christen oft befremdenden Weise dargestellt; sie sind ihres anschaulich erzählenden Charakters entkleidet und als lehrhafte Beispiele einer endlos abgewandelten Lobpreisung Gottes eingefügt.

Erst wenn man einzelne koranische Sätze für sich betrachtet und in ihren vielschichtigen Sinn einzudringen beginnt, ermißt man die gewaltige geistige Wirkung, die dieses Buch haben konnte, und ahnt, warum es Tausenden von besinnlich veranlagten Menschen zur täglichen Nahrung wurde.

Für den Muselman, der zum erstenmal die Evangelien liest, ist die Enttäuschung und Befremdung keine geringere: Ich hatte Mulay 'Ali, der das Christentum nur in islamischer Sicht und auf Grund mündlich überlieferter, in das arabische Schrifttum eingegangener Worte Christi kannte, eine neuere arabische Übersetzung der vier Evangelien gebracht. Er war sichtlich enttäuscht darüber, daß die Evangelien nicht wie der Koran die Form einer göttlichen Rede haben, sondern aus Berichten über das Leben Christi bestehen; im Koran spricht Gott in der ersten Person; Er beschreibt Sich selbst und verkündet Seine Gesetze. Der Muselman ist deshalb geneigt, jeden einzelnen Satz des heiligen Buches als eine Offenbarung für sich zu betrachten und den Wortlaut, ja den Klang der Wörter selbst als ein Mittel der Gnade zu erleben. Mulay 'Ali stieß sich sowohl an dem zu lässigen Stil der Übersetzung als auch daran, daß der Sinn mehr im beschriebenen Ereignis als in dieser und jener wörtlichen Formel liegt. Er suchte nach Stellen, die Gottes Eigenschaften, Seine Erhabenheit und Seine Allmacht beschreiben, und fand kaum eine. Ich mußte ihm erklären, daß die Evangelien nur auf dem Hintergrunde des Alten Testamentes ganz zu verstehen seien.

Am meisten befremdete ihn, daß Gott «Vater» und Christus «Sohn» genannt wird; denn zwischen Vater und Sohn, sagte er, bestehe eine Ähnlichkeit der Art, wie sie die Unvergleichbarkeit Gottes ausschließe. Dagegen wandte ich ein, der Ausdruck «Gottes Sohn» bedeute, daß Jesus von keinem menschlichen Vater gezeugt wurde, wie es auch der Koran lehre, und darüber hinaus, daß Sein Geist unmittelbar von Gott ausgehe und mit Gott wesenseins sei, was ebenfalls der Koran andeute, indem er Christus «Gottes Wort und Geist von Ihm» nennt. Dieser Sinn sei wohl annehmbar, antwortete mir Mulay 'Ali, wenn er auch Geheimnisse berühre, welche die menschliche Sprache eher verletzen als auszudrücken vermöge.

Ein maghrebinischer Koran aus dem sechzehnten oder siebzehnten Jahrhundert.

Mulay 'Ali war seiner ganzen Bildung nach zu sehr der islamische Gelehrte, der auf die lehrliche Eindeutigkeit der eigenen Überlieferung bedacht war, um der ganz anderen Sprache und Sinnbildlichkeit einer ihm fremden Religion gerecht werden zu können. Darin unterschied er sich, wie ich in der Folge erfahren sollte, von manchen anderen Vertretern des «inneren Wissens»; so hat der sufische Meister Ahmed ben Mustafa al-'Alawi, der in jenen Jahren in Mostaghanem lebte und zahlreiche Schüler in Marokko besaß, zu einem katholischen Geistlichen gesagt: «Wenn ihr zugebt, daß Ausdrücke wie ‹Gottvater› und ‹Sohn Gottes› Sinnbilder sind, die man mystisch auslegen kann, so gibt es nichts, was uns von euch trennt.»

Seht die Lilien auf dem Felde; sie spinnen nicht und weben nicht und sind doch schöner gekleidet als Salomo in Samt und Seide: Solch ein Wort Christi klingt an den Koran an, nach welchem alles, was im Himmel und auf Erden ist, ein «Zeichen» Gottes ist. Um besser zu verstehen, was der Koran für den einfachen Muselman bedeutet, beobachtete ich einmal eine Gruppe von Männern, die früh morgens, ehe die Sonne aufging, im Hofe der Qarawin einen Teil des Korans laut im Chor aufsagten. Die arabische Sprache ist reich an Lauten, vom dumpfen Kehllaut und rauhen Rachenlaut bis zu all den harten und summenden Klängen, die Gaumen und Lippen erzeugen können; es ist, als spreche der ganze Leib. Wenn sich nun all diese natürlichen Trommeln und Zimbeln dem unnachahmlichen Rhythmus des Korans fügen und derselbe von einer sieghaft feierlichen Melodie getragen wird, so entsteht dem Sinn der Worte vereint jene einzigartige Wirkung, die jedes arabische Ohr überwältigt.

Als die Vortragenden zu der Stelle kamen: *Gottes ist das Reich der Himmel und der Erde, und zu Gott geht die Reise. Sahest du nicht, wie Gott Wolken lenkt, wie Er sie sammelt und sie schichtet*, sah einer der Männer in den leeren Morgenhimmel empor, als erblicke er die sich häufenden Wolken, und bei den folgenden Worten: *alsdann siehst du die Tropfen aus ihrem Schoße fallen*, blickte er vom Himmel zur Erde herab; *Er sendet vom Himmel herab Berge voller Hagel, mit dem Er heimsucht, wen Er will …* – der Mann sah um sich – *und den Er abhält, von wem Er will. Beinah nimmt der Glanz Seines Blitzes das Licht der Augen weg …* – das Antlitz des Mannes war wie geblendet, und dann weitete es sich bei den Worten: *Gott läßt die Nacht und den Tag sich wandeln; wahrlich darin liegt ein Hinweis für jene, die sehend sind …*

Die sufische Weisheit

Mulay 'Ali war der Überzeugung, daß in unserer Zeit nur ganz wenige Menschen dazu gemacht seien, die sufische Weisheit zu verstehen, und daß man darüber besser schweige als spreche. Frug ihn jemand über innere Zustände, wie sie die Sufi verwirklichen, so pflegte er abweisend zu sagen: «Das sind Früchte, die am Baum des Gottesdienstes von selber wachsen; sprechen wir lieber davon, wie man den Baum pflegen und bewässern soll, und nicht von seinen Früchten, ehe sie reifen.» Und einem jungen Mann, der ihn bat, er möge ihn als seinen Schüler auf dem Wege der Beschaulichkeit annehmen, antwortete er: «Mein Lieber, das Verhältnis zwischen geistigem Meister und geistigem Jünger ist etwas so Hohes, daß wir uns nicht dazu erdreisten wollen. Laß uns von dem reden, was vor allem not tut.» Und er gab ihm die Ratschläge, die er bei ihm für angebracht hielt. Seine Zurückhaltung mochte auch durch die

wahhabitischen, der Mystik feindlichen Einflüsse bedingt sein, die sich damals gerade im Kreise der Studenten fühlbar machten. Dennoch entschloß er sich eines Tages, al-Ghazzalis berühmte «Wiederbelebung der Religionswissenschaften» zum Gegenstande einer Vorlesung zu machen. Dieses Werk war von fast allen Vertretern des «äußeren» Wissens anerkannt, denn seine gesetzesmäßige Begründung ist unanfechtbar. Zugleich aber enthält es einzelne Kapitel, die eine Brücke zur Mystik bilden. Am Ende der ersten Vorlesung begannen die Studenten, Mulay 'Ali Fragen über die sufische Überlieferung zu stellen, und einer von ihnen warf ein: «Wir glauben schon, daß es vor einigen hundert Jahren Mystiker gegeben hat, die wahre Eingebungen empfingen und sogar wunderbare Fähigkeiten besaßen; aber heutzutage sind alle, die sich als Vertreter der sufischen Überlieferung ausgeben, doch nur Scharlatane; in unserer Zeit kann es keine Sufi mehr geben.» Mulay 'Ali wandte sich ihm zu und sagte mit einer Milde, der niemand zu widersprechen vermochte: «Mein Sohn, wie kannst du der Allmacht Gottes Grenzen setzen?»

Die islamische Mystik ist nicht von jeher aus der Hochschule al-Qarawin verbannt gewesen. Noch zu Beginn dieses Jahrhunderts wurden in ihr sufische Schriften kommentiert, und einer der bedeutendsten Vertreter der Mystik im Maghreb, der Sufi Abu 'Abd-Allah Ibn 'Abbad ar-Rondi, der im Jahre 733 der Hidschra [1331/32] in Ronda in Andalusien geboren wurde, war hier Prediger und Vorbeter. Ein Zeitgenosse erzählt von ihm:

> ... in Fes traf ich auch den heiligmäßigen Gelehrten Abu 'Abd-Allah Mahmed ben Ibrahim ar-Rondi, dessen Vater bereits ein berühmter Prediger gewesen war. Der Sohn Abu 'Abd-Allah zeichnet sich aus durch seine Ruhe, seine Enthaltsamkeit und seine Gerechtigkeit. Von ihm stammt dieser Vers: «Der Mensch erlangt in seinen Zuständen keinen Adel, ehe er den Lehm der Erde nicht mit der Ewigkeit gewogen hat.» – Ich begegnete ihm am Geburtstage des Propheten beim Sultan, wo er eingeladen war, um den geistlichen Gesängen zuzuhören. Er liebte das sichtlich nicht. Überhaupt habe ich ihn sonst nie in einer Versammlung angetroffen, und wer mit ihm sprechen wollte, mußte ihn

allein aufsuchen. Einmal bat ich ihn, er möge für mich beten; da errötete er und schämte sich sehr, tat es dann aber doch. Aller Luxus, den er sich gestattete, bestand in wohlriechenden Ölen und Räucherwerk. Seinen Haushalt besorgte er selbst; er war weder verheiratet, noch hielt er sich eine Magd. Im Hause trug er einen Flickenrock, doch wenn er ausging, zog er darüber ein grünes oder weißes Gewand an. Seine Schüler waren alle von den besten, begabtesten Leuten ... Heute ist er Vorbeter und Prediger in der Moschee al-Qarawin zu Fes. *(Salwat al-Anfas)*

Al-Kettani schreibt über denselben:

Er hatte etwas an sich, das die Herzen aller Kinder gewann, so daß sie sich um ihn drängten, sobald sie ihn sahen, um seine Hand zu küssen. Aber auch die Könige warben um seine Freundschaft ...

Er studierte in Ronda, in Fes und in Tlemsen und war in Saleh der Schüler des andalusischen Meisters Ahmed Ibn ’Aschir. Von dort reiste er nach Tanger und begegnete dem Sufi Abu Merwan ’Abd al-Malik. Der war vielleicht der «ungebildete Mann», von dem Ibn ’Abbad gesagt hat, daß er allein sein inneres Auge zu öffnen vermochte ...

Der Scheich Abu Mas’ud al-Harras erzählte: «Ich sagte den Koran im Hofe der Moschee al-Qarawin auf, während die Muezzine des Nachts zum Gebet riefen. Da sah ich auf einmal Ibn ’Abbad in kauernder Stellung zur Türe seines Hauses heraus und durch die Luft in den Hof fliegen, bis er in der Halle, welche das Atrium umgibt, verschwand. Ich ging nachschauen und fand ihn in der Nähe des Mihrab beten.»

Es wird erzählt, daß er, als sein Tod nahte, sein Haupt in den Schoß eines seiner Jünger legte und den koranischen «Thron-Vers» aufzusagen begann. Als er bei den Worten «der Lebendige, der Ewige» anlangte, fuhr er fort, «o Gott! o Lebendiger! o Ewiger!» zu wiederholen. Daraufhin sprach ihn einer der Anwesenden beim Namen an und erwähnte die Fortsetzung des Textes; er aber blieb bei seiner Anrufung. Kurz vor seinem Hinscheiden hörte man ihn diese Verse sprechen: «Die Freunde ließen mich allein; doch kehren sie zurück, wenn ich sie verlasse.»

Vor seinem Tode vermachte er eine Summe Geldes, die er am Kopfende seines Lagers vergraben hatte, und befahl, man möge daraus ein Grundstück als Stiftung zum Unterhalt der Moschee al-Qarawin erwerben. Als man die Summe zählte – es waren 810 Mithqal von Gold –, fand man, daß sie genau dem Lohne entsprach, den er während fünfundzwanzig Jahren seines Amtes als Vorbeter und Prediger erhalten hatte ... *(Salwat al-Anfas)*

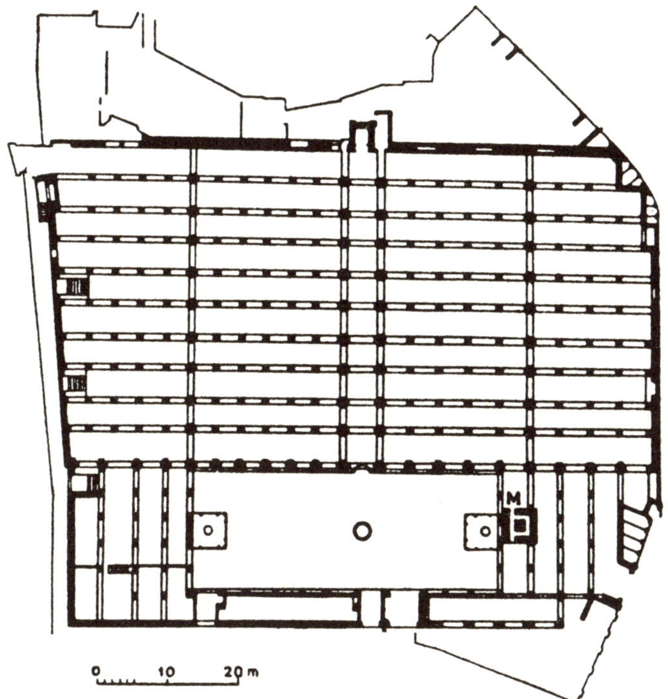

Grundriß der Hochschule al-Qarawin. Vorne der Hof mit den beiden Brunnenhäusern an den Schmalseiten. Rechts anschließend das Minarett. Das Mittelschiff der großen Halle schließt mit der Gebetsnische ab. Daneben führt ein Gang in einen Anbau mit der Bücherei und der Moschee für die Bestattungen.

Ibn 'Abbad ar-Rondi hinterließ mehrere Schriften über Mystik und darunter einen noch heute viel gelesenen Kommentar der berühmten «Weisheitssprüche» (Hikam) des Sufi Ibn 'Ata 'Allah von Alexandrien.

Der Bau der Hochschule

Der Bau der Hochschule und Moschee al-Qarawin ist fast so alt wie die Stadt Fes selber. In seiner ursprünglichen, bedeutend kleineren Gestalt wurde er 859 von einer frommen Frau namens Fatima, der Tochter eines reichen, aus Kairuan eingewanderten Kaufmannes gestiftet. Etwa hundert Jahre später erweiterte ihn der Berberfürst Ya'la vom Stamme der Zenata, ein Vasall des omayyadischen Kalifen 'Abd ar-Rahman III., und ließ das Schwert von Idris II. an der Spitze des Minaretts anbringen. Aber erst unter den Almoraviden erreichte der Bau seinen gegenwärtigen Umfang, mit den zehn Querschiffen zu je zwanzig

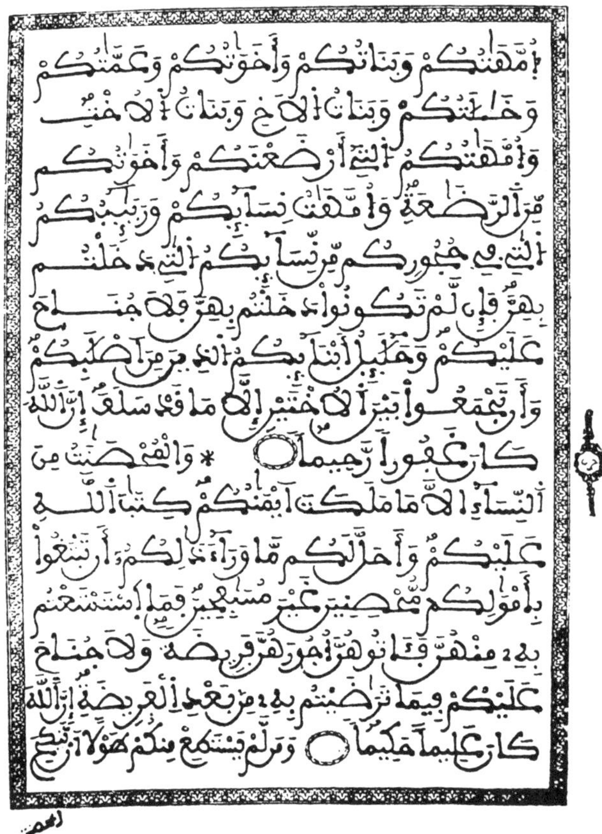
الحزب التاسع

أمهاتكم وبناتكم وأخواتكم وعماتكم
وخالاتكم وبنات الأخ وبنات الأخت
وأمهاتكم التي أرضعنكم وأخواتكم
من الرضاعة وأمهات نسائكم وربائبكم
التي في حجوركم من نسائكم التي دخلتم
بهن فإن لم تكونوا دخلتم بهن فلا جناح
عليكم وحلائل أبنائكم الذين من أصلابكم
وأن تجمعوا بين الأختين إلا ما قد سلف إن الله
كان غفورا رحيما ۝ * والمحصنات من
النساء إلا ما ملكت أيمانكم كتاب الله
عليكم وأحل لكم ما وراء ذلكم أن تبتغوا
بأموالكم محصنين غير مسافحين فما استمتعتم
به منهن فآتوهن أجورهن فريضة ولا جناح
عليكم فيما تراضيتم به من بعد الفريضة إن الله
كان عليما حكيما ۝ ومن لم يستطع منكم طولا أن ينكح

المحصنات

Seite eines neuzeitlichen maghrebinischen Korans in Steindruck.

Pfeilern und den Hallen um den Hof. Das mittlere Längsschiff, das mit der Gebetsnische (Mihrab) abschließt, ist mit fünf nur von innen sichtbaren Kuppeln gedeckt. Dreizehn Tore öffnen sich auf die umliegenden Gassen. Die beiden Brunnenhäuser, die sich wie Baldachine an den beiden Schmalseiten des Innenhofes erheben, sind zur Zeit der Saadier unter dem Einfluß der Kunst von Granada entstanden.

Der Zeitwächter

An einem Ende des Hofes der Qarawin erhebt sich das Minarett, in dessen Turmkammer der «Mawqit», der Zeitwächter, seinen Aufenthaltsort hat. Ihm liegt es ob, nach dem Umlauf des Himmels die Stunden und Minuten zu berechnen, zu welchen der Muezzin den Beginn der jeweiligen Gebetszeit zu verkünden hat. Die Muezzine sämtlicher Moscheen von Fes richten sich nach dem Rufer der Moschee al-Qarawin.

Ich habe den Namen des Mawqit vergessen, der zur Zeit meines ersten Aufenthaltes in Marokko, also zwischen den beiden Weltkriegen, dort seinem Amt oblag. Noch nie habe ich einen schöneren Mann gesehen. Er war schon sehr alt, gewiß über achtzig Jahre, erschien aber größer als alle anderen Leute, und sei es nur wegen seines königlichen Gesichtes, dessen weit auseinander liegende, hellgraue Augen wie zwei Sterne von einem sieghaften inneren Glücke strahlten. Sein weißer Bart fiel auf seine breite Brust herab. Der Erzvater Abraham mochte so ausgesehen haben.

In der Turmkammer des Zeitwächters hängen einige mittelalterliche Sextanten neben einer Standuhr, die Ludwig XIV. dem Sultan Mulay Ismail geschenkt hat. Die fein ziselierten Kreise und Kurven der alten Instrumente erinnern an die Bahnen der Gestirne, während die barocke, selbstgefällig prunkende Uhr von jenem geschichtlichen Augenblicke zeugt, da man allgemein begann, die Zeit nicht mehr an der Bewegung des Himmels, sondern an einem mechanischen Vorgang zu messen. Für den Zeitwächter der kairuanischen Moschee war die Bewegung des Himmels immer noch das gültige Maß. Je nach der Jahreszeit ist die Umdrehung des Himmels etwas rascher oder langsamer als der Gang einer Uhr, und das bedeutet, daß die Uhr nicht ganz Schritt hält mit jenem ersten und weitesten Maße der an sich nicht faßbaren Zeit, da die Bewegung des Himmels mehr einem Rhythmus als einem mechanischen Takte gleicht.

Ein maghrebinisches Astrolab.

Der Ablauf der fünf Gebetszeiten, die in ihrer rhythmischen Wiederholung zeitlich das Zeitlose spiegeln, verschiebt sich mit der geographischen Länge, so daß der Ruf des Muezzin ertönt, wenn er von den Türmen der nächsten ostwärts gelegenen Stadt soeben verklang. So eilt die Verkündigung der Einheit Gottes über die muslimischen Länder weg, während gleichzeitig die Verbeugungen der Betenden, von überallher nach Mekka gerichtet, wie eine Welle weiterwogen.

Der Fastenmonat

Der Zeitwächter muß auch den Anfang jedes Monates, der mit dem ersten Erscheinen der neuen Mondsichel beginnt, und besonders den Anfang des Fastenmonates Ramadan genau feststellen. Da sich das arabische Jahr nach dem Monde richtet und zwölf natürliche Monate etwa zehn Tage kürzer sind als ein Sonnenjahr, entfällt der Fastenmond nach und nach auf alle Jahreszeiten. Fällt er auf die Mitte des Sommers, so ist er besonders streng, denn vom ersten Erbleichen des Himmels an bis zum Sonnenuntergang darf der gesunde Gläubige weder trinken noch essen; er muß sich auch des geschlechtlichen Verkehrs enthalten.

Am Abend, da der heilige Monat Ramadan beginnen mag, hält nicht nur der Zeitwächter Ausschau, sondern auf allen Türmen und allen Dächern stehen Menschen und harren gespannt, ob nach dem Versinken der Sonne die junge Sichel des Mondes sichtbar werde. Erblicken zuerst nur einige und dann mehr und mehr das feine silberne Horn am noch bleichen Horizont, so erhebt sich ein brausendes Frohlocken, denn in diesem Monat ist der Koran auf den Propheten herabgesandt worden. Eine Freude legt sich auf die Stadt wie in christlichen Ländern am Vorabend des Weihnachtsfestes.

Während den letzten Nächten des Ramadan wird gewacht, denn in einer dieser Nächte, deren genaues Datum niemand kennt, sollen die Engel vom Himmel herabsteigen, wie in der Nacht der Offenbarung, von welcher der Koran spricht:

> Wahrlich, Wir sandten ihn herab in der Nacht des Geschickes;
> Und was läßt dich wissen, was die Nacht des Geschickes ist?
> Die Nacht des Geschickes ist besser als tausend Monate.
> In ihr steigen die Engel herab und der Geist mit der Vollmacht
> ihres Herrn zu jeglichem Befehl.
> Frieden ist sie bis zum Aufgang der Morgenröte.

Gebetsnische (Mihrab) der Moschee al-Qarawin. Sie stammt aus der Almoraviden-Zeit, wurde aber mehrfach erneuert. Die farbigen Glasfenster sind in Stuck gefaßt. Der Fuß der Mauer und der Pfeiler sind mit farbigen Matten bekleidet.

In jenen Nächten sind die Moscheen angefüllt mit Erwachsenen und mit Kindern. Viele beten gemeinsam, andere still für sich, und wieder andere tragen den Koran vor. Dann sind alle Lichter unter den Bogen der Moschee al-Qarawin angezündet, und im Hauptschiffe brennt der große Leuchter aus der Almohadenzeit, dessen viele Kränze von Öllampen sich so übereinanderstufen, daß sie an das uralte Bild des Weltenbaumes mit seinem Schmucke von Sonnen und Sternen erinnern.

Es ist dasselbe Sinnbild, das auch dem Weihnachtsbaum zugrunde liegt. Ob der Handwerker, der jenen Leuchter gemacht hat, an das

Sinnbild dachte, weiß ich nicht; aber ein anderer maghrebinischer Handwerker hat mir davon gesprochen, daß das Weltall mit all seinen sichtbaren und unsichtbaren Daseinsstufen einem Baume gleiche, dessen Stamm der eine Geist (ar-Ruh) bildet und dessen Wurzel das reine Sein ist.

Einst, als dieser Leuchter zum erstenmal zur Feier des heiligen Monates Ramadan brannte, saßen in der siebenundzwanzigsten Fastennacht einige Gelehrte der Stadt unter ihm; und einer von ihnen, Abul-Qasim al-Mazyati, dichtete aus dem Stegreif:

Sieh den Leuchter, wie sein Licht
Sprühend zerreißt den Schleier der Nacht!

Da antwortete sein Gefährte Ibn ’Abdun in Versen:

Seine Gestalt gleicht einem Hügel,
An dem das Licht in Reigen sich sammelt.

Ein Dritter, Malik ben al-Marhal, fuhr fort:

Schütze ihn der Herr der Sphären
Vor böser Macht und neidischem Blick!

Worauf ein Vierter, Mohammed ben Chalaf, hinzufügte:

Schönheit des Islam; so strahlt sie auf,
Wie diese Kelche aufblitzen im sinkenden Abend.

Und ein fünfter, unbekannter Dichter jener Zeit sagte von dem Leuchter:

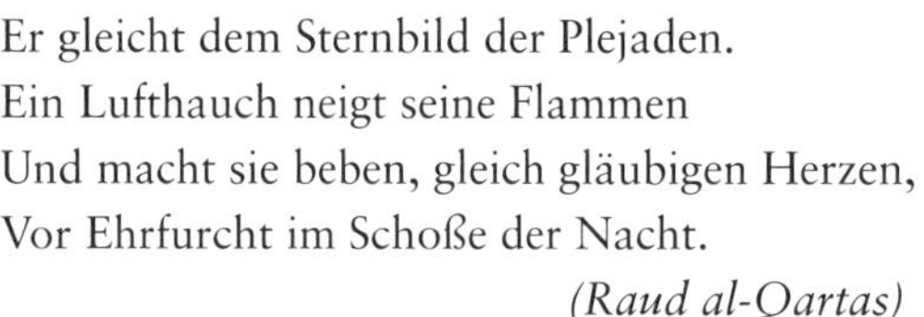

Er gleicht dem Sternbild der Plejaden.
Ein Lufthauch neigt seine Flammen
Und macht sie beben, gleich gläubigen Herzen,
Vor Ehrfurcht im Schoße der Nacht.

(Raud al-Qartas)

Der Brunnen im Hofe der Medersa al-Andalus.

DIE GOLDENE KETTE

Die Mystik

Die geistigen Höhepunkte der maghrebinischen Kultur liegen im Bereich der islamischen Mystik, die man auf Arabisch at-Tasawwuf nennt. In ihrem zwiefachen Anblick als Weisheit und als Gottesliebe gibt sie sich sowohl in lehrhaft-gedanklicher Form als auch in der Dichtung und den bildenden Künsten kund, und da sich ihr Wesen am unmittelbarsten in Sinnbildern und Gleichnissen äußert, vermag sie nicht nur den gebildeten Gläubigen, sondern auch den einfachen Mann aus dem Volke, den Handwerker und den Beduinen, anzusprechen; ja, oft findet sie bei den Ungelehrten leichter Aufnahme als bei den Gelehrten.

Läßt sich auch die islamische Mystik, wie sie im Maghreb bis heute weiterlebt, in manchen ihrer Züge mit der christlichen, in anderen aber mit der indischen oder fernöstlichen Mystik vergleichen, so fußt sie doch ganz auf der dem Islam eigenen Glaubensform. Ihr Ausgangspunkt ist der «Tawhid», die Lehre von der göttlichen Einheit: Wenn das islamische Gesetz als erste Pflicht vom Gläubigen verlangt, daß er die Einheit Gottes «bezeuge», so fordert die Mystik, daß diese Bezeugung (Schahada) nicht nur ein Bekenntnis der Lippen und auch nicht nur ein gedankliches Einverständnis, sondern – auch über alles Überlegen und Erfühlen hinaus – eine unmittelbare Zeugenschaft (Schahada) sei; das aber heißt nichts anderes, als Gott erkennen.

Gott kann jedoch nur erkannt werden, wenn das Ich des Menschen, das sich triebhaft für eine selbständige Mitte, eine «Gottheit» neben Gott hält, angesichts der göttlichen Unendlichkeit ausgelöscht wird, gemäß dem Satze, daß es *keine Gottheit außer Gott* gibt. Das bedeutet keineswegs, daß das unsterbliche Wesen des Menschen zu nichts würde; was aufgelöst werden soll, ist das seelische Gewebe aus ichbezogenen Leidenschaften und Vorstellungen, welche das Bewußtsein auf der Ebene der flüchtigen Erscheinungen festhalten. Wenn dieser «Schleier» der Eigensucht vom erkennenden Geiste weggezogen wird, erschei-

Trommler und Flötenspieler einer volkstümlichen Bruderschaft.

nen die Dinge, wie sie wirklich sind: Gott erscheint in Seiner allumfassenden Gegenwart und das Geschöpf als eine bloße Möglichkeit, die im göttlichen Sein enthalten ist. *Der Sufi*, sagt der maghrebinische Meister Abul-Hassan asch-Schadhili, *sieht sein eigen Dasein wie die Stäubchen, die ein Sonnenstrahl in der Luft erscheinen läßt, weder als wirklich noch als unwirklich.* (al-Madani)

Von derselben geistigen Schau sagt der berühmte Heilige Abu Madyan in einem Gedicht:

> Alles außer Gott ist nichtig, alles, im Einzelnen und insgesamt, wenn du es wahrhaftig erkennst.
> Wisse: Ohne Ihn verschwände die ganze Schöpfung, samt dir, und würde zu nichts.
> Was nicht in Seinem Wesen wurzelt, das kann in gar keiner Weise sein.
> Die Gotterkennenden sind ausgelöscht. Was könnten sie anderes schauen als Ihn, den Erhabenen, Herrlichen?
> Alles, was sie außer Ihm sehen, ist wahrhaftig der Vernichtung anheimgegeben, in Vergangenheit, in Zukunft und im Augenblicke selbst ... *(Abu Madyan)*

Ich frug Mulay 'Ali ad-Derqawi nach dem Zustande des Mystikers, der diese Schau verwirklicht hat. «Eine Enthüllung der göttlichen All-Einheit», gab er zur Antwort; «doch der Knecht (das Geschöpf) bleibt immer Knecht, dagegen kann keine Träumerei aufkommen.»

Das Organ, mit welchem der Mensch die Gegenwart Gottes wahrnehmen kann, ist nach der Lehre der Sufi nicht das Gehirn, sondern das Herz. Gleich wie bei den christlichen Vätern gilt dasselbe nicht als der Sitz des Gefühls, sondern als der Sitz des nicht an gedankliche Formen gebundenen, unmittelbar erkennenden Geistes (ar-Ruh).

Das Bewußtsein des gewöhnlichen Menschen ist von seiner Wesensmitte, die im Ewigen wurzelt, abgewandt; es ist in einer Art von Traum oder einem Zustande des Vergessens (Ghafla) befangen. Darum muß der Mensch daran «erinnert» werden, und das ist der Sinn des sogenannten Dhikr, den die Sufi auf vielerlei Weisen üben und dessen Name sowohl «Erinnerung» als auch «Andacht», «Erwähnung» und «Anrufung» bedeutet. Er ist dem «Herzensgebete» der christlichen Hesychasten verwandt.

Da der mystische Pfad den Menschen über sein eigen Ich hinausführen soll, kann er nicht beschritten werden ohne Gnade (Tawfiq), fast nie ohne die Hilfe eines Meisters (Scheich oder Murschid), der ihn selbst zurückgelegt hat, und ohne den geistigen Einfluß oder Segen, den der Meister vermittelt.

Die islamische Mystik beruht deshalb auf einer stetigen Überlieferung, die von Meister zu Meister bis auf ihren Ursprung zurückgeht und neben der für die Allgemeinheit bestimmten gesetzmäßigen Überlieferung einherläuft. An ihrem Anfang stehen die Unterweisungen, die der Prophet gewissen seiner Gefährten im besonderen gegeben hat; denn der mystische Weg setzt eine außerordentliche Begabung und auch eine Berufung, die nicht jedem zuteil wird, voraus.

Die Überlieferung

Man stellt diese Überlieferung oft als einen Baum dar, der in der Offenbarung wurzelt und dessen Zweige, Blätter und Blüten den einzelnen von den großen Meistern gegründeten Methoden oder «Pfaden» (Turuq) entsprechen. Die Äste des Baumes bilden die teils geschichtlich, teils nur sinnbildlich aufzufassenden Linien der Überlieferung ab. Auf seiner Wurzel liest man den Namen Allah; darüber, auf dem Stamme, steht der Name des Erzengels Gabriel (Djibrail), der nach islamischer Auffassung das göttliche Werkzeug der Offenbarung ist, und über diesem der Name Mohammed geschrieben. Von da an gabelt sich der Stamm in zwei Hauptäste, welche die Namen des ersten und des vierten Kalifen, Abu Bekr und 'Ali, tragen, denn diese gelten als die beiden ersten Vermittler und Meister der sufischen Überlieferung. Aus den beiden Ästen wachsen viele Zweige; auf ihnen sind die Namen der frühesten Sufi wie Hassan al-Basri, Habib al-'Adjami und Sari as-Saqati eingetragen, und auf sie folgen die Namen der größten Meister der ersten Jahrhunderte, wie die von al-Djunaid, dem großen Lehrer der sufischen Metaphysik, von Dhu-n-Nun al-Misri, dem Liebenden, und von Abu Yazid al-Bistami, dem in Gott Versunkenen. All diese Meister lebten im islamischen Osten, obwohl die sufische Mystik als «innere Ausdehnung» des Islam überall da vorkam, wo dieser herrschte. Dann, etwa vom vierten Jahrhundert der Hidschra und dem neunten christlicher Zeitrechnung an, öffnen sich auch im fernen Westen die Blüten der Mystik, zuerst in Spanien und bald darauf im Maghreb, wo der Name Abu Madyan am Ursprung eines ganzen Fächers neuer Zweige und Blätter steht. In der Krone des

Baumes befindet er sich beinahe auf gleicher Höhe mit anderen berühmten Namen, von denen sich fortan fast alle Sprossen herleiten: Damals – im zwölften Jahrhundert nach Christus – erschien im nahen Osten 'Abd al-Qadir al-Djilani, dessen Einfluß die ganze islamische Welt eroberte, in Nordindien Mu'in ad-Din Tschischti und etwas später in Kleinasien Djalal ad-Din Rumi. Von dieser Zeit an gliedert sich die sufische Überlieferung in eigentliche Orden, die sich nach ihren Gründern nennen.

Abu Madyan

Abu Madyan Schu'aib wurde um 1126 bei Sevilla von arabischen Eltern geboren. Früh verwaist, sollte er das Handwerk eines Webers erlernen, entfloh aber dem Hause seiner Brüder, um seinen Durst nach Wissen zu befriedigen, und kam nach langem Herumwandern nach Fes, wo er bei mehreren Meistern des «äußeren» und des «inneren» Wissens in die Schule ging, indem er seinen Unterhalt durch Weben verdiente.

Damals gelangten die Werke von al-Ghazzali nach Fes. Der Gelehrte Abul-Hassan Ibn Harzihim (oder Harazem, wie ihn heute der Volksmund nennt) hatte sie öffentlich verurteilt. Nachts darauf träumte dieser, daß ihn der Verfasser vor dem Propheten und den vier ersten Kalifen verklagt habe und daß er zu Peitschenhieben verurteilt worden sei; als er erwachte, fand er Striemen an seinem Leibe. Darauf widerrief er sein Urteil und vertiefte sich in die verpönten Schriften. Von ihm lernte Abu Madyan nicht nur das Werk die «Wiederbelebung der Religionswissenschaften» von al-Ghazzali, sondern auch die Werke von al-Muhasibi und anderen sufischen Meistern kennen.

Abu Madyans Anfänge auf dem geistigen Wege tragen jenes Siegel der Berufung, das ebenso unnachahmlich ist wie die Schönheit der freien Natur.

> Zu Beginn meines Weges, *erzählt er selbst,* als ich die Vorlesungen mehrerer Meister besuchte, pflegte ich jedesmal, wenn ich die Erklärung eines Koranverses oder eines Ausspruches des Propheten vernommen hatte, mich ausschließlich darein zu vertiefen. Ich floh dann an einen unbewohnten Ort (auf dem Berge Zalagh) außerhalb Fes und lag dort den Übungen ob, die mir Gott bei der Versenkung in das Vernommene eingab. Als ich so in der Einsamkeit ver-

weilte, nahte sich mir eine Gazelle und befreundete sich mit mir. Und wenn ich auf meinem Wege bei einem Dorf, das zu Fes gehört, Hunde antraf, liefen sie um mich herum und wedelten mit dem Schwanz. Eines Tages aber begegnete ich in Fes einem Manne aus meiner Bekanntschaft in Andalusien, der mich begrüßte. Da sagte ich mir, daß ich ihm Gastfreundschaft schuldig sei, und ging ein Tuch holen, in das ich acht Drachmen eingeschlagen hatte. Ich suchte den Mann, um ihm das Geld zu geben, fand ihn aber nicht mehr und schleppte deshalb das Bündel mit mir an den einsamen Ort hinaus, wohin ich mich zurückzuziehen pflegte.

Als ich am Dorfe vorbeiging, wichen die Hunde vor mir zurück und verwehrten mir den Durchgang, bis jemand kam, um mich vor ihnen zu schützen; und als ich an meinem Zufluchtsorte anlangte, eilte die Gazelle wie gewöhnlich herbei, doch sobald sie mich witterte, floh sie davon und schien mich nicht mehr zu kennen. Ich sagte mir, daß sie mich bloß wegen des Geldes, das ich bei mir trug, fliehe, und so warf ich es von mir weg. Da beruhigte sich die Gazelle und war wieder mit mir wie früher. Als ich nach Fes zurückkehrte, nahm ich das Geld mit und gab es dem Andalusier, sobald ich ihn traf. Dann ging ich wieder an dem Dorf vorbei, das auf dem Weg zu meiner Einsiedelei lag, da liefen die Hunde auf mich zu und wedelten freudig auf ihre alte Weise, und dann kam die Gazelle zu mir wie früher, beroch mich von Kopf zu Fuß und schmiegte sich an mich; und so lebte ich geraume Zeit.

Dann vernahm ich vom Meister Abu Ya'za (einem ungelehrten Berber, der im mittleren Atlas lebte) und von seinen Wundern, die sich die Leute erzählten. Da wurde mein Herz von Liebe zu ihm erfüllt, und ich schloß mich einer Schar von Derwischen an, die ihn besuchen gingen. Als wir bei ihm anlangten, begrüßte er alle außer mir, und als das Essen gebracht wurde, schloß er mich vom Mahl aus. Drei Tage lang verblieb ich so, vom Hunger gepeinigt und von Zweifeln bestürmt. Da sagte ich mir: Wenn der Meister aufsteht, will ich mein Gesicht auf dem Platze, an dem er saß, reiben. Sobald er sich erhoben hatte, rieb ich mein Gesicht am Boden. Als ich wieder aufstand, war ich blind. So blieb ich und weinte die ganze Nacht hindurch. In der Frühe rief er mich und kam auf mich zu. «O mein Herr», sagte ich ihm, «ich bin blind geworden und kann nichts mehr sehen!» Da strich er mit der Hand über meine Augen, und sogleich kam mein Augenlicht zurück. Dann strich er über meine Brust, und alle Zweifel verließen mich; zugleich verschwand der Schmerz des Hungers, und ich schaute im selben Augenblick viele Wunder, die sein Segen in mir bewirkte.

In der Folge bat ich ihn um Erlaubnis, ihn zu verlassen, damit ich dem Gebot der Pilgerfahrt genüge. Er erlaubte es mir und sagte: «Du wirst auf deinem Weg einem Löwen begegnen. Kümmere dich nicht um ihn; wenn dich aber die

> Furcht überwältigt, sprich zu ihm: «Um der Heiligkeit der Sippe des Lichtes willen wolle von mir weichen!» – Und so geschah es … *(Hamidu)*

Aus dem Osten zurückgekehrt, ließ sich Abu Madyan in Budjaya (Bougie) nieder und wurde bald zum Mittelpunkt einer großen Schar von Schülern. Er war das lebendige Vorbild der geistigen Armut (al-Faqr), deren Sinn aus dem Koranverse hervorgeht: *O ihr Menschen, ihr seid die Bedürftigen* (Foqara) *Gottes; Er aber ist der Reiche, der Ruhmvolle.* Der Ausdruck Faqir, dessen Mehrzahl Foqara lautet und der dem persischen Ausdruck Derwisch entspricht, wurde zur Bezeichnung der Männer, die sich auf dem sufischen Wege befanden. Folgende paar Worte Abu Madyans kennzeichnen seine geistige Haltung:

> Vertraue auf Gott, bis dich Sein Gedenken (Dhikr) ganz überwältigt hat; denn die Geschöpfe sind dir nichts nütze … Jegliche (geistige) Wahrheit (Haqiqa), die nicht die Spuren des Geschöpfes auslöscht, ist keine (wirkliche) Wahrheit … Die (geistige) Armut ist ein Hinweis auf die göttliche Einheit (Tauhid) und ein Beweis der Ablösung (Tafrid) von der Vielheit. Der Sinn der Armut liegt darin, daß du nichts wahrnehmest außer Ihm. *(Abu Madyan)*

Als Abu Madyan schon alt war, befahl ihm der almohadische Kalife Ya'qub al-Mansur, an seinen Hof in Marrakesch zu kommen. Er befürchtete den wachsenden Einfluß des Heiligen oder wollte sich denselben zunutze machen. Abu Madyan begab sich auf den Weg, starb aber in der Nähe von Tlemsen, bei dem Dörfchen 'Ubbad, unfern der heutigen marokkanischen Grenze, im Jahre 1198 n. Chr. Sein Grab, über dem eine Moschee gebaut wurde, ist ein berühmter Wallfahrtsort geblieben. Die merinidischen Sultane von Fes schmückten ihn mit prachtvollen Gebäuden.

Zwei mittelbare Schüler Abu Madyans sollten einen dauernden Einfluß auf die ganze islamische Geisteswelt ausüben. Der eine davon ist der um 1165 in Murcia geborene Araber Muhyi-d-Din Ibn 'Arabi, der später über Fes, Budjaya und Tunis nach dem Osten zog und um seiner überragenden metaphysischen Lehrschriften willen als der «größte Meister» (asch-Scheich al-akbar) bezeichnet wurde. Der andere ist Abul-Hassan asch-Schadhili, der Gründer des nach ihm benannten Ordens.

Ibn 'Arabi

Muhyi-d-Din Ibn 'Arabi wuchs in Sevilla auf, als Abu Madyan noch als Greis in Budjaya lebte:

Unser Meister und Vorbeter Abu Ya'qub ben Yachlaf al-Qumi al-'Abbasi – möge Gott an ihm Gefallen haben! – war ein Gefährte von Abu Madyan und begegnete in jenen Ländern mehreren Männern Gottes. Er lebte geraume Zeit in Ägypten und verheiratete sich in Alexandrien ... Man bot ihm die Statthalterschaft von Fes an, doch lehnte er sie ab. Er besaß eine so sichere Kenntnis des geistigen Weges, daß Abu Madyan, der Verkünder und Begründer dieses Weges im Maghreb, von ihm gesagt hat: «Abu Ya'qub ist wie ein starker Hafen für ein Schiff.» – Er war freigebig, übte viel das Stoßgebet [Dhikr] und gab Almosen im Verborgenen. Zu den Armen war er gütig, Reiche demütigte er. Er nahm sich selbst der Nöte der Armen an.

Ich unterwarf mich seinem Befehl und wurde von ihm erzogen – und was für ein Erzieher war er! ... Er besaß einen starken geistigen Willen und befolgte meistens den Weg jener, die absichtlich den Tadel der Leute auf sich ziehen. Selten sah man ihn anders als mit streng gesammeltem Antlitz. Wenn er aber einen Armen erblickte, strahlte sein Gesicht. Ich sah einmal, wie er sich eines Armen so innig annahm, daß er ihn auf seine Knie setzte ...

Jedesmal, wenn ich vor ihm oder sonst einem geistigen Meister saß, mußte ich zittern wie ein Blatt im starken Wind; meine Stimme versagte mir, und meine Glieder erstarrten, so daß man es mir ansah. Wollte mich der Meister zutraulich machen und mich aufheitern, so vermehrte das nur meine Scheu und Ehrfurcht. Er liebte mich, ohne es mir zu zeigen, indem er andern vor mir den Vorzug gab, mich von sich fernhielt, in Versammlungen und Sitzungen anderen beistimmte, mich aber schalt, so daß mich die Gefährten, die mit mir unter seiner Obhut lernten, für unbegabt hielten. Und doch war ich, wie es mir mein Meister später selbst gesagt hat, der einzige der ganzen Schar, der zum Ziel gelangte.

Von meinen Erlebnissen mit ihm sei folgendes erzählt. Ich muß vorausschikken, daß ich damals die Epistel des Quschairi (ein grundlegendes Buch der islamischen Mystik) noch nicht kannte; ich wußte überhaupt nicht, daß irgend jemand etwas über diesen geistigen Weg geschrieben hatte, ja nicht einmal, was der Ausdruck Tasawwuf [Mystik] bedeute.

Eines Tages also bestieg mein Meister sein Pferd, nachdem er mir und einem meiner Gefährten befohlen hatte, auf den Muntabar, einen hohen, etwa einen Stundenritt von Sevilla entfernten Berg zu steigen. Wir gingen, sobald das Tor der Stadt geöffnet wurde, hinaus. Mein Gefährte trug die Epistel des Quschairi in der Hand; ich aber wußte weder wer Quschairi noch was seine Epistel sei. Wir stiegen den Berg hinauf und fanden unseren Meister, der uns mit seinem Burschen vorausgegangen war. Er hielt sein Pferd an, und wir betraten eine Moschee auf dem Gipfel des Berges, um zu beten. Nach dem Gebet setzten wir uns mit dem Rücken zur Mauer der Gebetsnische. Der Meister gab mir die Epistel und sagte: «Lies vor!» Ich aber vermochte keine zwei Worte aneinanderzureihen. Vor Erregung fiel mir sogar das Buch aus den Händen. Da befahl er meinem Gefährten, vorzulesen. Dieser nahm es, las, und der Meister sprach darüber ohne Unterbruch bis zur Stunde, da wir das Nachmittagsgebet sagten. Dann befahl er: «Gehn wir zur Stadt hinunter!» Er bestieg sein Pferd, und ich legte meine Hand an seinen Steigbügel. Da begann er, mir von den Tugenden und den Wundertaten des Meisters Abu Madyan zu erzählen. Ich war ganz Ohr, vergaß mich selbst und hielt meine Augen fast ohne Unterbruch auf sein Gesicht geheftet. Er sah mich an, lächelte und gab seinem Pferd die Sporen, um es zu rascherem Gang anzutreiben. Ich hielt Schritt. Endlich machte er halt und sprach zu mir: «Schau hin, was du hinter dir ließest!» Ich sah mich um und gewahrte, daß der Weg, den ich gegangen war, voll Dornensträucher war, die bis zum Saum des Überkleides reichten, während andere Dornen flach am Boden lagen. Er sagte: «Schau deine Füße an!» Ich betrachtete sie und fand keine Spur der Dornen daran. «Schau dein Kleid an!» Auch an ihm fand ich keine Spur. Da sagte er: «Das kommt vom Segen unseres Gespräches über Abu Madyan – möge Gott an ihm Gefallen haben! – Halt dich an den Weg, mein Sohn!» Damit gab er seinem Pferd die Sporen und ließ mich zurück ...

(Risalat al-Quds)

Asch-Schadhili, Ibn Maschisch und 'Ali as-Sanhadji

Zu Beginn des dreizehnten Jahrhunderts christlicher Zeitrechnung, etwa zwanzig Jahre nachdem Muhyi-d-Din Ibn'Arabi von Fes nach dem Osten gezogen war, wanderte auch der Marokkaner Abul-Hassan 'Ali Ibn 'Abd-Allah aus der fatimidischen Sippe der Hassaniden, der später unter dem Namen Abul-Hassan asch-Schadhili berühmt wurde, nach dem Osten, um den geistigen «Pol» seiner Zeit zu suchen. In Bagdad ließ ihn ein Sufi wissen, daß sich dieser Pol in seiner eigenen Heimat, auf dem Berge al-'Alam in der Kette des Rif befinde. So kehrte er heim und fand an dem genannten Orte einen Schüler Abu Madyans, den Meister 'Abd as-Salam Ibn Maschisch:

> Als ich zu seiner Einsiedelei kam, die aus einer Höhle im Gipfel eines Berges bestand, machte ich an einer Quelle halt, die etwas unterhalb davon entsprang, und wusch mich mit der Absicht, all mein bisheriges Wissen und Tun von mir abzulegen; dann stieg ich als ein völlig Armer zur Höhle empor. Da kam er mir entgegen, und als er mich sah, sprach er: «Willkommen, 'Ali, Sohn des 'Abd-Allah, Sohn des 'Abd al-Djabbar ...» und nannte all meine Vorfahren bis auf den Propheten, den Gott segne und grüße. Dann sagte er: «O 'Ali, du kommst zu mir herauf als ein Armer an Wissen und Handeln und holst dir von mir den Reichtum des Diesseits und des Jenseits.» Da erschrak ich aus Ehrfurcht vor ihm. Darauf blieb ich eine Anzahl Tage bei ihm, bis Gott mein inneres Auge öffnete und ich Wunder und Dinge wahrnahm, die alles Gewohnte durchbrachen, und die Güte der Gnaden erfuhr ... Eines Tages, als ich bei meinem Meister saß, sagte ich innerlich zu mir: «Wer weiß, vielleicht kennt mein Meister den höchsten (geheimen) Namen Gottes.» Da sagte das Söhnlein des Meisters, das in der Tiefe der Höhle weilte: «O Abul-Hassan, es kommt nicht darauf an, den höchsten Namen Gottes zu wissen, sondern darauf kommt es an, selbst der höchste Name zu sein.» Da sagte der Scheich: «Mein Söhnchen hat dich durchschaut und erkannt!» ... *(al-Madani)*

'Abd-as-Salam Ibn Maschisch wurde um 1228 ermordet. Sein Grab auf dem Berge al-'Alam ist noch heute das Ziel von Pilgern.

Von ihm ist ein einziger Text überliefert, eine metaphysische Umschreibung des allgemein verbreiteten Gebetes, mit welchem der Gläubige den Segen Gottes für den Propheten erbittet, gleichsam aus Dank dafür, daß er durch ihn den Islam empfing. Ibn Maschisch sieht im geschichtlichen Propheten Mohammed das Abbild des einen, alle Offenbarung auswirkenden Geistes, des ewigen Mittlers zwischen der unfaßbaren Gottheit und der Welt. Er ist der Logos, die erste Kundgebung Gottes, und als solche sowohl *Sein allumfassendes Sinnbild wie auch Sein höchster Schleier*, denn dadurch, daß sich das Unbedingte in bedingter und vielfältiger Weise offenbart, verhüllt es sich auch. Man nennt den ewigen Mittler den «mohammedischen Geist» (ar-Ruh al-Muhammadiya), nicht weil er in Mohammed allein verkörpert wäre – alle «Gottgesandten» und Propheten geben ihn kund –, sondern weil dieser in islamischer Schau sein unmittelbarstes Abbild ist. Die göttliche Wahrheit, sagen die Sufi, ist an sich unbegrenzt und unausschöpfbar, so daß jede Glaubensform, in die sie sich zum Heil der Menschen kleiden mag, nur eine mögliche Form unter anderen sein kann.

Die sufische Mystik ist vorwiegend auf Erkenntnis eingestellt, und das kommt auch in den Aussprüchen von Abul-Hassan asch-Schadhili zum Ausdruck: *Erkenne und sei dann, wie du willst*, sagt er unter anderem und meint damit, daß der Mensch, der erkannt hat, was er vor Gott ist, nicht anders als richtig handeln könne.

Er lehrte seine Schüler, die Welt wie mit dem Auge der Ewigkeit zu betrachten: *Schreibe die Taten der Geschöpfe der Urheberschaft Gottes zu; das wird dir nicht schaden; dagegen schadet es dir, wenn du die Geschöpfe selbst als die Urheber ihrer Taten betrachtest.*

Die seelische Haltung, die dieser Schau entspricht, ist das «vacare Deo», die absichtlose Hingabe an Gott:

> Der Knecht gelangt so lange nicht zu Gott, als er noch irgendeine Begierde oder irgendeine Absicht hegt. – Wenn du Gott gefallen willst, so sag dich los von dir selber und von deiner Umgebung und deiner Macht über sie. *Doch diese Hingabe ist keine tatenlose Duldigkeit:* Der Augenblick ist ein Schwert: Wenn du nicht damit schneidest, so zerschneidet er dich. *(al-Madani)*

Abul-Hassan asch-Schadhili verlieh der geistigen «Armut» eine methodische Form, die ihre Einhaltung mitten in der Welt ermöglichen sollte. Unter seinen Schülern, die er auf seiner lebenslänglichen Wanderschaft vom fernen Westen zum Osten der islamischen Welt gewann, gab es Arme und Reiche, Gelehrte und Ungebildete, Minister und Tagelöhner.

Sein erster Nachfolger war Abul-'Abbas al-Mursi, der in Ägypten lebte, und einer seiner berühmtesten Schüler Ahmed Ibn 'Ata 'Allah von Alexandrien, dessen «Weisheitssprüche» (Hikam) zum Brevier fast aller den sufischen Pfad beschreitenden Menschen des islamischen Westen und auch des fernsten Osten – Java und Sumatra – geworden sind. Er starb im Jahre 1309.

Neben den schadhilitischen Meistern, die wie der um 1441 in Fes geborene und 1493 in Tripolis gestorbene Meister Ahmed az-Zarruq al-Barnusi die sufische Lehre in logisch scharf umrissenen Formen ausdrückten, gab es immer wieder Persönlichkeiten, die jeden irgendwie faßbaren Rahmen durchbrachen, als verkörperten sie den geheimnisvollen, für den gewöhnlichen Verstand verwirrenden Gehalt der Lehre. Zu ihnen gehörte der Meister 'Ali as-Sanhadji, der in der ersten Hälfte des sechzehnten Jahrhunderts in Fes lebte.

Der Scheich 'Ali as-Sanhadji war bekannt als der Umherschweifer, was sowohl leiblich als geistig gemeint sein kann. Seine Heiligkeit ist für die Feser so offenbar wie der Morgenstern. Er war ein Narr Gottes nach der Art der Malamatiya [die absichtlich den Tadel der Leute auf sich lenken] und ständig dem Zustande göttlicher Anziehung unterworfen. Er besaß weder Familie noch Wohnort. Mit seiner Fähigkeit, Verborgenes zu enthüllen, durchschaute er viele der Menschen, die ihm begegneten. Er kümmerte sich weder um Lob noch um Tadel. So ging er manchmal in die Häuser der Meriniden, wo sich Frauen und Kinder um ihn scharten und seine Hände und Füße küßten, ohne daß er jemanden beachtete. Sie beschenkten ihn mit kostbaren Kleidern und Schmucksachen, und der Sultan selbst bekleidete ihn mit Ehrengewändern. Er aber ging hinaus, verteilte alles, was er empfangen hatte, an die Armen und strich dann mit seinem Ehrengewand an den Läden der Ölhändler vorbei, bis es fettig war. Bei seinem ständigen Umherwandern rief er in einem fort den Namen Allahs. Niemand wußte, wo er wohnte. Als er starb, drängten sich die Leute zu seiner Beerdigung und verteilten die Bretter seiner Bahre, seine Gebetsmatte und seine Kleider unter sich. Er starb um 950 der Hidschra [1542/43] und wurde außerhalb des Tores al-Futuh beerdigt. An seiner Beerdigung nahmen sogar der Sultan und die Gelehrten teil.

Zu den Wundern, die man von ihm erzählt, gehört unter anderem, daß er eines Tages vor einem Hause haltmachte, den Türbalken mit der Hand stützte und laut rief: «O Bewohner des Hauses, kommt heraus, kommt heraus!» Als alle Insassen herausgekommen waren, zog er seine Hand zurück, worauf die Mauer einstürzte.

Einmal trat er unvermittelt in den Innenhof eines Hauses hinein, wo gerade eine Frau ganz nackt ihre Kleider wusch. Er aber breitete seine Arme aus und fing ein Kind auf, das soeben vom Dach herabstürzte. «Deshalb bin ich hereingekommen», sagte er zu der erschrockenen Frau, gab ihr das Kind und ging.

Einst fand ihn ein Feser Händler, der zum Morgengebet die Moschee al-Qarawin betrat, auf deren Schwelle sitzen und Gurken essen. Es war gerade Donnerstag und Markt, und der Mann überlegte, während er sein Gebet sprach, wieviel er für einen Esel, den er zu kaufen gedachte, ausgeben wolle. Als er wieder aus der Moschee herauskam, saß 'Ali as-Sanhadji immer noch

Darstellung der Genealogie aller sunnitischen sufischen Bruderschaften in Gestalt eines Baumes, auf dessen Wurzel der Name Allah und darüber die Namen von Gabriel und Mohammed geschrieben stehen. Die vier Blätter am Stamme entsprechen den vier ersten Kalifen. Auf dem Halbmond liest man: «Darstellung der Pfade» und auf dem fünfstrahligen Stern die Wörter: «Buch und Sunna» (Heilige Schrift und prophetischer Brauch).

auf der Schwelle und aß Gurken. Da dachte der Mann bei sich: «Der täte auch besser daran, sein Gebet zu verrichten, anstatt Gurken zu essen», worauf ihm der Scheich laut auf seinen Gedanken Antwort gab: «Besser das Gurkenmahl als das Eselsgebet!» … *(Salwat al-Anfas)*

Die «Pfade»

Jeder große Meister, der die überlieferte sufische Methode in eine bestimmte Form gefaßt hat, eröffnete damit einen geistigen «Pfad» (Tariqa) für eine gewisse Art von Menschen. Ein sufisches Sprichwort lautet: *Die Wege zu Gott sind ebenso zahlreich wie die Seelen der Menschen.* Dennoch gibt es bestimmte Typen seelischer Veranlagung, und diesen entsprechen die verschiedenen «Pfade».

Mit der Zeit schlossen sich die Menschen, die einen bestimmten «Pfad» gewählt hatten, immer mehr zu Bruderschaften zusammen, die zuweilen auch nach außen hin eine Rolle spielen konnten. Der Mittelpunkt eines solchen Ordens war zu Lebzeiten des Gründers dessen Einsiedelei und nach seinem Tode seine Grabmoschee; beides nannte man «Zawiya», was wörtlich «Winkel» bedeutet und dem alten Sinn von Zelle nahekommt. Die Grabmoschee, der sich oft eine Pilgerherberge, eine Koranschule und manchmal ein Krankenhaus angliederten, wurde gewöhnlich zum Sitz der Nachfolger des Gründers und spielte, als Mittelpunkt geistigen Lebens, eine ähnliche Rolle für die berberische Umgebung wie die Klöster im frühmittelalterlichen Europa bei den germanischen oder keltischen Stämmen.

Selten bestimmte ein Ordensgründer selbst seinen Nachfolger. Dieser trat gewöhnlich unter der Schar der überlebenden Jünger durch seine geistigen Gaben von selbst hervor. Es bestand jedoch im Maghreb vielfach die Neigung, die Nachfolge eines hervorragenden Meisters an einen leiblichen Nachkommen desselben zu übertragen. Das hängt wohl damit zusammen, daß die meisten Ordensgründer im Westen zu den Schorfa, das heißt zu den Nachkommen des Propheten gehörten: Unter den Berbern waren diese seit jeher die Träger der islamischen Überlieferung gewesen, so daß die Rolle der scherifischen Ordensgründer als ein plötzliches Hervortreten des Segens, der auf der ganzen Nachkommenschaft des Propheten liegt, und als eine Bestätigung ihrer echten Abstammung erscheinen mußte. Seelische Erbschaft und Erziehung waren der geistigen Nachfolge günstig, wenn sie auch nicht immer genügten. Es kam deshalb oft vor, daß die Familie des Ordensgründers nur eine förmliche Oberhoheit und die Verwaltung der Grabmoschee behielt, während einzelne Meister, die im Schoße des Ordens auftraten, die eigentliche geistige Belehrung und Führung übernahmen.

In dem Maße, als sich die sufischen Orden im Volke ausbreiteten, wobei sie manchmal die Oberhand über ganze Stämme gewannen, mußten in ihnen auch verschiedene, mehr oder weniger stark am geistigen Leben beteiligte Kreise entstehen. Diese Kreise dehnten sich um so weiter aus, als die Zugehörigkeit zum Orden Ehe und berufliche Tätigkeit nicht ausschloß. In der unmittelbaren Umgebung des Meisters gab es meistens einige ganz der Welt entsagende «Arme», die in der Zawiya Brot und Obdach fanden; die meisten Mitglieder des Ordens aber, ob Männer oder Frauen, waren verheiratet.

Al-Djazuli

Um die Wende vom fünfzehnten zum sechzehnten Jahrhundert nach Christus gründete Mohammed Abu 'Abd-Allah al-Djazuli, ein Mann aus dem fernsten Süden Marokkos, einen schadhilitischen Orden, der in der Folge eine große Rolle bei der Verteidigung des Sus gegen die Portugiesen spielte, weshalb die Saadier den Leichnam des Gründers nach Marrakesch brachten, um ihn dort zu bestatten.

Al-Djazuli ist heute noch in ganz Marokko berühmt durch sein Werk «Beweise der Güte» (Dalail al-Chairat), einer Sammlung von Segnungen des Propheten in Form einer Litanei, in welchen Mohammed, der Empfänger der Offenbarung, als die Zusammenfassung aller guten, Gott spiegelnden Anblicke der Schöpfung erscheint.

Aus der Nachfolge von al-Djazuli gingen mehrere im Maghreb noch heute bestehende Orden hervor. Der volkstümlichste ist wohl der vom Scherif Mohammed ben 'Issa al-Mochtari gegen Ende des sechzehnten Jahrhunderts in Meknes gegründete. Man erzählt von diesem Scherif, daß er seinen ererbten Reichtum dazu verwendete, arme Leute anzuwerben, damit sie für einen Taglohn Gott zum Klang der Trommeln anriefen und lobten. Der Sultan, dem die Arbeiter zu fehlen begannen, verbot dem seltsamen Heiligen sein Tun; doch dieser siedelte mit seiner Schar auf einen Friedhof über und ließ dem Sultan sagen: «Du bist der Beherrscher der Lebenden, nicht aber der Toten; auf sie hast du kein Recht.» Aus diesem merkwürdigen Ursprung erklärt sich vielleicht, daß die Bruderschaft der 'Issawa neben einem kleinen inneren Kreise von Männern, die von der Welt zurückgezogen ganz der Askese und der Beschaulichkeit leben,

eine Menge Anhänger hat, die hauptsächlich durch ekstatische Tänze zu zauberhaft eindringlicher Musik und durch Fakirkünste – wie Schlangenbeschwören und Schmerzlosigkeit – bekannt geworden sind.

Die Berberstadt Tafraut im Anti-Atlas.

Al-Wazzani

Die alawitischen Sultane, deren geistliche Würde ebenfalls auf ihrer Abstammung vom Propheten beruhte, waren den scherifischen Ordenshäuptern nicht immer wohlgesinnt, zumal diese einen großen Einfluß über das Volk gewannen. So ging der Sultan Mulay Ismail im siebzehnten Jahrhundert gegen den schadhilitischen Orden vor, den der idrisidische Scherif Mulay 'Abd-Allah ben Ibrahim um 1660 in Wazzan, einem nördlich von Fes gelegenen Flecken, gegründet hatte. Dieser Orden besaß auch eine Niederlassung in Fes, die lange Zeit von einem Asketen namens Mohammed al-Chayyat ar-Rak'ayi geleitet wurde; er galt als heilig, und nach seinem Tode errichtete man eine Kuppel über seinem Grabe. Man erzählt, daß er durch sein Erscheinen nach dem Tode den Sultan an der Verfolgung des Ordens von Wazzan verhindert habe; sicher ist, daß der Herrscher vor den geistigen Kräften, welche dem Orden innewohnten, zurückweichen mußte:

> Der Sultan Mulay Ismail, *erzählt al-Kettani,* ließ nach Mulay Tuhami, dem Enkel des Gründers, fahnden. Mulay Tuhami aber kam von Wazzan nach Meknes (der Residenz von Mulay Ismail) und betrat dort die grüne Moschee, so daß die Leute für ihn fürchteten. Als nun der Sultan eines Morgens nach dem Erwachen sein Frühstück zu sich genommen hatte und soeben Gott dafür dankte, trat der Scheich al-Chayyat mit einem scharfen Schwert in der Hand in den Alkoven, hielt es über das Haupt des Sultans und sprach: «Wenn dem Sohn meines Meisters ein einziges Haar gekrümmt wird, hauen wir dich damit in Stücke!» Da frug ihn der Sultan: «Wer bist du denn?» Er antwortete: «Al-Chayyat.» Darauf frug der Sultan abermals: «Und wer ist der Sohn deines Meisters?» Er antwortete: «Mulay Tuhami, der soeben in der grünen Moschee ist.» Darauf ging er. Der Sultan stand auf und rief die Türhüter; die aber behaupteten, daß niemand eingetreten sei. Dasselbe sagten alle Leute im Haus: Niemand hatte den Mann mit dem Schwert gesehen. Da wurde der Sultan zornig, ließ sich sein Pferd vorführen und wollte zur Moschee reiten. Aber das Pferd ging rückwärts und ließ sich mit keinem Mittel vorwärtsbewegen. Da ließ der Sultan Mulay Tuhami ausrichten, er möge mit Gottes Frieden nach Hause gehen. Daraufhin ließ er den Statthalter von Fes, 'Abd-Allah ar-Rusi, kommen und frug ihn: «Gibt es bei euch einen Mann namens al-Chayyat?» – «Ja», antwortete ar-Rusi; «er ist im Viertel Zarbatana begraben und wird der Herr des Tales genannt.» ... *(Salwat al-Anfas)*

As-Seqalli und at-Tidjani

Durch die Pilger, die nach Mekka reisten, wurde die Verbindung mit dem islamischen Osten aufrechterhalten. So geschah es, daß auch östliche Orden wie die Qadiriya, die Chalwatiya und die Nakschbendiya nach dem Maghreb übertragen wurden. Um die Mitte des achtzehnten Jahrhunderts brachte ein

Feser aus der edlen Familie der Seqalli die Methode der Nakschbendiya von Ägypten nach Fes.

Gegen Ende des achtzehnten Jahrhunderts gründete Mulay Ahmed at-Tidjani, der in Fes studiert hatte und sich dann lange im Osten auf hielt, wo er mit Vertretern der Chalwatiya verkehrte, einen neuen Orden, der fortan seinen Namen tragen sollte. Seine Lehre und seine Methode hält die Waage zwischen der sufischen Überlieferung und der allgemein anerkannten Theologie; deshalb lebte sein Orden stets in bestem Einvernehmen mit dem Herrscherhause. Der Hauptsitz des Ordens ist 'Ain Madi in Südalgerien, doch befindet sich die Grabmoschee des Gründers in Fes, im Viertel al-Blida, wo man sie leicht an ihrem reich verzierten Portal erkennt. Inwendig ist sie ganz mit blauen und grünen Arabesken in Mosaik ausgekleidet. Der Orden beherrschte lange Zeit die Karawanenwege über Südalgerien nach dem Sudan, und man kann oft schwarzen Muselmanen begegnen, die von dort nach Fes kommen, um das Grab des Ordensgründers zu besuchen.

Ad-Derqawi

Die reine schadhilitische Überlieferung, die an die frühe Form des Sufitums anknüpft, wurde um die Wende vom achtzehnten zum neunzehnten Jahrhundert durch Mulay al-'Arabi ad-Derqawi neu belebt. Seine geistige Ausstrahlung wirkte weit über die Grenzen des Maghreb hinaus. Er entstammte einer hassanidischen Familie, die unter den Beni Zerwal lebte, in den Hügeln im Nordosten von Fes. Als Jüngling studierte er in dieser Stadt, und hier begegnete er auch seinem Meister, dem Idrisiden 'Ali al-Djamal, der ihn zuerst mehrmals barsch abwies, ehe er ihn zum Schüler nahm. In einem seiner Briefe erzählt Mulay al-'Arabi, wie ihn sein Meister prüfte, indem er ihm, dem jungen Gelehrten edler Abkunft, befahl, eine Last frischen Obstes durch die Stadt zu tragen:

> ... Die erste Lehre, die mir mein Meister gab, bestand darin, daß er mir zwei Körbe voll frischen Obstes [durch die Stadt] zu tragen befahl. Ich nahm sie aber nur mit der Hand und wollte sie nicht, wie es mich die anderen wiesen, auf die Schulter legen, denn das fiel mir schwer und schnürte mir die Seele zu, so daß sie zuckte und bangte und sich über die Maßen grämte, bis ich fast zu

> weinen begann; und, bei Gott, ich sollte noch weinen über all die Schande, die Demütigung und Verachtung, die ich deswegen erfahren mußte! Nie zuvor hatte meine Seele so etwas geduldet, nie hatte sie sich zu ähnlichem herbeigelassen, so daß ich mich ihres Hochmutes und ihrer Feigheit nicht bewußt war; ich wußte nicht, ob sie hochmütig sei oder nicht; denn kein Gelehrter von all den vielen, bei denen ich vordem studierte, hatte mich darüber belehrt. Da ich in diesem Zustande war, trat der Meister, der meinen Hochmut und meine innere Qual durchschaute, auf mich zu, nahm mir die beiden Körbe aus der Hand und legte sie mir über die Schulter mit den Worten: «So scheide das Gute vom Schlechten.» Damit öffnete er mir die Tür und führte mich auf den richtigen Weg, denn ich lernte unterscheiden zwischen Hochmütigen und Demütigen, Guten und Schlechten, Weisen und Toren, Rechtgläubigen und Ketzern, zwischen den Wissenden, die ihr Wissen in die Tat umsetzen, und jenen, die es nicht tun. Seither überwältigte mich kein Rechtgläubiger mehr mit seiner Rechtgläubigkeit, kein Ketzer mit seiner Ketzerei, kein Gelehrter mit seinem Wissen, kein Frommer mit seiner Frömmigkeit, kein Büßer mit seiner Askese; denn der Meister, dem Gott gnädig sei, hatte mich das Wahre vom Eitlen, den Weizen von der Spreu scheiden gelehrt ... *(Rasail)*

Später erhielt er von seinem Meister den Auftrag, die beinahe in Vergessenheit geratene schadhilitische Methode wieder zu verbreiten. Er schrieb einigen seiner Schüler:

> Der außerordentliche schadhilitische Weg, auf dem unser Meister war – möge Gott an ihm Gefallen haben –, von dem seid ihr abgewichen; ob er euch diesen Weg hinterließ oder nicht, was verschlägt's? Ihr geht heute doch einen andern Weg. Und wenn ihr mich fragt: Wie das? So sag' ich: Sein Weg bestand darin, hinunter und nicht hinauf zu steigen, und euer Weg, hinauf und nicht hinunter zu steigen. Sein Weg war äußerlich Erniedrigung und innerlich Aufstieg, und euer Weg ist äußerlich Aufstieg und innerlich Abstieg. Man kann auch sagen, sein Weg sei äußerlich ein Weg der Strenge und des Zwanges, innerlich aber ein Weg der Gnade und Schönheit gewesen, wogegen der eure nach außen Schönheit, innerlich aber Zwang ist, gleich wie der Weg der meisten Leute. Und Gott bewahre, daß der Weg der Auserwählten dem der großen Menge gleiche! Es gehört auch nicht zur Aufgabe derjenigen, die geistig erleben, sich mit dem Aufsagen von Litaneien zu begnügen, und ihr tut nichts anderes. Auch soll man einen einzigen Meister haben und nicht viele Meister wie ihr. Das ist's,

was ich von eurem Zustand gesehen habe, und so vermute ich, daß euer Schifflein keinen Wind in den Segeln hat … *(Rasail)*

Seine Belehrungen gingen unmittelbar auf das Wesentliche aus, so daß sie gleichermaßen Gebildeten und Ungebildeten, Gelehrten und Beduinen einleuchten konnten. Seinen Briefen, die seine Schüler gesammelt und später, um die Wende zum 19. Jahrhundert, in Steindruck in Fes herausgegeben haben, entnehmen wir folgende Stellen:

Die Foqara der ersten Zeiten pflegten nur, was das Ich töten und das Herz beleben kann. Wir, die Heutigen, aber tun das Gegenteil davon: Wir pflegen nur das, was unser Ich bestärkt und unser Herz tötet. Jene kämpften darum, ihre Begierden loszuwerden und ihr Ich zu entthronen; wir dagegen kämpfen für unsere Begierden und um unser Ich zu erhöhen. So haben wir der Tür den Rücken gekehrt und stehn vor der Wand. All das sag' ich euch nur deshalb, weil ich selbst gesehen habe, was Gott denjenigen schenkt, die ihre Seelen abtöten und ihr Herz beleben. Wir begnügen uns mit weniger. Doch nur die Toren begnügen sich damit, nicht zum Ziele zu gelangen.

Ich forschte danach, ob uns außer unserer Begehrlichkeit und unserer Ichsucht noch etwas anderes am Fortschreiten hindere, und fand als ein weiteres Hindernis den Mangel an geistiger Sehnsucht. Denn nur wer eine große Sehnsucht im Herzen nährt und inbrünstig danach verlangt, Gott zu schauen, empfängt die geistigen Einsichten. Diese lassen ihn Gott ahnen, bis er im Wesen Gottes erlischt, das heißt, bis er von der Täuschung, daß es etwas außerhalb Gottes gebe, befreit wird. Dahin will Gott den führen, der sich immerzu nach Ihm sehnt, im Gegensatz zu jenem, der nur Wissen oder Tat zu erlangen wünscht; ihm wird die Einsicht nicht zuteil; er hat auch nicht seine Freude an ihr, denn er strebt ja nur danach, sich in Dingen außerhalb Gottes zu bewegen. Gott beschenkt seinen Knecht im Maße seiner Sehnsucht. Gewiß, jeder Mensch hat Einsichten, so wie das Meer Wellen hat; allein, die meisten werden von ihrer Sinnlichkeit überwältigt, die ihr Herz und ihre Glieder in Beschlag nimmt, so daß ihnen am Ende nichts mehr übrigbleibt als das Gegenteil des Geistigen, und Gegenteile schließen sich aus.

Wir sehen, daß man zu Gott nicht durch vieles Tun gelangen kann, auch nicht durch weniges, sondern nur durch reine Gnade, wie es der Freund Gottes Ibn 'Ata 'Allah von Alexandrien in seinen «Sätzen der Weisheit» gesagt hat: «Solltest du nur dann zu Ihm gelangen können, wenn all deine Mängel behoben und deine Ichsucht ausgelöscht sind, so wirst du nie zu Ihm gelangen. Allein, wenn Er dich zu Sich führen will, so deckt Er deine Eigenschaften mit Seinen Eigenschaften und deine Merkmale mit Seinen Merkmalen zu und vereint dich mit Ihm auf Grund dessen, was dir von Ihm aus zukommt, nicht auf Grund von dem, was Ihm von dir aus zukommt.»

Von Gottes Gnade und Güte aber kommt auch das Vorhandensein des geistigen Meisters, denn ohne Gnade vermöchte niemand seinen Meister zu finden, ist es doch schwerer, einen Heiligen als Gott zu erkennen, wie es der Freund Gottes Abul-'Abbas al-Mursi gesagt hat und wie es in den «Sätzen der Weisheit» geschrieben steht: «Gott hat Seine Heiligen nur im Hinblick auf Ihn selber bekannt gemacht. Niemand gelangt zu ihnen, den Er nicht zu Sich selber führen will.» ...

Das Herz des Menschen kann erst dann der Schau des göttlichen Wesens anhängen, wenn sein Ich ausgelöscht, vernichtet, verschwunden und entworden ist ... Wie es der heilige Abu Madyan gesagt hat: «Wer nicht stirbt, der sieht Gott nicht.» Dasselbe haben auch sämtliche Meister unseres Weges gelehrt. Hütet euch aber vor dem Irrtum, zu meinen, es seien die körperlichen und feinstofflichen [seelischen] Dinge, die uns Gott verbergen. Bei Gott, was Ihn uns verbirgt, ist lediglich Einbildung; die Einbildung aber ist nichtig, wie es Ibn 'Ata 'Allah gesagt hat: «Gott verbirgt Sich dir nicht durch irgend etwas, das außer Ihm wäre, da es nichts neben Ihm gibt; was Ihn dir verbirgt, ist bloß die Einbildung, daß außer Ihm etwas Wirklichkeit besitze.» ...

Wisse, daß der Arme im Geist sein Ich nicht töten kann, bevor er nicht dessen Form zu fassen vermag. Er kann aber seine Form erst fassen, wenn er sich von der Welt abgewandt und sich von seinen Genossen, Freunden und Gewohnheiten getrennt hat. Ein Bruder hat mir gesagt: «Meine Frau überwältigte mich.» Darauf hab' ich ihm geantwortet: «Nicht sie hat dich überwältigt, sondern deine eigene Seele war es. Wenn du diese besiegst, so besiegst du die ganze Welt, so daß sie dir zu Füßen liegt – wieviel eher deine Frau.» ...

Die Seele ist etwas gar Großes; sie ist das ganze Weltall, denn sie ist dessen Abschrift: Alles, was es im Weltall gibt, ist in ihr, und alles, was es in ihr gibt, ist auch in ihm. Wer sie beherrscht, der beherrscht die Welt, und wer von ihr beherrscht wird, den beherrscht die Welt ...

Der geistige Sinn ist etwas sehr Feines [oder Flüchtiges]; er läßt sich nicht festhalten außer durch das Sinnfällige und nicht bewahren außer durch die Anrufung (Dhikr), den Verkehr mit geistigen Menschen und das Durchbrechen der Gewohnheiten ...

Maghrebinischer Steindruck mit dem Namen Allah und koranischen Formeln.

Jedes Ding ist in seinem Gegenteil verborgen: das Finden im Ermangeln, Gottes Geben im Verweigern, der Ruhm in der Erniedrigung, der Reichtum in der Armut, die Kraft in der Schwäche, die Weite in der Enge, das Hohe im Niedern, das Leben im Tod, das Gewinnen im Verlieren, die Herrschaft in der Ohnmacht und so weiter. Darum, wer den Reichtum will, der nehme mit der Armut zulieb; wer die Kraft will, begnüge sich mit der Schwäche; wer die Weite will, der begnüge sich mit der Enge; wer die Höhe sucht, der bleibe in der Tiefe; wer das Leben will, der sei zum Tode bereit; wer gewinnen will, der lerne zu verlieren, und wer die Herrschaft will, der sei mit der Ohnmacht zufrieden ... *(Rasail)*

Nachdem sich schon in Fes eine Schar von Schülern um Mulay al-'Arabi ad-Derqawi gesammelt hatte, verließ er die Stadt und gründete eine Einsiedelei in Bu Berih, einem abgelegenen Orte in den Bergen der Beni Zerwal, die zwischen Fes und der Kette des Rif liegen. Dort starb er im Jahre 1823, während bereits mehrere seiner Schüler als Meister in verschiedenen Gegenden des Maghreb tätig waren.

Al-'Alawi

Ein großer schadhilitischer Meister vom Anfang unseres Jahrhunderts war der algerische Scheich Ahmed ben Mustafa al-'Alawi, der viele Schüler in Marokko, aber auch im fernen Osten, in Südarabien, Südindien und Java hatte.

Unter der französischen Schutzherrschaft gerieten die sufischen Orden, die große und daher politisch wichtige Gemeinschaften bildeten, mehr und mehr in Bedrängnis: Die Ordensmeister mußten, um ihre Freiheit zu bewahren, ihr Einverständnis mit der europäischen Verwaltung unter Beweis stellen, und damit machten sie sich in den Augen der jungen Generation, die nach der nationalen Unabhängigkeit strebte, des Verrats verdächtig. Viele wahre Meister zogen sich aus dem öffentlichen Leben zurück. So hüllte sich Mulay 'Ali ad-Derqawi in Schweigen, und Mulay as-Siddiq, von dem in diesem Buche schon die Rede war, verbarg sich unter der Maske der Narrheit. Ein anderer bedeutender Meister jener Zeit, Mohammed at-Tadili, der in Mazagan lebte, aber oft nach Fes kam, vermied es, eine Zawiya zu gründen, trat aber hier und dort im Kreise der Foqara auf, um der geistigen Trägheit, die um sich zu greifen begann, entgegenzuwirken.

Er wurde später lahm und blind, doch in jener Zeit zwischen den beiden Weltkriegen, als ich ihn in Fes kennenlernte, war er noch bei voller Kraft, ein Riese an Gestalt und geistiger Gegenwart, obwohl seine Augen, die schon von einer Krankheit befallen waren, fast immer geschlossen blieben. Um so gesammelter wirkten seine großen, an einen assyrischen König erinnernden Züge; und wenn er von geistigen Dingen sprach, schien seine Rede mit ihrer dunkeln arabischen Lautfülle von den Funken einer unauslöschbaren inneren Glut durchsprüht.

Mohammed at-Tadili pflegte die Anhänger sufischer Orden in Fes zu tadeln:

«Ihr glaubt», sagte er ihnen, «daß ihr etwas auf dem geistigen Wege erreicht habt, weil ihr euch vielen Übungen unterzieht. Aber solange ihr nicht aus eigenem Antrieb, aus dem vollen Herzen heraus über die geistigen Wahrheiten sprechen könnt, habt ihr nichts gekostet.» Und einmal sagte er: «Die meisten dieser Leute weilen in Moscheen und Ordenshäusern ihr Leben lang bei der göttlichen Braut, der Wahrheit (al-Haqiqa); aber ach, sie sitzen mit ihr Rücken an Rücken beisammen!»

Als er einmal im Hause eines Feser Kaufmannes weilte, wo auch ich zu Gast war, frug ihn jemand nach der Bedeutung des koranischen Verses: *Er schuf die beiden Meere, die sich begegnen; zwischen ihnen ist eine Landenge, die sie nicht überschreiten.* Sogleich deutete er den Vers als ein Bild vom Verhältnis zweier Stufen von Wirklichkeit zueinander: Von dem einen der beiden Meere sagt der Koran, daß es süß und wohlschmeckend, vom anderen aber, daß es salzig und bitter sei. Die Reinheit und Süße weist auf eine höhere Stufe von Sein, die Bitterkeit auf eine verhältnismäßig niedere, stärker mit dem «Nichts» vermischte Stufe hin. Die Landenge (Barzach) zwischen beiden Meeren oder Stufen trennt dieselben voneinander und vermittelt zugleich zwischen ihnen, ähnlich wie der enge Hals einer Sanduhr oder wie eine Linse, welche das Licht der Sonne sammelt und in einem umgekehrten Bündel von Strahlen wieder aussendet. Überall da, wo zwei Bereiche von Wirklichkeit einander begegnen, gibt es eine solche «Landenge». Auf den Menschen angewandt bedeutet das süße Meer den reinen Geist (ar-Ruh), der in sich ungeteilt und unmittelbar erkennend ist, während das bittere Meer die Psyche (an-Nafs) darstellt, die von Leidenschaften zerstreut und getrübt wird. Die Landenge dazwischen ist das Herz (al-Qalb). Die Psyche kann die Schwelle des Herzens nicht «überschreiten»; an Vorstellungen und Neigungen gebunden, vermag sie den von allen Formen freien Geist nicht zu erfassen, und in diesem Sinne trennt die Landenge des Herzens die beiden Meere. Der Geist jedoch kann, ohne die Landenge aufzuheben, vermittels des Herzens auf die Psyche einwirken; er teilt ihr sein Licht mit, so wie sich das Leben durch das körperliche Herz dem Leibe mitteilt. Das Herz öffnet sich diesem durchstrahlenden Lichte beim Gottgedenken. Ohne dieses versiegt der geistige Lebenspuls, und die Seele versinkt in Trübheit … Von dieser Deutung ausgehend, stieg Scheich Tadili erklärend die Leiter des Daseins empor bis zur «Landenge» zwischen dem Erschaffenen und dem Unerschaffenen, dem Allgeiste – der nur scheinbar und

Ein greiser Anhänger von Scheich al-'Arabi ad-Derqawi in der Frühlingslandschaft des Gharb bei Fes.

nur von «unten» gesehen von Gott verschieden ist –, und wieder hinab bis zu den «Landengen» zwischen den einzelnen seelischen Fähigkeiten und der Außenwelt. Als er begann, war es später Abend gewesen; der Morgen graute schon, als er seine manchmal von tiefem Schweigen unterbrochene Rede schloß; seinen Zuhörern aber war es zumute, als wäre nur ein Augenblick verstrichen.

Die Pilgerreise zum Grab des Mulay al-'Arabi

Einmal im Jahr, am Geburtstage von Mulay al-'Arabi, pflegten Anhänger seines Ordens aus allen Gegenden des Maghreb zu seinem Grabe und zum Grabe seines Sohnes und Nachfolgers Mulay at-Tayeb in den Bergen nördlich von Fes zu wallfahren. An einem solchen Tag fuhr ich, soweit es ging, in jene Gegend und schloß mich dann den Pilgern an, die zu Fuß über die unwirtlichen, mit dunklem Buschwerk bewachsenen Hügel nordwärts wanderten, an zerschrundeten Hängen vorbei, wo der Sand in die Tiefe rieselte. Sie schritten in einer Reihe auf dem Kamm des Hügelzuges, den Stab zur Hand und die weißen Burnusse über die Schultern zurückgeworfen. Und in dem Maße, als sie dem Ziele näher kamen, erblickten sie auf anderen Höhen gleiche weiße Scharen in Reihen schreiten und vernahmen ihren halb wie Klage, halb wie Jubel tönenden Gesang, die Worte des Bekenntnisses: «Es gibt keine Gottheit außer Gott!»

Unterdessen war die Sonne schon hoch emporgestiegen; die Schatten duckten sich unter den niederen Büschen, die auf der gelben und roten Öde wie die Flecken eines Pantherfelles lagen. Bald erschien die Höhe des Himmels in Weißglut zu stehen, und das Licht fiel so steil herab, daß Nah und Fern zusammenschmolz.

Doch nachmittags wurden die Berge wieder runder – drohender auch, wie unzählige, bis zum grünblauen Himmelsrand sich drängende, wilde, schweigende Rücken. Hie und da lagerten Steineichen auf ihren Nacken. Durch diese zeitlose Landschaft zogen die Pilger dahin, als gingen sie schon jenseits des Todes, auf einer Scheide zwischen beiden Welten, und ihr Gesang stieg rauh und hell zugleich, wie ein freudiger Todesgesang empor.

Dem Zuge voraus gingen ein paar Greise mit tief eingekerbten, verwitterten Zügen, die vom Turban und vom weißen Gesichtsschleier wie von Mumienbinden eingerahmt waren. Wenn sie so vor mir den roten Grat hinanstiegen und ihre weißen, gebeugten Gestalten gegen den tiefblauen Himmel standen, so machten sie mich an Seelen denken, die am Läuterungsberge emporklimmen.

Gegen Abend tat sich vor uns eine weite Mulde auf, wo inmitten einer Rodung des Eichenwaldes, von Kornfeldern umgeben, ein paar helle, aus Lehm gebaute und mit Kalk geweißte Häuser lagen. Das war die Einsiedelei von Mulay at-Tayeb, die sich zum Dorf erweitert hatte. Gegenüber, auf einer Anhöhe zwischen dunklen Eichen, erhob sich die grauweiße Kuppel, die das Grab des Meisters barg. Wie bei zahllosen anderen Heiligengräbern des Islam ruhte die Kuppel, als reines Rund mit leicht erhöhtem Scheitel, auf einer einfachen, viereckigen Kammer; Viereck und Rund, Würfel und Kugel waren in dieser Verbindung so wohl abgewogen, daß sie Himmel und Erde miteinander versöhnten und ringsum die Wildnis durch ihre Ruhe bannten und segneten.

Wie ein voller Mond ging die Kuppel über den dunkeln Eichen, vor dem grüngoldenen Abendhimmel auf, als wir näher kamen. Schwalben pfeilten sirrend um das schmucklose Haus herum, an dem der Kalk verwittert war. Die schwere Zederntür stand offen. Das Innere war leer bis auf einen Schrein aus schwarzem Holz, der über dem Grabe stand. Ein paar Inschriften waren in das Holz geschnitten, darunter die koranischen Verse:

> Glaubt nicht, die, welche im Wege Gottes getötet wurden, seien tot; nein, sie sind am Leben ... – Die, welche glauben und deren Herz sich im Gedenken Gottes beruhigt; kommen nicht im Gedenken Gottes die Herzen zur Ruh? – Keine Furcht bedrückt sie und kein Kummer.

Das weiße Licht in der Grabeskammer, die Abgeschiedenheit des Ortes oder die Andacht, die ihn erfüllte, war wie ein kühles Leuchten, wie Schnee, dem ein lebendiger Bach entquillt.

Die Derwische, die selbst Jünger von Jüngern des hier begrabenen Meisters waren, traten an den hölzernen Schrein heran, berührten ihn mit der Hand und beteten leise. Unter ihnen gab es Städter und Landbewohner, Araber und Berber, Männer und Frauen. Von einer Greisin angeführt, nahte sich eine Schar von Berberinnen aus dem Gebirge, die unverschleiert gingen und in ihren Händen große Rosenkränze aus schwarzen Holzperlen trugen. Sie waren in wollene Decken mit farbigen Fransen gehüllt und erinnerten mit ihren gelblichen Gesichtern an Indianerinnen. Auf den Antlitzen aller Pilger, ob jung oder alt, feingebildet oder bäurisch, lag dasselbe stille Strahlen.

In dem Hause, das einst Mulay at-Tayeb bewohnt hatte, erwartete uns sein Sohn Mulay 'Ali. Im Innern der länglichen Kammern aus Lehm, die im Halbkreis angeordnet das Gehöft bildeten, umfing uns die schlichte Klarheit, die mich schon oft an marokkanischen Bauernhäusern entzückt hatte: die geweißten, sanft geschwungenen Wände, der gestampfte Boden, das leichte Gefüge der Decke; Sparren aus knotigem Holz bildeten einen langen Giebel, der wie der umgekehrte Kiel eines Bootes über einem lag. Man fühlte sich geborgen, wie in einer Wohnbarke, und von Ruhe umgeben; nichts Überflüssiges, das den Sinn zerstreuen konnte, gab es in dem Raum; er enthielt kaum Möbel, nur eine Matte, eine Amphora mit Trinkwasser, die in den Boden eingelassen war, einen Kerzenstock, ein ledernes Kissen. In dieser Umgebung wirkten die Gebärden der Menschen sinnvoll und groß.

«Ein Haus von Bergwilden», sagte Mulay 'Ali lachend, «aber das ist alles, was man braucht: Dieses Wasser stammt von einer guten Quelle, die mein Vater unten am Abhang ausgegraben hat. An den paar Hängen, die ihr dort seht, und in einem andern Tal, das wir rodeten, wuchs unser Brot. Darüber hinaus ist alles Geißenland und Wildnis. Als mein Vater diese Kammer hier aufführte, um mit seiner Familie in der Einsamkeit zu leben, war die Stelle noch ganz von Wald umgeben. Nachts strichen die Eber und Luchse um die Mauern. Dann, als immer mehr Schüler und Anhänger zuzogen, entstanden langsam die Lichtung, das Dorf und die Felder. Der Einfluß meines Ahnen breitete sich aus; talabwärts wurden weitere Dörfer gegründet, und der ganze Stamm der Bergbewohner ringsum folgte den Weisungen, die von hier ausgingen ... bis die Franzosen kamen.»

Am Morgen des folgenden Tages versammelten sich die Derwische in einer Waldlichtung nahe beim Grab. Das Erdreich der Lichtung war etwas erhoben, so daß man in ihr auf der Höhe der umliegenden Baumkronen stand. Es waren an die tausend Männer, die sich die Hände reichten und mehrere einander umfassende Kreise bildeten; in der Mitte blieb ein Platz frei, von der Größe einer Tenne, um eine Gruppe von Sängern aufzunehmen. Die Männer im Kreise riefen den Namen Gottes in zunehmend rascherem Rhythmus, wobei ihre Leiber auf und ab schwangen. Der Wortlaut des Namens ging allmählich in ein tiefes Atmen und schließlich in ein Röcheln über wie bei Sterbenden.

Die Sänger, mit Stimmen hell wie Flöten, sangen ein Gedicht über die Erkenntnis von Scheich Mohammed al-Harraq, einem Schüler Mulay al-'Arabis:

Nach Leila verlangst du. In dir selbst offenbart sie sich.
Du wähnst sie anderswo, doch dieses Andere gibt es nicht.
Das ist eine Torheit, dem Volke der Liebenden wohlbekannt.
Drum sei auf der Hut: Das Andere ist aller Trennung Inbegriff.

Siehst du denn nicht, wie dich ihre Schönheit umfängt?
Und stehst du nicht mit deinem Wesen ein, entschwindet sie.
Nah dich mir, sagst du ihr, die doch dein Ganzes ist.
Und sie, wenn sie dich liebt, führt dich zu sich zurück.
Wonne, unsagbar, ist die Begegnung mit ihr.
Niemand erlangt sie, der nicht Geist ohne Form erkennt.
Ich hab' die Leute getäuscht über sie, nachdem ich sie
Wahrhaftig durch meinen Schleier hindurch gezeigt.
Ich verbarg sie vor mir selber mit meines Daseins Kleid
Und barg sie vor dem Neider, aus großer Eifersucht.
Aufblitzende Schönheit! Wenn ihres Antlitzes Licht
Einen Blinden berührt, kann er jedes Stäubchen sehn.
Mit allen Weisen der Schönheit ist sie allzumal geschmückt.
Wo immer sie erscheint, begehren die Liebenden sie ... *(Diwan al-Harraq)*

Die Augen der Tanzenden waren geschlossen, ihre Leiber schwerelos. Die Gesichter fielen in sich zurück wie die Gesichter von Sterbenden. Die Seelen schienen bereits aus den Leibern herausgetreten zu sein, und es war, als würden die Leiber von den Seelen umfaßt und machtvoll emporgezogen. Aller Atem ging wie ein einziger Atem, in immer rascher werdendem Pulse, so daß Luft, Erde und Bäume ringsum im gleichen Rhythmus bebten. Der Raum zwischen dem Himmel und dem Erdreich, auf dem die Tänzer standen, war zum Blasebalg geworden. Die körperliche Welt schien aufgesogen zu werden von der Welt der Seele, deren Wirklichkeit nun durchzubrechen begann, wie wenn die Einheit der Seele plötzlich den Atem eines Sterbenden, den Puls eines Liebenden oder den Leib eines zum Leben erwachenden Falters ergreift.

Über dem pochenden Atem schwang sich der Gesang jubelnder empor und schwebte ausharrend in der Höhe, gleich einem Falken, der unbeweglich über seiner Beute steht. Hin und wieder stieß ein Wort herab und traf jäh ein Herz, und dann fiel der Tänzer, dessen Herz vom Blitz der Einsicht getroffen war, bewußtlos nieder, und ein Greis, der die Reihen abschritt, warf einen Burnus über ihn.

Wir gingen mit Mulay 'Ali den Hang eines Berges hinauf und sahen von oben den Kreis der tanzenden Männer. «Sind diese Derwische nicht von Sinnen, ganz närrisch?» frug er lächelnd; «doch ist's gut so», fuhr er fort, «denn der Brauch beruht auf dem Prophetenworte: Wer nicht aufspringt beim Na-

اللهم صل وسلم على سيدنا ومولانا محمد وآله

men des Freundes, der hat keinen Freund.» Dann fügte er ernst hinzu: «Doch wie leicht ist der Sinn getrübt und die Absicht verwirrt. All das ist noch nicht der Weg, der zur Erkenntnis Gottes führt, wie ihn die sufischen Meister lehrten!» – «Wie ist denn dieser Weg?» frug ich. Er streckte die Hand nach der blendenden Sonne aus: «So ist er; und wie das Gebot Christi, demjenigen, der dich auf die rechte Backe schlägt, die linke darzubieten.»

Letzte Seite der Abschrift einer Abhandlung von Scheich Mohammed al-Harraq über die «Perikope des Meeres» von Abul-Hassan asch-Schadhili.

DER EINBRUCH DER MODERNEN WELT

Im mittelalterlichen Spanien lebten Muselmanen, Christen und Juden, wenn nicht gerade politische Spannungen zwischen ihnen bestanden, friedlich nebeneinander. Für die maurische Herrschaft war dieser Zustand natürlich, denn die Duldung der Juden und der Christen ist im islamischen Gesetz verankert; doch auch die christlichen Könige, für welche dieses Gesetz nicht galt, wandten ihren muslimischen und jüdischen Untertanen gegenüber oft dasselbe Recht an. Das konnte nicht aus Gleichgültigkeit in Glaubensfragen kommen, denn damals herrschte der Glauben über alles. Die Erfahrung mußte zu einer gegenseitigen Achtung geführt haben, zur Ahnung, daß sich hinter der fremden Ausdrucksweise eines anderen Glaubens dieselbe göttliche Wahrheit verberge, oder doch zur Bereitschaft, das Urteil Gott zu überlassen. Auch war trotz den verschiedenen Dogmen, welche die drei Gemeinschaften voneinander trennten, die geistige Welt, in der sie lebten, nahezu dieselbe; Leben und Tod, Himmel und Erde, Wissen und Tun hatten sowohl für die einen wie für die anderen denselben Sinn und Wert. Es ist bezeichnend, daß der geistige Austausch zwischen der islamischen und der christlichen Welt mit dem Rationalismus der Renaissance plötzlich abbricht und daß zur selben Zeit auch die Unduldsamkeit der absoluten spanischen Monarchie einsetzt: Die Juden werden zur Bekehrung gezwungen oder verfolgt und die Morisken ausgetrieben.

Von da an schloß sich der islamische Westen dem christlichen Europa gegenüber ab, und als er viel später, im neunzehnten Jahrhundert, gezwungenermaßen wieder Beziehungen zu europäischen Staaten aufnahm, traten ihm diese nicht mehr als christliche Nationen, sondern als etwas ganz anderes, der muslimischen Denkart völlig Fremdes gegenüber.

Was die Marokkaner, welche damals Europa kennenlernten, von der modernen Zivilisation dachten, geht aus einem Gespräch hervor, das der Schriftsteller Edmondo de Amicis in seinem Bericht über die Reise einer italienischen Gesandtschaft nach Fes im Jahre 1879 wiedergibt:

> Heute führte ich mit einem Kaufmann von Fes einen lebhaften Wortstreit, mit der Absicht, herauszufinden, was die Mauren von der europäischen Zivilisation denken ... Er ist ein schöner Mann von etwa vierzig Jahren, mit aufrichtigem und ernstem Antlitz, der zu Geschäften die wichtigsten Städte des westlichen Europa aufgesucht und lange Zeit in Tanger gewohnt hat, wo er etwas Spanisch lernte ... Ich frug ihn also, was für einen Eindruck die großen europäischen Städte auf ihn gemacht hatten ... Er sah mich fest an und antwortete kühl: «Große Straßen, schöne Läden, schöne Paläste, gute Werkstätten, und alles sauber.» Damit schien er alles gesagt zu haben, was bei uns des Lobes wert sei. – «Habt ihr denn bei uns nichts anderes gefunden, was schön und gut ist?» erwiderte ich. Er sah mich fragend an. – «Ist es denn möglich», drang ich auf ihn ein, «daß ein gescheiter Mann wie ihr, der verschiedene Länder gesehen hat, die seiner eigenen Heimat so wunderbar überlegen sind, nicht mit Staunen davon spreche, wenigstens mit der Bewegtheit eines Dorfknaben, der den Palast eines Pascha gesehen hat? Über was wundert ihr euch denn überhaupt in der Welt? Was seid ihr für Leute? Wer kann euch verstehen?» – «Perdóne Usted», antwortete er mir kühl, «es ist an mir, euch nicht zu verstehen. Ich habe euch all die Dinge genannt, die ich bei euch für besser halte; was soll ich noch mehr sagen? Soll ich euch denn etwas sagen, was ich selbst nicht für wahr halte? Ich wiederhole, daß eure Straßen größer sind als unsere, eure Läden schöner, daß ihr Werkstätten habt, wie wir sie nicht besitzen, und auch reiche Paläste. Das ist alles. Nur eines füge ich noch hinzu: Daß ihr mehr wißt als wir, weil ihr viele Bücher habt und viel leset.» Ich wurde ungeduldig. «Geduldet euch, Caballero», sprach er mich an, «laßt uns ruhig miteinander reden: Ist nicht die erste Pflicht eines Menschen die Ehrlichkeit? Ist nicht sie das, was ihn vor allem schätzenswert macht und mehr als irgend etwas dazu beiträgt, daß ein Land dem andern überlegen sei? Nun gut, an Ehrlichkeit, glaub' ich, seid ihr uns in keiner Weise überlegen. Das zum ersten.» – «Langsam, langsam. Erklärt mir zuerst, was ihr mit dieser Ehrlichkeit meint!» – «Die Ehrlichkeit im Handel, Caballero. Die Mauren, zum Beispiel, betrügen manchmal die Europäer im Handel, doch ihr Europäer betrügt noch viel öfter die Mauren.» – «Es wird sich um seltene Fälle handeln», antwortete ich, um etwas zu sagen. – «Casos raros?» rief er bewegt aus: «Alle Tage kommt das vor!» (Ich versuche, seine gebrochene, kindliche Redeweise wiederzugeben!) «Beweis: Ich fahre nach Marseille; ich bin in Marseille. Dort kaufe ich Baumwolle. Ich wähle einen Faden wie diesen und sage: Diese Nummer, diese Marke, soviel davon,

sendet! Ich zahle, verreise, komme in Marokko an, erhalte die Baumwolle, öffne, schaue, finde dieselbe Nummer, dieselbe Marke, aber dreimal dünneren Faden! Er ist zu nichts gut! Tausende von Franken sind verloren! Ich eile zum Konsulat, umsonst. Ein anderer Fall: Ein Händler von Fes bestellt in Europa blaues Tuch, soviel Stück, von dieser Breite, dieser Länge. Nach Übereinkunft zahlt er. Er erhält das Tuch, öffnet und mißt: Die ersten Stücke sind richtig, die darunter kürzer, die letzten um einen halben Meter zu kurz! Das Tuch ist nicht brauchbar für Mäntel, der Händler ist ruiniert ... Und so weiter, und so weiter!» Er erhob sein Antlitz zum Himmel und wandte sich dann zu mir mit den Worten: «Ihr also seid ehrlicher als wir?» Ich wiederholte, daß es sich nur um außergewöhnliche Fälle handeln könne. Er schwieg und sagte dann plötzlich: «Seid ihr frommer als wir? Nein! ... Man braucht nur einmal eure ‹Moscheen› besucht zu haben ... Sagt mir», fuhr er auf mein Schweigen hinfort, «gibt es in euren Ländern weniger Morde?» Ich war um eine Antwort verlegen. Wie hätte ich ihm gestehen können, daß allein in Italien im Jahr dreitausend Menschen umgebracht werden und daß es neunzigtausend Gefangene, Verurteilte und noch nicht Verurteilte gibt? – «Ich glaube nicht», schloß er, die Antwort in meinen Augen lesend.

Da ich mich auf diesem Gebiet nicht sicher fühlte, griff ich ihn mit den üblichen Einwänden gegen die Vielweiberei an. Er sprang auf, als hätte ich ihn gebrannt: «Immer wieder das!» rief er bis zu den Ohren errötend aus: «Als ob ihr nur eine einzige Frau hättet! Das wollt ihr uns glauben machen! Eine ist die Eure, aber dann gibt es die ‹de los otros› und jene ‹de todos y de nadie›. Paris! London! Die Kaffeehäuser, die Straßen, die Theater sind voll davon. Verguenza! Ihr wollt den Mauren Vorwürfe machen?» Während er das sagte, strich er mit zitternder Hand über seinen Rosenkranz und kehrte sich von Zeit zu Zeit mit einem leichten Lächeln zu mir, als wollte er mich wissen lassen, daß sein Zorn nicht mir, sondern Europa gelte. Da ihn meine Frage offenbar verletzt hatte, wechselte ich den Gegenstand und kam auf die Bequemlichkeiten der europäischen Zivilisation zu sprechen ... «Das ist wahr», antwortete er mit ironischer Betonung: «Sonne? – Sonnenschirm. Regen? – Regenschirm. Staub? – Handschuhe. Gehen? – Stock. Schauen? – Lorgnette. Spazieren? – Kutsche. Sitzen? – Polster. Essen? – Instrumente. Schürfung? – Arzt. Tod? – Statue. Was braucht ihr nicht alles? Was für Männer – por Dios, Knaben seid ihr!» Er machte sich sogar über unsere Baukunst lustig, als ich ihm von den Bequemlichkeiten unserer Häuser sprach: «Wie? ihr wohnt zu dreihundert in einem einzigen Gebäude, die einen über den andern; man steigt, steigt, steigt ... Keine Luft, kein Licht und kein Garten!»

Daraufhin sprach ich ihm von Gesetzen, Regierung, Freiheit und ähnlichen

Dingen, und da er ein kluger Mann war, glaubte ich, daß es mir gelungen sei, ihm wenigstens einen Schimmer von dem gewaltigen Unterschied, der zwischen meinem und seinem Lande bestand, gegeben zu haben. Weil er mir auf dieser Ebene nicht standhalten konnte, wechselte er den Gegenstand des Gespräches und sagte plötzlich, indem er mich von Kopf bis Fuß anschaute, mit einem Lächeln: «Mal vestidos» (schlecht gekleidet). – Ich antwortete ihm, daß es nicht auf die Kleidung ankomme, fügte aber hinzu, daß er auch auf diesem Gebiete unsere Überlegenheit anerkennen müsse; denn anstatt stundenlang mit überschlagenen Beinen müßig dazusitzen, verwendeten wir unsere Zeit zu tausend nützlichen und unterhaltsamen Beschäftigungen. Er gab mir darauf eine feinsinnigere Antwort, als ich es erwartet hatte: Das scheine ihm kein gutes Zeichen, sagte er, daß wir es nötig hätten, so viele Dinge zu tun, um unsere Zeit zu verbringen. Das Leben an und für sich müsse für uns eine Qual sein, da wir es nicht fertigbrächten, eine einzige Stunde lang untätig zu bleiben, ohne uns zu zerstreuen, abzuquälen und Unterhaltung zu suchen. Ob wir denn vor uns selber Angst hätten? Ob uns etwas quäle? ...

Nun sprach ich von den europäischen Industrien, den Eisenbahnen, dem Telegraphen und all den großen Werken öffentlichen Nutzens. Darüber ließ er mich reden, ohne mich zu unterbrechen; er nickte sogar von Zeit zu Zeit zustimmend. Doch als ich meine Rede beendet hatte, seufzte er auf und sagte: «Zu guter Letzt aber: Was nützen so viele Dinge, da wir doch alle sterben müssen?» – «Kurz und gut», schloß ich, «ihr würdet euren Zustand nicht gegen den unsrigen vertauschen!» Er dachte ein wenig nach und antwortete dann: «Nein, denn ihr lebt nicht länger als wir, ihr seid nicht gesünder, nicht besser, nicht frommer, noch zufriedener. Laßt uns also in Ruhe. Wollet doch nicht, daß alle auf eure Weise leben und nach eurem Willen glücklich seien. Laßt uns jeder in dem Kreise leben, in den uns Gott gestellt hat. Gott hat nicht umsonst das Meer zwischen Afrika und Europa ausgebreitet. Laßt uns Seine Gesetze achten!» – «Ihr glaubt also», gab ich zurück, «daß ihr immer so bleiben werdet, wie ihr seid, daß wir euch nicht nach und nach dazu zwingen, euch zu verwandeln?» – «Ich weiß es nicht», antwortete er; «ihr habt die Macht; ihr werdet tun, was ihr wollt. Doch alles, was geschehen soll, steht schon [bei Gott] geschrieben. Und was auch geschehen möge, Gott wird seine Getreuen nicht verlassen.» Nach diesen Worten ergriff er meine Rechte, führte sie an sein Herz und ging mit königlichen Schritten davon ... *(de Amicis)*

Der europäische Eingriff in Marokko geschah fast unvermittelt. Doch hatte er zunächst für die Marokkaner einen rein kriegerischen Charakter, den sie ver-

Ein Kornmarkt.

stehen konnten und der nicht ohne gewisse heldische Züge war. Einen ganz anderen Anblick aber bot die verwaltungsmäßige Unterwerfung Marokkos. Lyautey, der zum französischen Generalresidenten in Marokko ernannt wurde, schrieb 1912 über den Sinn des Staatsvertrages, durch welchen Frankreichs Schutzherrschaft über Marokko anerkannt worden ist: *Ein Land unter Schutzherrschaft (ein Protektorat) behält seine eigenen Einrichtungen; es regiert sich selbst durch seine eigenen Organe und wird dabei bloß von einer europäischen Macht überwacht, die nach außen hin, im politischen Verkehr mit anderen Staaten, an seine Stelle tritt.* (Paroles d'Àction) Das bedeutete für Marokko, daß dessen theokratische Regierungsform und der überlieferte Aufbau seiner Gesellschaft wenigstens nach innen hin bestehen bleiben sollte. Nun heißt es aber in demselben Berichte Lyauteys weiter: *Die Schutzmacht übernimmt im allgemeinen die Verwaltung des Heeres und der Finanzen des beschützten Landes und lenkt es in seiner wirtschaftlichen Entwicklung*, und das öffnet die Türe zur Einmischung in alle Bereiche des einheimischen Lebens. General Lyautey selbst hatte die Absicht, Marokko soweit als möglich durch dessen eigene Elite zu regieren; er betonte immer wieder: *Was dieses Verhältnis [der Schutzherrschaft] kennzeichnet, ist Überwachung im Gegensatze zu direkter Verwaltung;* (Paroles d'Àction) allein, seine aristokratische Auffassung der

Schutzherrschaft widersprach sowohl den meisten französischen Beamten, die als Bürger eines laizistischen Staates die überlieferten Einrichtungen Marokkos mit Mißtrauen und Abneigung betrachteten, wie auch den europäischen Ansiedlern, die Land erwerben wollten.

> Marokko ist nicht wie Algerien, *erklärte deshalb Lyautey 1916 in Lyon;* denn dort hatten wir nur losen Sand, nichts Organisches vorgefunden; die einzige staatliche Macht, die des türkischen Dey, war gleich nach unserer Ankunft zusammengebrochen. In Marokko aber standen wir einem geschichtlich gewachsenen Reiche gegenüber, das eifersüchtig über seine Unabhängigkeit wachte und jeder Unterwerfung widerstand. Bis vor wenigen Jahren hatte es noch die Gestalt eines richtigen Staates mit seiner Beamtenhierarchie, seinen Vertretern im Ausland, seinen gesellschaftlichen Einrichtungen, von denen die meisten trotz dem Zusammenbruch der zentralen Gewalt noch bestehen. Denkt daran, daß es in Marokko zahlreiche Persönlichkeiten gibt, die bis vor sechs Jahren noch Gesandte ihres Landes in Petersburg, London, Berlin, Madrid oder Paris waren und als Männer von allgemeiner Bildung wie Gleichgestellte mit europäischen Staatsmännern verkehren konnten …
>
> Neben diesem politischen Generalstab gibt es auch noch einen nicht zu unterschätzenden Stab von geistlichen Führern. So hat der gegenwärtige Justizminister des Sultans jahrelang an der Universität al-Azhar in Kairo, in Istanbul, Brussa und Damaskus gelehrt und steht im Briefwechsel mit islamischen Rechtsgelehrten bis nach Indien; und er ist nicht der einzige, der Beziehungen zur islamischen Elite des Ostens unterhält.
>
> Endlich ist da auch eine hervorragende wirtschaftliche Oberschicht von großen Kaufleuten, die Häuser in Manchester und Marseille haben und meistens selbst dort gewesen sind.
>
> Wir haben also eine politische, religiöse und wirtschaftliche Elite vor uns, und es wäre unsinnig, dieselbe zu verkennen und sie nicht zu benützen; denn wenn wir sie zu unserem Verbündeten machen, kann sie uns bei dem Werk, welches wir in Marokko zu vollbringen haben, mächtig helfen. Dazu kommt noch – und alle von euch, die in Marokko gewesen sind, können es bestätigen –, daß es dort eine arbeitsame, geschickte, kluge und dem Fortschritt offene Rasse gibt, von der man um so mehr Nutzen haben wird, je sorgfältiger man das, was ihr heilig ist, achtet. Dieses Land bietet uns deshalb die besten Vorbedingungen, um in Zusammenarbeit mit den Eingeborenen ein großes Werk zu vollenden, vorausgesetzt, daß man all die Vorurteile und Ungeschicktheiten, die uns andernorts so sehr geschadet haben, vermeide und sich ein für

allemal jener abscheulichen Denkart entschlage, deren Abzeichen der Ausdruck «sale bicot» ist – dieses Schimpfwort, das gewisse Leute allen Eingeborenen anhängen und das nicht nur gemein, sondern auch gefährlich ist, da jene, denen es gilt, sehr wohl verstehen, was es an Verachtung und Drohung enthält, und davon – wie ich es oft festgestellt habe – eine unauslöschliche Bitterkeit zurückbehalten.

Auf kein Land paßt besser die Regierungsform der Schutzherrschaft, die nicht nur einen Übergang, sondern dauernd sein soll ... Die vollständige Aneignung dagegen, die Gründung einer Kolonie, würde sofort und unweigerlich die Anwendung aller französischen Gesetze nach sich ziehen. Vom gleichen Tage an fiele die französische Verwaltung mit ihrem unbeweglichen Gefüge, ihrer hemmenden Gewalt und ihrer ganzen Schwere auf das unglückliche Land herab ... Und doch gibt es – ihr könnt es mir glauben – nichts, was dem Verwaltungskreise von Guincamp oder von Trévoux weniger gliche als Fes oder Marrakesch ... *(Paroles d'Àction)*

Lyauteys Auffassung von der Rolle der Franzosen in Marokko setzte ein gewisses Verständnis für die überlieferte islamische Kultur voraus, wie es nur sehr wenige Beamte außer ihm hatten, und das auch in gar keiner Weise durch die gewöhnliche Bildung der Europäer, die nach Marokko kamen, vorbereitet war. Lyautey erzählt selbst:

An der Messe von Fes im Jahre 1916, die mit der Geburtstagsfeier des Propheten zusammenfiel und bei welcher der Sultan zugegen war, sagte mir ein sehr hoher, nicht mit Marokko vertrauter Beamter: «Nun, ich glaube, ich habe Ihre Politik verstanden; ich sehe ein, daß es Ihnen nützlich ist, diese Regierungsform, all diese archaischen und veralteten Dinge unangetastet zu lassen, solange wir im Kriege stehen. Das ist sehr geschickt. Doch ist es ja klar – und darüber werden Sie genau so denken wie ich –, daß das alles weggefegt werden muß, sobald wir Frieden haben, um einer guten direkten Verwaltung Platz zu machen, nach dem Vorbild der Metropole und mit allmählicher Angleichung an ein Departement.» – Meine Antwort darauf war etwas summarisch ... ich will sie hier genauer fassen: ... Der Sultan und der ihn umgebende Beamtenstab samt den überlieferten landeseigenen Einrichtungen sind keine Fassade ... Nichts davon soll weggefegt werden, denn das kann man nicht und darf man auch nicht ... So wie uns der gegenseitige Vertrag dem Sultan gegenüber verpflichtet, so bindet er uns auch dem Volke gegenüber ... Ich bin von ganzer Seele und auf Grund meiner ganzen Erfahrung davon überzeugt, daß man in diesem Lande Frankreich damit am besten dient, daß man das Herz dieses

> Volkes für es gewinne ... Das ist die Quintessenz dieser Politik der Schutzherrschaft ... Meinem eigenen Lande zulieb spreche ich den Wunsch aus, daß auch meine Nachfolger dieser Politik treu bleiben mögen ... *(Paroles d'Àction)*

Daß er in dieser Hoffnung enttäuscht wurde, geht deutlich genug aus seinem mahnenden Aufruf von 1920 hervor:

> Wir haben es in Marokko keineswegs mit einer primitiven, barbarischen oder passiven Bevölkerung zu tun ... Nichts wäre gefährlicher, als die europäischen Einwanderer Unvorsichtigkeiten auszuliefern, die man teuer bezahlen müßte; nichts ist gefährlicher, als die Keime der Unzufriedenheit und des Unbehagens, die in jenem Volke vorhanden sind, zum Wachsen zu bringen ... Die Marokkaner sind wißbegierig und sehr anpassungsfähig. Eine Jugend wächst bei ihnen auf, die Lust zu leben und zu schaffen hat, die Geschmack an Wissenschaft und Handel findet. In Ermangelung des Spielraumes, den ihr unsere Verwaltung nur so spärlich und nur auf unterster Stufe bietet, wird sie nach anderen Auswegen suchen; sie wird sich europäischen Gemeinschaften anschließen, die ihr entgegenkommen ... oder sich an ausländische islamische Gemeinschaften anlehnen, und am Ende wird sie sich zusammenschließen, um selbst ihre Forderungen geltend zu machen ... Ich weiß schon, wo die praktischen Schwierigkeiten liegen ... Vor allem haben wir alle, die Beamten, die aus Frankreich, oder die Offiziere, die aus Algerien kommen, die direkte Verwaltung im Leibe stecken. Und bei uns hat alles, was zur Verwaltung gehört, mehr oder weniger den Hang, den Eingeborenen als rassisch minderwertig, als quantité négligeable zu betrachten ... *(Paroles d'Àction)*

Im Jahre 1921 brach im Rifgebirge, das spanisches Schutzgebiet war, der von 'Abd al-Karim angeführte Aufstand aus. Er griff auf das französische Schutzgebiet über und konnte erst nach einem jahrelangen Kriege von Frankreich und Spanien gemeinsam niedergeworfen werden. 1924 oder 1925 bestand sogar eine Weile die Gefahr, daß die aufständischen Rifkabylen die Verbindung mit den noch nicht unterworfenen Berberstämmen des marokkanischen Südens herstellen und so das Mittelland umzingeln könnten.

Als das französisch-marokkanische Heer sowohl die Kabylen des Nordens als auch die unbotmäßigen Stämme des Atlas «befriedet» hatte, erwirkte die Schutzmacht 1930 einen obrigkeitlichen Erlaß, laut welchem in Zukunft die Berber nicht mehr der kanonischen, grundsätzlich koranischen Gerichtsbarkeit unterstehen, sondern eine eigene, auf dem Stammesbrauch fußende Rechtsprechung erhalten sollten. Die französischen Staatsmänner, welche diese Neuordnung geplant hatten, waren der Meinung, daß die meisten Berber nur oberflächlich und bloß infolge der arabischen Vorherrschaft den Islam angenommen hätten. Indem man sie von dem kanonischen Recht und damit auch von der Nötigung, die arabische Sprache zu erlernen, befreite, hoffte man sie von der morgenländischen und überlieferungsgebundenen Kultur des Islam abzulösen und für die französisch-europäische Zivilisation zu gewinnen.

Doch der «Berber-Erlaß» *(dahir berbère)* von 1930 rief sowohl bei Berbern als auch bei den Arabern empörten Widerstand hervor; die Berber erkannten darin den Versuch, sie von der islamischen Gemeinschaft abzutrennen, und die arabische oder arabisierte Stadtbevölkerung empfand den Erlaß als einen Verrat am Schutzvertrag von 1912, nach welchem die Franzosen die unbotmäßigen Berberstämme nicht für sich, sondern im Namen des Sultans und für dessen Gerichtsbarkeit unterwerfen sollten.

Die Empörung der Stadtbevölkerung führte zur Bildung eines einheimischen Ausschusses, der 1934 die genaue Anwendung des Schutzvertrages mit Frankreich forderte. Als es die französische Regierung ablehnte, irgendwie auf diese Forderung einzugehen, entstand eine politische Widerstandsbewegung, die sich die völlige Unabhängigkeit Marokkos zum Ziel setzte. Sie war von der städtischen Jugend getragen, die schon mehr oder weniger von der modernen politischen Gedankenwelt beeinflußt war; ob nun diese Gedankenwelt über Ägypten und die Türkei einströmte oder ob sie der französischen Schulung entstammte, sie war jedenfalls europäischen Ursprungs, so daß letzten Endes Europa selbst seine Herrschaft in Nordafrika untergrub. Die ältere Generation war im allgemeinen dieser Bewegung gegenüber mißtrauisch; sie wußte nur zu gut, daß eine politische Unabhängigkeit Marokkos nicht ohne seine Verwandlung in einen modernen, mit technischen Machtmitteln versehenen Staat möglich sein würde; das aber bedeutete den Verlust aller überlieferten Lebensformen.

Viele junge Städter standen unter dem Einfluß der von Ägypten ausgehenden «Salafiya»-Bewegung, welche das islamische Gesetz dadurch der modernen Lebensweise anzupassen trachtet, daß sie es mit Elementen des europäischen Rationalismus durchsetzt: An Stelle der Überlieferung soll die freie Auslegung des koranischen Textes treten; der Bündnisvertrag zwischen dem Imam und den verantwortlichen Schriftgelehrten soll durch allgemeine Wahl ersetzt werden. Anstatt der Einheit der islamischen Welt wird die politische Vereinigung des «Arabertums» angestrebt.

Da sich der Sultan Mohammed V. mehr und mehr der freiheitlichen Bewegung der städtischen Jugend zuneigte, versuchte die französische Verwaltung, die Stämme des Atlas, die der ausgesprochen arabischen Freiheitsbewegung fremd geblieben waren, gegen den Thron auszuspielen. Das gelang jedoch nur halb; das Volk durchschaute das Spiel, und wenn auch der Sultan zum Nachgeben gezwungen wurde, führte gerade seine Demütigung dahin, daß die französische Schutzmacht fast alles Vertrauen bei der Bevölkerung verlor.

Die schwankende Haltung, welche die französische Schutzmacht in der Folge einnahm, war der Ausdruck eines von Anfang an vorhandenen inneren Widerspruches: Den europäischen Verwaltern und Erziehern standen jene fortschrittlich gesinnten Marokkaner, die sie jetzt politisch am meisten zu fürchten hatten, geistig am nächsten, während ihnen die überlieferungstreuen Kreise, deren sie zur Erhaltung des bestehenden Zustandes bedurften, innerlich fremd waren; sie konnten sie nicht für ihre Zwecke gebrauchen, ohne sie zugleich zu zersetzen und in ihrer Rolle zu entwerten.

Als im Jahre 1953 eine Reihe Aufstände in den Städten ausbrachen, ließ der französische Generalresident den Sultan absetzen und verbannen. Ein neuer Sultan sollte ernannt werden durch eine Versammlung von Stammesführern und Ordenshäuptern, welche die überlieferungstreue, der modernistischen Strömung feindliche Bevölkerung vertraten. Sie wählte einen anderen alawitischen Edlen namens Mohammed ben 'Arafa zum Imam. Doch bald zeigte sich, daß die wählenden Würdenträger keinen wirklichen Rückhalt im Volke besaßen, denn nach islamischem Brauche sind es nicht die Stammesführer, sondern die Schriftgelehrten, welche die Wahl eines Kalifen durch ihren Treueid allgemeinverbindlich machen; zudem galten jene Führer, die Stammesvögte (Kaide) sowie die beteiligten Ordenshäupter, als die Puppen der ausländischen Schutzherren. Unter einer Schutzherrschaft wird jede Würde, die nicht mit einer wirklichen Macht gepaart ist, zwangsläufig entwertet; indem die französische Regierung das Schauspiel einer sakralen Thronbesteigung aufführen ließ, verbrauchte sie nur den letzten Rest von Ehrfurcht, den das Volk gewissen Inhabern überlieferter Würden entgegenbrachte.

Man erwartete, daß der neue Sultan größere Vollmachten erhalte als sein Vorgänger; denn das allein hätte ihm Ansehen verleihen können; statt dessen wurde ihm jegliche weltliche Macht abgesprochen und nur die geistliche Herrschaft belassen. Er war so ein Richter ohne ausführende Gewalt, ein Beschützer des Glaubens ohne eigenes Schwert – und mit fremdem Schild, was jeder islamischen Auffassung widerspricht.

Ein allgemeiner Aufstand wider die französische Verwaltung drohte auszubrechen. Nach einem Jahr riß die französische Regierung in Paris das Steuer herum, setzte Ben 'Arafa unversehens ab und ließ Mohammed V. aus der Verbannung in Madagaskar zurückkommen. Im Dezember 1955 wurde eine rein marokkanische Regierung gebildet, an die Frankreich im darauffolgenden März alle Gewalt übertrug. Marokko erhielt damit seine Unabhängigkeit zurück.

Die politische Befreiung Marokkos hat jedoch seine geistige Unterwerfung nicht aufgehalten, sondern im Gegenteil beschleunigt; denn ein Staat kann heute nur selbständig sein, wenn er über die technischen Mittel verfügt, die Europa erfunden hat. Die Übernahme dieser Mittel bringt eine Veränderung aller Lebensformen mit sich. Wenn sich aber die Form des Lebens verändert, kann sie nicht mehr denselben geistigen Gehalt bewahren. In einer echten, von einer Gottesidee geprägten Kultur gibt es kaum nur äußerliche Formen, deren Verlust ohne Bedeutung wäre; alle überlieferten Formen, von den Gesetzen und Sitten bis zur Kunst, die auf dem Handwerk beruht, sind so gestaltet, daß sie von außen nach innen, zum ewigen Sinn des Lebens führen können. Wer diesen Sinn zutiefst erkannt hat, der Heilige oder der Weise, der mag der äußeren Formen entbehren; die Menge kann es nicht. Dabei ist der Zerfall der überlieferten Lebensformen im heutigen Maghreb noch viel einschneidender, als er je in Europa war, weil er so plötzlich eintritt und weil das Neue keinerlei Beziehung zum Alten hat, sondern einer fremden Welt entlehnt ist.

Gerade die Zerstörung der scheinbar äußerlichsten Formen hat manchmal die allgemeinsten Folgen. Ein feingebildeter Marokkaner sagte mir: «Nach einem französischen Sprichwort ist es nicht das Kleid, das den Mönch macht; man kann aber geradesogut behaupten, das Kleid mache den Mönch.» In der Tat ist in den meisten Fällen das Verschwinden der einheimischen maghrebinischen Tracht zugunsten der europäischen Kleidung das Anzeichen einer Sinnesänderung. Der Einwand, daß die europäische Kleidung nützlicher sei, ist nur halb wahr, denn die weiten maghrebinischen Gewänder, die frei die Glieder umspielen, entsprechen besser dem nordafrikanischen Klima mit seinen heftigen Wechseln von Heiß und Kalt. Zugleich aber drücken sie, in ihrer Verbindung von asketischer Schlichtheit und männlich-patriarchalischer Würde, eine bestimmte geistige Haltung aus. Der Turban vor allem ist etwas wie ein Abzeichen geistiger Würde, gleichsam der Ausdruck der priesterlichen Rolle, die dem Menschen ursprünglich eigen ist; die islamische Überlieferung hat ihm von jeher diese Bedeutung beigemessen. Er verschwindet zuerst und wird von den Modernisten geradezu als das Merkmal der Rückständigkeit bekämpft.

Die europäische Kleidung widerspricht den Stellungen und Gebärden des islamischen Gottesdienstes; sie behindert die Verbeugungen und Niederwerfungen, erschwert die vorgeschriebenen Waschungen, nimmt dem ungezwungenen Beisammensitzen zu ebener Erde seine Würde; der europäisch Gekleidete ist entweder ein «Herr» oder ein bloßer Arbeiter, ein «Proletarier». Während sich früher die Menschen nur nach ihrer Bildung unterschieden, wird jetzt das Volk auf einmal in wirtschaftlich bedingte Klassen auseinandergerissen, und mit den billigen Erzeugnissen der Industrie zieht eine Armut ohne Schönheit in die Häuser ein; häßliche, sinn- und trostlose Armut ist die allgemeinste aller neuzeitlichen Errungenschaften.

Ibn Chaldun sagt, daß der Besiegte stets die Neigung habe, die Sitten und Bräuche des Siegers anzunehmen, und danach geht der Siegeszug Europas – nicht der Siegeszug Frankreichs noch eines anderen europäischen Landes, noch auch der christlich-abendländischen Kultur, sondern des unpersönlichen, zur technischen Allmacht gewordenen Europas – unaufhaltsam weiter.

Die islamisch-maurische Kunst weicht mit dem Handwerk, das sie trug, vor der Maschine zurück; die städtische Gemeinschaft wird durch die politische Presse zersetzt, der Zusammenhalt der Stämme von der Straße, alles echte Denken vom Rundfunk bedroht. Der Einbruch der modernen Welt gleicht keiner geschichtlichen Wandlung früherer Zeiten; er hat nichts von einer organischen Entwicklung und auch nichts von einer natürlichen Katastrophe an sich; der Einschnitt, den er bewirkt, geht durch alles hindurch. Ihm widersteht nur das wache Bewußtsein eines unveräußerlichen geistigen Erbes; und ein solches Bewußtsein ist seinem Wesen nach selten.

Ich ging jüngst mit einem greisen marokkanischen Freunde durch Neu-Fes und wunderte mich über die Warenhäuser, die dort gebaut worden sind, und all die Maschinen, die zur Schau gestellt waren. «Das ist alles unvermeidlich», sagte mein Freund; «es kommt, was kommen muß. Und doch haben wir das

Die atlantische Küste, die westliche Grenze der islamischen Welt, ist von einer Perlenkette einfacher Heiligengräber gesäumt.

alles nicht nötig gehabt. Dreizehn Jahrhunderte lebten wir ohne das, und wir haben nicht schlecht gelebt. Es gab Teuerungen, es gab Kriege und manchmal auch Seuchen; aber eines gab es nie, die schlimmste aller Seuchen: die Arbeitslosigkeit.» – «Und doch bewundert die Jugend alle Neuigkeiten», erwiderte ich; «und eure Jungen, die in Europa waren und dort studiert haben, werfen gleich alles, was ihnen überliefert war, von sich.» – «Das kommt doch einfach daher», gab er zur Antwort, «daß in euren Schulen und Universitäten die geistigen Wissenschaften zugunsten der weltlichen verdrängt wurden.» – «Und was geschieht, wenn die goldene Kette abbricht?» – «Sie wird nie ganz abbrechen», sagte er schlicht, «sondern im geheimen weitergehen. Es gibt Zeiten der Kundgebung des Geistes und Zeiten der Verhüllung. Was aber auch geschehen mag, es geschieht nicht ohne Willen Gottes.»

Wir fuhren vor die Stadt hinaus, an modernen Speichern, an armseligen, aus Brettern und Blechkanistern erbauten Hütten, an Heiligengräbern und Zelten vorbei, bis wir an den Sebufluß gelangten, dessen reißende, erdbraune Wasser ein breites Riedland durchströmten. Eine steinerne Brücke setzt in mehreren Jochen über den Fluß und das Ried nach Osten. Jenseits davon erstrecken sich sanfte Hügel, die schon die abendliche Dämmerung zusammendrängte. Ein paar Lagerfeuer glimmten in der Ferne. Weiße Vögel – Ibisse – segelten der Stadt zu. Die Mondsichel ging soeben auf. Die Niederung bebte vom Gezirp der Insekten; die ganze Erde bebte, und schwingend stieg die Luft zum Himmel empor. Auf dem Wellenbrecher, der dem mittleren Brückenpfeiler vorgebaut war, kniete ein Fischer neben seiner Angel und betete; er verbeugte sich nach Südosten, mit der Stirne den Boden berührend.

Die Brücke war vor ein paar hundert Jahren von irgendeinem Sultan erbaut worden. Sie war groß und stark, aus lauter behauenen Quadern ohne Zement gefügt und hatte allen reißenden Hochwassern widerstanden. Mein Freund schritt auf ihr hin und her und streichelte nachdenklich die alten Steine.

DIE HEILIGE VERIRRUNG
FES HEUTE

Von Navid Kermani

Es war Freitag früh, als ich mich in Fes verlor. In eines der traditionellen Wohnviertel geraten, wo die Gassen so schmal sind, daß einer zur Seite treten muß, wenn zwei sich begegnen, wollte ich – ach, wohin ich wollte, das ist schon egal. Ich glaubte zu wissen, in welcher Himmelsrichtung mein Ziel liegt, aber um mich nach der Sonne zu orientieren, waren die sandbraunen, fast fensterlosen Häuserwände zu hoch. Als ich merkte, daß ich im Kreis gelaufen war, versuchte ich es mit dem Stadtplan. Nach der vierten Sackgasse, in die er mich geführt hatte, faltete ich den Plan wieder zusammen und hielt nach einem Bewohner Ausschau. Allein, so kurz nach dem Morgengebet war die Medina den wohlgenährten Katzen überlassen, die keineswegs zur Seite traten, wenn ich ihnen begegnete.

Endlich traf ich einen orange gekleideten Müllmann, der einen schwerbeladenen Esel hinter sich führte. Während der Müllmann mehrfach nach links und nach rechts wies, nickte ich eifrig, aber dann nahm der Verlauf der Gasse wieder so viele Kurven oder mußte ich mich an so vielen Kreuzungen für eine Richtung entscheiden, daß ich alsbald so schlau war wie am Anfang. Als Kind hatte ich immer von einem Labyrinth geträumt, das aus mehr als ein paar Gartenhecken oder den Stellwänden eines Jahrmarktsgeschäfts besteht. In Fes, an einem frühen Freitagmorgen, erfüllte sich der Traum: Ich wußte weder vor noch zurück. Es war herrlich.

Natürlich gibt es Strategien, wie man sich in der Medina zurechtfindet. Man kann sich an die Hauptwege halten – selbst sie zu schmal und verwinkelt für Motorenantrieb, so daß die gesamte Altstadt eine riesige Fußgängerzone ist, wahrscheinlich die größte weltweit. Man kann den fünf Routen folgen, die die Stadtverwaltung für Touristen ausgeschildert hat. Man kann sich an den Zünften orientieren, etwa den Gerbern, den Schmieden, den Metzgern, und, wenn man sich dennoch verläuft, einen Händler ansprechen. Ist der Weg lang, schickt der Händler einen Gesellen oder einen Jugendlichen aus der Nachbarschaft mit, der seinen Lohn für die Begleitung so selbstverständlich wie ein Taxifahrer entgegennimmt. Aber die glücklichsten Situationen beschert Fes dem, der tatsächlich auf gut Glück unterwegs ist.

Wenn ich jetzt darüber nachdenke, merke ich, daß in die Freude, sich in den Gassen und Gäßchen zu verlaufen, doch mehr hineinspielte als der kindliche Spaß an Entdeckungen und kleinen Aufregungen. Nicht zu wissen, was einen hinter der nächsten Ecke erwartet, sich dem Zufall zu überlassen, der für den religiösen Menschen ein höherer Wille ist, zugleich hellwach, die Welt mit allen Sinnen aufnehmend, bei aller Ahnungslosigkeit und mancher Sorge stets im Vertrauen darauf, daß der Weg sein Ziel erweisen wird – ein solches, nicht passives, aber doch absichtsloses, sich hingebendes Erleben entspricht vielleicht am genauesten der Idee, dem geistigen Gefüge, als das Titus Burckhardt die Altstadt von Fes beschrieben hat. Denn was chaotisch anmutet, unterliegt doch einer inneren Ordnung, die um so mehr erstaunt und einleuchtet, je länger man sich mit einem beliebigen Detail beschäftigt.

Die Gassen und vielen Tunnel, um mit dem auffälligsten Beispiel zu beginnen, sind genau so angeordnet, daß sich innerhalb der Viertel einzelne, in hohem Maße autarke Wohneinheiten ergeben, die früher durch Tore von den Hauptwegen abschließbar waren. So leicht sich die Bewohner in ihrer Nachbarschaft zurechtfanden, so schnell verirrten sich Fremde, Eindringlinge, erst recht die feindlichen Kämpfer, die das wohlhabende Fes regelmäßig heimsuchten. Ging es jedoch um ein Kind, das sich verlaufen hatte, dann wurde der Hilferuf der Eltern über ein Netz von stimmgewaltigen Rufern, die wie eine Feuerwehr in Bereitschaft standen, bis in die hintersten Höfe der Basare und äußersten Winkel der Stadtmauer getragen – und innerhalb von Sekunden hielt die gesamte Bevölkerung Ausschau nach dem verlorenen Kind.

Oder dies: Die von außen niemals symmetrische Architektur der Wohnhäuser löst sich nach innen stets so auf, daß die gartengleichen Innenhöfe quadratisch sind: jedes Haus ein Weltall, wie es die arabischen Märchen sinnbildlich beschreiben, mit seinen vier Richtungen, dem Himmel als Kuppel und dem sprudelnden Wasser als Tiefe. Die Brunnen, die das Zentrum jedes Hofes bilden, werden von einem ausgeklügelten System von Kanälen gespeist. Sie entnehmen das Wasser dem Fluß oberhalb der Stadt und lassen die Abwässer unterhalb über ein getrenntes Netz wieder zulaufen. Nebenher trieb ihr Wasser über Jahrhunderte die Uhr an der Kairaouine-Moschee an. Der Zufluß war so exakt berechnet, daß die hausbreite Wasseruhr die Gebetszeiten fast sekundengenau angab.

Alles andere als willkürlich wirken auch die Wechsel von Fülle und Reduktion, welche Fes seinen Bewohnern innerhalb ihres Tagesverlaufes mehrfach bereitet, sei es der Wechsel zwischen der sandfarbenen Monochromie der Wohnviertel und der Farbenpracht der Geschäftsstraßen oder zwischen der unfaßbaren Stille einer Stadt in den schmalen Gassen und den Konzerten von Hämmern und Sägen, Marktschreiern und Koranrezitationen, die keine fünfzig Meter Luftlinie entfernt in den Basaren aufgeführt werden. Zwischen der Wüste, die die Häuser nach außen sind, und dem Paradiesischen ihres Inneren. Eben dies lehrt ja der Koran oder ist vielleicht der Kern einer jeden Religion: die Vergänglichkeit des äußeren Scheins und die Ewigkeit des inneren Seins: «Und die Berge, die du für fest hältst, wirst du wie Wolken dahingehen sehen: das Werk Gottes, der alle Dinge ordnet» (Sure 27,90).

Gleichsam wie die Natur regulierte sich das Leben in der Medina beinah von selbst. Wie Titus Burckhardt bemerkt, wurde die Stadt, in der seit ihrer Gründung im neunten Jahrhundert fast durchgehend mehr als hunderttausend Menschen lebten, durch ganz wenige Beamte verwaltet: den Stadtmeister, die Vorsteher der einzelnen Viertel, die zugleich Richter für Verstöße wider die öffentliche Ordnung waren, und den Obersten Richter, der nebenher die Kairaouine-Universität leitete und die unzähligen Wohlfahrtsstiftungen verwaltete. Ansonsten gab es nur den Marktaufseher, der die Grundpreise festsetzte, und die Treuhänder der einzelnen Zünfte.

Daß eine Großstadt wie Fes fast ohne Verwaltung auskam, hatte natürlich auch mit dem Glauben zu tun. Die traditionelle Rechtsprechung des Islams, die Scharia, folgt dem Grundsatz, daß Kapitalverbrechen wie Diebstahl oder Mord rasch und streng bestraft werden müssen, um die öffentliche Ordnung zu erhalten, während private Sünden und Vergehen, die niemandem geschadet haben, nicht mit allen Mitteln ergründet werden sollen. «In solchen Fällen wird weder auf Geständnis noch auf Zeugenschaft gedrungen», schreibt Burckhardt; «der Schuldige, sagt man sich, wird doch seine Rechnung mit Gott zu begleichen haben.» Es sind solche wie beiläufig eingestreute Sätze, die mehr als nur den Buchstaben, nämlich den Geist einer orthodox-islamischen Lebensführung einfangen. Jahrzehnte bevor die westliche Forschung die Ambiguität als Wesensmerkmal traditionell islamischer Gesellschaften herausstellte, erklärte der Schweizer Kunsthistoriker bereits, warum gerade das fromme Fes auch Raum bot, um ganz irdischen Neigungen nachzugehen. Poesie und Musik, Tanz und Alkohol, Promiskuität und auch Homosexualität stehen dabei nicht einfach im Widerspruch zu der Religiosität, die Burckhardt an Fes so sehr betont; sie haben innerhalb der religiösen Ordnung ihren Platz im Schattendunkel des Privaten und des quasiprivaten Untergrunds. Das ist meilenweit entfernt vom Emanzipationsanspruch heutiger westlicher Gesellschaften, aber in der Praxis doch so viel freizügiger als die Lebenswirklichkeit in weiten Teilen der modernisierten islamischen Welt.

Es gibt Städte, deren religiöse Institutionen bedeutender sind, Mekka natürlich, aber auch Kairo oder Jerusalem. Aber kaum eine ist in ihrer Struktur, ihrer Architektur, ihrer Lebensweise bis in den Tagesablauf durchdrungen vom Islam, der keine Sakramente kennt, weil er jede Handlung sakramentalisiert. Bis heute ist Fes eine ernste Stadt, die anders als das ekstatische Marrakesch mit dem Nachtgebet zu Bett geht und zum Frühgebet erwacht. Statt den lärmenden Musikanten und anarchischen Gauklern auf den Märkten zu folgen, treffen sich hier viel mehr Menschen zweimal täglich zu den religiösen Gesängen, die in den Moscheen zusätzlich zu den fünf Ritualgebeten stattfinden. Kein gläubiger Muslim wird eine Ankündigung machen, ohne Inschallah zu sagen: so Gott will. Aber nur in Fes habe ich erlebt, daß noch den Wegbeschreibungen konsequent ein Inschallah beigegeben wurde: So Gott will, finden Sie den Gewürzmarkt an der ersten Kreuzung links. Es könnte schließlich auch sein, daß der Gewürzmarkt seit gestern an der zweiten Kreuzung rechts liegt. Gott ist aller Dinge mächtig.

Die Stadt als Sinnbild einer religiösen Weltanschauung findet man in Fes noch als das geschlossene, von keiner Durchgangsstraße, keinem Abriß geschädigte Ensemble vor, das Titus Burckhardt 1960 beschrieben und als Gesandter der UNESCO in den siebziger Jahren vor der Zerstörung bewahrt hat. Selbst für die Wasseruhr gibt es Pläne und ein mit deutscher Hilfe entworfenes Modell, um sie wieder in Gang zu bringen. Die Gassen, Moscheen und Fassaden sind noch die gleichen wie vor fünfzig oder fünfhundert oder sogar tausend Jahren. Und doch sind es nur Gassen, nur Moscheen, nur Fassaden, die

die gleichen sind. Die Menschen, die eine Stadt ebenso wie eine Religion doch mit Leben erst füllen, die Menschen sind neu. Das mag in den meisten urbanen Zentren der Welt so sein, aber in Fes hat sich der Bevölkerungstausch innerhalb kürzester Zeit und erst sehr spät vollzogen. Wen immer man heute in der Altstadt kennenlernt – er lebt mit sehr großer Wahrscheinlichkeit erst in der ersten, allenfalls in der zweiten Generation hier.

Nachdem es schon seit der französischen Mandatsherrschaft eine Reihe von kleineren Wanderungswellen aus der Medina gab, meistens infolge von Herrscherwechseln, brach der letzte, der endgültige Exodus in den achtziger Jahren aus. Nach einer mehrjährigen Dürre zogen damals immer mehr Landbewohner in die marokkanischen Städte, während die Alteingesessenen, die wohlhabenden Familien vor allem, ihre Wohnpaläste aufgaben, um sich ein Appartement in der Neustadt oder eine Villa am Stadtrand zu kaufen – weil es dort schicker war, bequemer, oder aus dem ganz banalen Grunde, daß sie für die Autos, die nun einmal zum modernen Lebensstil gehören, eine Garage oder einen Stellplatz brauchten. Das war nicht mehr die periodische Diffusion von Beduinen und Städtern, die Burckhardt mit Verweis auf Ibn Chaldun meinte. Das war die weitgehende Auswechslung der Wohnbevölkerung in der Altstadt, eine umgekehrte Gentrifizierung. Die Lebensweise, die Architektur, der von der Religion rhythmisierte Ablauf des Tages, der Woche, des Jahres, die sich über die Jahrhunderte herausgebildet und den Modernisierungsstürmen weitgehend getrotzt hatten, wurden innerhalb von drei, vier Jahren obsolet. In den Häusern, die für eine wohlhabende Familie mit vielleicht zehn oder zwölf Mitgliedern ausgerichtet sind, leben heute in der Regel dreißig oder sogar vierzig Menschen aus unterschiedlichen Familien in abgetrennten Wohnungen. Der Innenhof, der einmal das Zentrum des Familienlebens war, wurde zum öffentlichen Ort – mit allen Konsequenzen für die neuen, dicht an dicht lebenden Bewohner, die in ihrem Geschlechterverhältnis und Schamgefühl noch weit konservativer als die ursprüngliche Stadtbevölkerung sind. Wo früher Raum war zum Rückzug, ist jetzt alles eng. Deshalb vor allem lungern in den Basaren die vielen Jugendlichen herum, die penetrant jeden ansprechen, der als Tourist zu erkennen ist. Und die Kriminalität hat längst jenes übliche Maß erreicht, für das ein Stadtmeister, ein Vorsteher, ein Richter und ein Marktaufseher nicht mehr genügen.

Und doch existiert das eigentliche, das innere Fes noch, wenn es sich auch abschirmt gegen die Welt. Gegen alle ökonomische Vernunft sind ausgerechnet die schönsten Baudenkmäler der Stadt kaum oder gar nicht für Touristen zugänglich. Die großen Moscheen, die mit ihren freundlichen andalusischen Farben und sprudelnden Brunnen das Gemüt liebkosen, sind nur zu den Gebetszeiten geöffnet, und auch dann darf man als bloßer Besucher nur einen kurzen Blick in den Hof werfen. Die religiös noch bedeutenderen Schreine dürfen überhaupt nur von Gläubigen betreten werden. Vor allem die prächtige Grabmoschee des Stadtgründers Idris II. müßte voller Touristen sein – und wäre nicht mehr die gleiche, wenn sie allen offenstünde. An die Wände gelehnt, sitzen Männer und Frauen jeden Alters allein oder in Grüppchen auf den Teppichen, ohne Geschlechtertrennung also, manche Frauen nur leicht verschleiert, die Männer in Jeans oder in den traditionellen knöchellangen Gewändern mit Mütze. Sie plaudern leise oder schauen sich nur um, ruhen sich vielleicht vom Einkaufen aus. Manche Gläubige schlafen auch, andere wiederum sind in die Meditation versunken, verrichten das Ritualgebet oder psalmodieren den Koran. Alles Weltliche scheint an diesem Ort möglich und ist zugleich vom Überweltlichen durchdrungen.

Auf einem meiner Irrwege durch Fes hörte ich von der Gasse aus einen Chor singen. Ich wußte nicht, daß ich vor der Grabmoschee von Ahmed at-Tidjani stand, einem Mystiker des 18. Jahrhunderts. Ich trat ein und sah etwa hundert Männer in einem Rechteck sitzen, strahlend weiß gekleidet die meisten, Einheimische und viele Pilger aus Schwarzafrika. Jemand winkte mir zu, mich zu setzen, und sofort rückten die Männer etwas zusammen. Nicht nur für mich schufen sie einen Platz im Rechteck, sondern ebenso für alle anderen, die nach mir den Schrein betraten, so daß wir immer enger saßen, nicht nur durchs Gebet verbunden, sondern auch körperlich immer enger. Ich wunderte mich, daß die Männer nicht einfach ein größeres Rechteck bildeten, bis ein großes weißes Tuch ausgerollt wurde. Es war das Tuch, auf dem der heilige Tidjani erscheint, wenn die Musik besonders schön ist. Alle sollten es berühren dürfen. Auch mich hat das heilige Fes berührt.

ANHANG

Quellenverzeichnis

’Abd al-Qadir: Qasida,
nach der französischen Übersetzung von A. Lentin . . . . ’Abd al-Qadir

Abul-Hassan ’Ali al-Djaznayi: Zahrat al-As . . . . Zahrat al-As

Abu Madyan Schu’aib: Diwan . . . . Abu Madyan

al-’Arabi ad-Derqawi: Rasail . . . . Rasail

Charmes, Gabriel: Une Ambassade au Maroc, 1886 . . . . Charmes

De Amicis, Edmondo: Marokko, Mailand 1879 . . . . de Amicis

«De la Dynastie Saadienne», MS. 5429 der Nationalbibliothek Paris, übersetzt von E. Fagnan in «Extraits inédits relatifs au Maghreb», Alger 1924 . . . . Fagnan

al-Djili, ’Abd al-Karim: al-Insan al-kamil . . . . al-Djili

Hamidu, ’Abd al-Hamid:
as-Sa’dat ul-abadiya li-Abi Madyan Schu’aib, Tlemsen 1304/1930 Hamidu

al-Harraq, Mohammed: Diwan . . . . Diwan al-Harraq

Ibn Abi Zar’: Raud al-Qartas . . . . Raud al-Qartas

Ibn ’Arabi, Muhyi-d-Din: Fusus al-Hikam . . . . Fusus

Ibn ’Arabi, Muhyi-d-Din: Risalat al-Quds . . . . Risalat al-Quds

Ibn Chaldun: Muqaddima . . . . Muqaddima

Ibn Maschisch, ’Abd as-Salam: Salat . . . . Ibn Maschisch

Ibn Ruschd (Averroes): Fasl al-maqal . . . . Averroes

Ibn Tumert: Tawhid . . . . Ibn Tumert

al-Kettani, Mohammed ben Dja’far: Salwat al-Anfas . . . . Salwat al-Anfas

Leo Africanus . . . . Leo Africanus

Loti, Pierre: Au Maroc . . . . Pierre Loti

Lyautey, Maréchal: Paroles d’Action, Paris 1927 . . . . Paroles d’Action

al-Madani, Mohammed Zafir:
al-Anwar al-qudusiya fi Tariq asch-schadhiliya . . . . al-Madani

Terrasse, Henri: Histoire du Maroc, Casablanca 1949 . . . . Terrasse

Bildnachweis

Mit Ausnahme des Bildes einer Berberburg auf Seite 46 stammen alle Aufnahmen und Zeichnungen vom Verfasser.

Die Schemata der maurischen Bogen auf Seite 128 sind dem Werke von Jean Gallotti, *Le Jardin et la Maison arabe au Maroc* (Ed. Albert Lévy, Paris, entnommen, die Zeichnung des Astrolabs auf Seite 157 ist nach dem Buche von Aldo Mieli, *El Mundo Islámico* (Ed. Espasa-Calpe, Buenos Aires 1952), ausgeführt. Die Grundrisse der Medersa Bu 'Inaniya auf Seite 94 und der Moschee al-Qarawin auf Seite 155 entstammen dem Buche von Georges Marçais, *l'Architecture musulmane d'Occident* (Ed. Arts et Métiers graphiques, Paris 1954).

Personenregister

'Abd al-'Aziz 99
'Abd al-Karim 199
'Abd al-Karim al-Djili 121
'Abd al-Mu'min 45
'Abd al-Qadir 26 f., 36, 60
'Abd al-Qadir al-Djilani 166
'Abd ar-Rahman, marokkanischer Sultan 60
'Abd ar-Rahman III., omayyadischer Kalif 155
'Abd-Allah ar-Rusi 178
'Abd-Allah ben Yasin 39
Abraham 81, 147, 157
Abu Bekr, erster Kalif 39–41, 70, 121, 165 f., 174
Abu Dja'far ben 'Atya 45
Abu Madyan Schu'aib 75, 164–171, 182
Abu Mas'ud al-Harras 154
Abu Merwan 'Abd al-Malik 154
Abu Ya'qub ben Yachlaf al-Qumi al-'Abbasi 169
Abu Ya'za 167
Abu Yazid al-Bistami 165
Abul-'Abbas al-Mursi 171, 182
Abul-'Abbas as-Sebti 134
Abul-Hassan 'Ali al-Djaznayi 84 f.
Abul-Hassan 'Ali ben Maimun 139
Abul-Hassan Ibn Harzihim 166
Abul-Qasim al-Mazyati 160
Abul-'Ula *siehe* Idris al-Ma'mun ben Yaqub al-Mansur
Adam 102
Adelhard von Bath 138
al-'Adil 51, 92
Ahmed az-Zarruq al-Barnusi 68, 172
Ahmed ben Mustafa al-'Alawi 151, 184
Ait Tzerruschen (Volk) 62
Alexander der Große 142
'Ali, vierter Kalif 70, 72, 165 f., 174
'Ali al-Djamal 179 f.
'Ali as-Sanhadji 170, 173 f.
Alphons VI., König von Kastilien 42 f., 51 f.
'Amir al-Mu'minin 42, 68
al-Asch'ari 44
Auled Delim (Volk) 34
Auraba (Volk) 71 f.
Averroes 49, 134

Banu Hilal (Volk) 25
Banu Merin (Volk) 50, 53f.
Banu Sulaym (Volk) 25
Banu Wattas (Volk) 55
Ben 'Arafa, Mohammed 17, 201 f.
Ben Hud 52
Beni Ifren (Volk) 40
Beni Zerwal (Volk) 179, 184
Berghuata (Volk) 39
Brueghel der Ältere, Pieter 32

Bu Scha’ara, Muhammad 10
Buddha 149
Burckhardt, Carl 9
Burckhardt, Jacob 9, 12

Cervantes, Miguel de 32
Charmes, Gabriel 34, 35 f., 58
al-Chayyat ar-Rak’ayi, Mohammed 178

De Amicis, Edmondo 193, 195
Delacroix, Eugène 60
ad-Derqawi, ’Ali 2, 10, 140–142, 144, 147, 150–153, 164, 184, 188–191
ad-Derqawi, al-’Arabi 140, 179–181, 183 f., 186–189
ad-Derqawi, ’Ali at-Tayeb 140, 187–189
al-Djazuli, Abu ’Abd-Allah 176
Djebala (Volk) 22
Djibrail 165, 174
al-Djunaid 165

El Greco 140

Fagnan, Edmond 55 f.
Fasi (Volk) 109
Fatima, Tochter Mohammeds 70, 72, 109

Gabriel *siehe* Djibrail
al-Ghazzali, Abu Hamid 44, 47 f., 153, 166

Habib al-’Adjami 165
Hafid, Sultan 60
Hagar, Mutter des Ismael 81
Hamidu, ’Abd al-Hamid 167 f.
Hammu ben Rahmun 113
Hammurabi, König von Sumer und Akkad 147
Hassan, Enkel Mohhameds 51, 70, 109
al-Hassan, Sultan 76
Hassan al-Basri 165
Hussain, Enkel Mohammeds 109

Ibn ’Abbad ar-Rondi, Abu ’Abd-Allah 153–155
Ibn ’Abdun 160
Ibn Abi Zar’ 39–41, 45, 50–54, 91 f., 160
Ibn ’Arabi, Muhyi-d-Din 50, 168–170
Ibn ’Aschir, Ahmed 154
Ibn ’Ata ’Allah, Ahmed 155, 172, 181 f.
Ibn Chaldun 20–22, 24–26, 28 f., 31–33, 36 f., 43, 56 f., 61, 68–70, 107, 109, 119, 138 f., 203, 211
Ibn Maschisch, ’Abd as-Salam 170 f.
Ibn Ruschd *siehe* Averroes
Ibn Tufail 49
Ibn Tumert 43–45, 48, 72, 75
Ibrahim as-Suari 133
Idris I., König 13 f., 17, 35, 38, 70–74, 82, 84, 88, 113
Idris II., König 73, 81 f., 104, 113 f., 155, 211
Idris al-Ma’mun ben Ya’qub al-Mansur 50–53, 92
Imam Malik *siehe* Malik ben Anas
Ishaq al-Huwari 39
Ishaq ben ’Abd-Allah 72
Ismael, Sohn des Abraham 81
Ismail, Sultan 57 f., 157, 177 f.

Jesus, Sohn der Maria 52, 67, 132, 140–142, 145, 150 f., 191

al-Kettani, Mohammed ben Dja'far ben Idris 72 f., 81, 109 f., 113, 133 f., 139, 153 f., 174, 178
Kuraisch (Volk) 70

Lamtuna (Volk) 38–140, 44
Lawrence, D. H. 12
Leo Africanus 117, 119
Louis Philippe, König von Frankreich 36
Loti, Pierre 76, 79 f., 103
Ludwig XIV., König von Frankreich 57, 157
Lyautey, Maréchal 196–199

al-Madani, Mohammed Zafir 171
Maghraua (Volk) 40
Malik ben Anas 139, 149
Malik ben al-Marhal 160
al-Ma'mun *siehe* Idris al-Ma'mun ben Yaqub al-Mansur
Masmuda (Volk) 43
May, Karl 12
Mbarek, Scheich 34 f.
al-Mekkywi 53
Mohammed, Prophet 17, 31 f., 38, 44 f., 55, 57 f., 62, 67, 70, 72 f., 75, 78–81, 88, 103, 109, 121, 131 f., 139–142, 144–147, 149, 153, 158, 165 f., 171, 174–177, 190, 198
Mohammed V., König von Marokko 201 f.
Mohammed ben Chalaf 160
Mohammed ben 'Issa al-Mochtari 176
Mohammed al-Harraq 189–191
Mohammed asch-Scheich 55
Mohammed at-Tadili 184 f.
al-Muhasibi 166
Mu'in ad-Din Tschischti 166

Omar, zweiter Kalif 70, 166, 174
Othman, dritter Kalif 51, 70, 166, 174

Paulus, Apostel 133

Qadiriya (Volk) 178
Qasim Serhuni 56
al-Quschairi 169 f.

ar-Raschid 92
Rumi, Djalal ad-Din 166

Sari as-Saqati 165
asch-Schadhili, Abul-Hassan 'Ali Ibn 'Abd-Allah 164, 168, 170–172, 191
Senhadja Volk) 28, 38
Seqalli (Volk) 109, 178 f.
Seth, Sohn des Adam 102
as-Siddiq 111–113, 184

Terrasse, Henri 61
at-Tidjani, Ahmed 179, 212
Tuhami 178

al-Wazzani, 'Abd-Allah ben Ibrahim 109

Yahya 51 f.
Ya'la, Berberfürst 155
Ya'qub al-Mansur 47 f., 168
Yusuf ben Taschfin 40–43, 84

Zenata (Volk) 28, 40, 50, 155

AUS DEM VERLAGSPROGRAMM

Neue Orientalische Bibliothek

Der Koran
Aus dem Arabischen neu übertragen von Hartmut Bobzin
unter Mitarbeit von Katharina Bobzin
2010. 831 Seiten mit 121 Kalligraphien von Shahid Alam. Leinen

Tausendundeine Nacht
Nach der ältesten arabischen Handschrift
in der Ausgabe von Muhsin Mahdi
erstmals ins Deutsche übertragen von Claudia Ott
11. Auflage. 2011. 699 Seiten. Leinen

Ibn ʿArabi
Urwolke und Welt
Mystische Texte des Größten Meisters
Aus dem Arabischen übersetzt und herausgegeben von Alma Giese
2. Auflage. 2015. 352 Seiten. Leinen

Ibn Battuta
Die Wunder des Morgenlandes
Reisen durch Afrika und Asien
Nach der arabischen Ausgabe von Muhammad al-Bailuni
ins Deutsche übertragen, kommentiert und
mit einem Nachwort versehen von Ralf Elger
2010. 256 Seiten mit 2 Karten. Leinen

Ibn Khaldun
Die Muqaddima
Betrachtungen zur Weltgeschichte
Aus dem Arabischen übertragen und mit einer Einführung
von Alma Giese unter Mitwirkung von Wolfhart Heinrichs
2011. 541 Seiten. Leinen

Nasreddin Hodscha
666 wahre Geschichten
Übersetzt und herausgegeben von Ulrich Marzolph
4. Auflage. 2015. 319 Seiten. Leinen

Navid Kermani bei C.H.Beck

Ungläubiges Staunen
Über das Christentum
2015. 303 Seiten mit 49 farbigen Abbildungen. Gebunden

Ausnahmezustand
Reisen in eine beunruhigte Welt
2015. 301 Seiten mit 11 Karten. Broschiert
C.H.Beck Paperback Band 6150

Wer ist Wir?
Deutschland und seine Muslime
Mit der Kölner Rede zum Anschlag auf Charlie Hebdo
2015. 189 Seiten. Broschiert
C.H.Beck Paperback Band 6223

Zwischen Koran und Kafka
West-östliche Erkundungen
3. Auflage. 2015. 365 Seiten. Gebunden

Gott ist schön
Das ästhetische Erleben des Koran
Broschierte Sonderausgabe
4. Auflage. 2011. 546 Seiten. Broschiert

Der Schrecken Gottes
Attar, Hiob und die metaphysische Revolte
Mit Kalligraphien von Karl Schlamminger
2011. 335 Seiten mit 6 Kalligraphien. Paperback
Beck'sche Reihe Band 6017